中学
历史贯通培育

刘童　吴丽军　李昆　　主编

史海引航

中国文联出版社

图书在版编目（CIP）数据

史海引航：中学历史贯通培育 / 刘童，吴丽军，李昆主编. -- 北京：中国文联出版社，2025.8. -- ISBN 978-7-5190-5909-5

Ⅰ．G633.512

中国国家版本馆CIP数据核字第2025AD6864号

主　　编　刘　童　吴丽军　李　昆
责任编辑　张　甜
责任校对　秀点校对
装帧设计　贾闪闪

出版发行　中国文联出版社有限公司
社　　址　北京市朝阳区农展馆南里10号　　邮编100125
电　　话　010-85923091（总编室）　　　010-85923025（发行部）
经　　销　全国新华书店等
印　　刷　三河市龙大印装有限公司

开　　本　710毫米×1000毫米　　1/16
印　　张　17.25
字　　数　322千字
版　　次　2025年8月第1版第1次印刷
定　　价　69.00元

版权所有·侵权必究
如有印装质量问题，请与本社发行部联系调换

《史海引航——中学历史贯通培育》
编委会

主　编　　刘　童　　吴丽军　　李　昆

副主编　　潘忠泉　　滕加平　　程艳丽　　左家燕
　　　　　　张　绵　　李　毓　　李　雪

编　委　　张月帅　　吴海丽　　梁啸天　　吕　讴
　　　　　　卢玉娟　　杨　青　　刘　爽　　田语桐
　　　　　　吴元英　　李长宏　　辛　灵　　蔡英豪
　　　　　　陈可宁　　李　昂　　冯　雪　　张　静
　　　　　　郭瑾瑾

目 录

理论篇
初高中衔接贯通培养理论研究　　002

实践篇——教学案例

汉武帝巩固大一统王朝　　050
　　——《中国历史·七年级上册》第 12 课
　　张月帅 / 点评人：李雪

沟通中外文明的"丝绸之路"　　059
　　——《中国历史·七年级上册》第 14 课
　　田语桐 / 点评人：李毓

奇迹天工——了不起的中国古代造纸术　　067
　　——《中国历史·七年级上册》第 15 课第一目
　　吴海丽 / 点评人：李雪

西汉与东汉　　077
　　——《中外历史纲要（上）》第 4 课
　　李昂 / 点评人：刘童

盛唐气象　　087
　　——《中国历史·七年级下册》第 3 课
　　吕讴 / 点评人：李雪

唐朝的中外文化交流——以遣唐使为例　　096
　　——《中国历史·七年级下册》第 4 课
　　梁啸天 / 点评人：李雪

解读图片中的历史——繁荣与开放的唐朝　　105
　　——九年级 复习课
　　刘爽 / 点评人：李毓

从五胡入华到华夷一体：三国两晋南北朝到隋唐的民族关系　　114
　　——选择性必修1《国家制度与社会治理》第11课
　　郭瑾瑾 / 点评人：左家燕

清朝前期社会经济的发展　　121
　　——《中国历史·七年级下册》第19课
　　杨青 / 点评人：李毓

明至清中叶的经济　　130
　　——高一上 第14课
　　冯雪 / 点评人：刘童

中国梦——中国近代化的探索　　137
　　——九年级 专题复习
　　李长宏 / 点评人：张绵

国家出路的探索与列强侵略的加剧　　144
　　——高一上
　　李昂 / 点评人：刘童

西欧庄园　　152
　　——九年级上
　　辛灵 / 点评人：张绵

中古时期的欧洲　　160
　　——高一下
　　李昂 / 点评人：刘童

美国的独立　　168
　　——九年级上
　　陈可宁 / 点评人：张绵

高二上大单元大概念整合课《美国与美国文化》　　179
　　张静 / 点评人：左家燕

第一次工业革命的影响　　186
　　——九年级上
　　蔡英豪 / 点评人：张绵

影响世界的工业革命　　192
　　——高一下
　　冯雪 / 点评人：左家燕

凡尔赛—华盛顿体系下的西方世界   201
    ——九年级 专题复习
      卢玉娟 / 点评人：李毓

第一次世界大战后的国际秩序：凡尔赛—华盛顿体系   208
    ——《中外历史纲要（下）》第14课
      郭瑾瑾 / 点评人：左家燕

罗斯福新政   215
    ——九年级下
      吴元英 / 点评人：张绵

第二次世界大战与战后国际秩序的形成   226
    ——高一下
      李昆 / 点评人：滕加平

实践篇——阅读课程案例

七年级文物阅读课程活动设计   235
      梁啸天

七年级历史纪录片
《何以中国》阅读课程活动设计   244
      张月帅

阅读，传承红色理想   249
    ——初二学生社团"红色先锋"历史阅读课程
      杨青

九年级中国传统习俗阅读课程活动设计   256
    ——春节
      陈可宁

高一年级阅读课程   259
    ——关于"背口袋的人"这一群体出现的历史背景与影响
      马霄睿 / 指导教师：刘童

高二年级阅读课程   263
    ——"唐太宗统治时期中华民族共同体的形成和发展"研究性学习回顾
      边诺依 / 指导教师：张静

理 论 篇

初高中衔接贯通培养理论研究

在全球化和时代快速发展的背景下，人才培养的质量要求越来越高，为增强国家综合实力，我国从 2001 年起启动了新一轮的基础教育课程改革，将能力培养作为核心目标。《国家中长期教育改革和发展规划纲要（2010—2020 年）》提出"坚持能力为重"，要求优化知识结构、丰富社会实践、强化能力培养，提升学生学习、实践和创新能力。2014 年，教育部印发《关于全面深化课程改革 落实立德树人根本任务的意见》（以下简称《意见》）进一步明确课程改革的关键在于发展学生的核心素养。然而当前中小学教育之间存在课程目标衔接不畅，教材系统性不足，学科内容重复，与招生考试、评价制度不配套等问题，亟须在初高中教学中加强学科能力培养和教学衔接。

历史作为一门综合性较强的学科，涉及世界各国、各地区在不同的历史发展时期的政治、经济、军事、思想文化等方面内容。历史教学拥有的七大价值，即科学价值、政治价值、理智价值、伦理价值、借鉴价值、思维价值与审美价值，对学生全面发展具有重要作用，因此，初高中学生历史教学的衔接贯通培养显得尤为重要。

初高中历史教学衔接是指初中和高中两个阶段的历史教学如何实现过渡与承接问题。具体包括教学目标的衔接、课堂实施的衔接以及教材内容的衔接。从教学目标来看，初高中历史在核心素养培养中有梯度，因此需要衔接；从课堂实施来看，教师需要根据学生认知发展规律选择合适的教学策略；从教材内容来看，初高中教材在课时内容编写体例和章节排布上存在差异，需进行有效衔接。

一、初高中衔接贯通培养的必要性

（一）"立德树人"根本任务的要求

随着经济和科技迅速发展，世界正在经历广泛而深刻的社会变革，教育的重要性在现代国家的发展中日益凸显。这就要求教育不断提高人才培养质量，以适应社会发展需要。而随着信息技术快速进步，各种思想文化交流与碰撞愈加频繁，学生的思想观念更加独立、价值观念更加多元、人格特征更加鲜明。随着社会对学生综合素质的要求逐步提高，德育的重要性日益凸显。党的十八大提出将"立德树人"作为教育的根本任务，要求注重学生的全面发展和健全人格的培养。然而《意见》指出当前基础教育阶段的课程尚未实现在每个阶段的统一，在历史学科中的初高中衔接问题尤为突出，因此，历史教师需要将初高中历史教学视为一个整体，把握各学段的教学目标，理顺各学段的教育功能，确保衔接顺畅。

（二）"核心素养"目标体系构建的需要

《意见》提出，应根据学生身心发展规律和社会对人才的需要，把学生全面发展的要求和社会主义核心价值观的相关内容相结合，制定学生"核心素养"体系，落实到课堂教学中。历史学科的"核心素养"是从"三维目标"体系中发展而来的，是对"三维目标"的继承和超越。2022年颁布的《义务教育历史课程标准（2022年版）》与2017年颁布的《普通高中历史课程标准（2017年版2020年修订）》一致，均强调发展学生的历史核心素养。因此，初高中历史教师应该把握课程的纵向联系，根据初高中历史学科具体的育人要求，逐步完成教学任务，并以核心素养目标为导向，制定有效的教学策略。

（三）统编版历史教材推行的需要

为落实"立德树人"的根本任务，更好地强化国家意志、贯彻党的教育方针、落实社会主义核心价值观，提高教育质量，教育部自2012年起统一编写义务教育历史教材，从2017年下半年开始，统编版历史教材在初中投入使用，到2019年下半年，初中历史教材已在全国范围内使用。统编版高中历史教材2019年秋季学期首先在北京、天津、上海等六个省市进行试点，并于2022年在全国范围内使用。初高中历史教材，注重历史学科内部的纵向联系。在内容梯度设计上，循序渐进，符合学生的认知发展规律，强调发挥历史学科的育人功能。然而初高中历史教材是以通史体例编写的，存在内容重复的问题，如何处理好这个问题，提升学生对历史事件、人物、发展趋势的认知和思维能力成为初高中历史衔接的迫切需求。

（四）初高中教学现实改革的需要

1. 初中历史学科缺乏足够的重视

在长期的教学实践中，初中历史学科未得到足够重视。这一现象与现行中考招生制度密切相关。

（1）历史学科被"边缘化"

历史学科在中考中常被视为选择性科目，导致基层教育管理者在课程设计中往往将其边缘化。具体表现为课时安排不足和教学方式单一两方面。由于课时有限，教师的教学任务繁重，难以深入讲解，往往只能照本宣科，忽视对学生历史思维能力的培养，部分教师为完成教学任务，仅依据课标划定的重难点进行灌输式教学，导致学生对历史学科的印象停留在"背多分"层面，往往依赖考前突击记忆，忽视了历史学习的长期积累。这种学习模式导致学生对历史学科的兴趣普遍不高，形成"不重视—成绩差—更不重视"的恶性循环。

（2）考评方式削弱学科重要性

初中阶段历史学科的考评方式相对简单，许多地区在中考中采用开卷考试形式，且考试难度较低。这种考评方式进一步削弱了历史学科的重要性。教师和学生往往以获取高分为目标，课堂教学局限于圈划考试范围和重点知识，学生在考前死记硬背，缺乏对历史知识的深入理解和兴趣培养。这种应试导向的教学模式不仅无法落实历史学科核心素养的培养目标，还导致学生在进入高中后难以适应更高要求的历史学习。

高中阶段的历史学习门槛和难度显著提高，学生需要具备扎实的历史功底和基本的史学素养（如时空观念、史料实证等）。然而，由于初中阶段历史教学的薄弱，学生在进入高中后普遍面临学习困难的情况。高中教师在教学过程中需应对学生知识基础参差不齐的现状，这对教学的有效性和学生核心素养的提升提出了巨大挑战。因此，初中历史教学的支撑对高中阶段的历史学习至关重要。

总之，初中阶段历史课程的学习要求相对较低，主要为高中阶段的历史学习奠定基础。然而，由于历史学科在中考中的地位被边缘化，课时安排不足，教学方式单一，考评方式简单，教师和学生普遍对历史学科缺乏重视。从短期来看，学生难以形成对历史的学习兴趣，无法达成课程目标；从长远来看，这会影响学生在高中阶段的历史学习，甚至可能使学生对历史学科产生厌学心理。

2. 初高中历史教材内容存在差异

当前采用的统编版初中历史教材和统编版高中历史教材都是按照通史体例进行编写，因此两个学段内容重复的现象显现出来。于是，在初高中历史教学过程中，教学内容的重复频频成为困扰中学历史老师的一个难题。[1]

初中阶段，全国使用统编版历史教材，教材内容编排以"板块+通史"的形式呈现，历史课程主要是为学生普及中外历史的基本常识，让学生初步了解中外历史的史实。教材分为中国古代史、中国近代史、中国现代史、世界古代史、世界近代史和世界现代史六大学习板块。在每个板块均采用"由点及线，点线结合"的方式，把某一历史时期的政治、经济、思想、科技文化等全貌进行呈现。[2]其中，"点"是指具体的历史人物和历史事实；"线"则是指贯穿于历史人物和历史事实中的基本线索。这种历史编纂方法的优点是能给初次接触历史的学生构建一个较为完整的时间线，使其对历史的发展进程一目了然。统编版高中教材《中外历史纲要》分为上、下两册，上册是中国史，下册是世界史，一改之前人教版高中历史教材将中外历史分为政治、经济、思想文化三个专题史的历史教材的编写方法，实现了与现行统编版初中历史课本的呼应，采取了同样的通史体例进行教材编写。但是在教材内容的广度和深度上相较于初中阶段大大增强。更为重要的是，教材《中外历史纲要》中的"纲要"，顾名思义，是"提纲挈领"的意思，呈现给广大师生的是中外历史的主干和精粹。对照同样是统编版的初中历史教材的特点，"纲要"一说实至名归，主要体现在以下两个方面。

首先，从历史教材中的内容分布来看，统编版高中教材是对初中历史教材的高度压缩。从教材的体量方面进行比较，《中外历史纲要（上）》叙述中国史内容，包含统编版初中历史教材中七年级上、下册和八年级上、下册4本教材的中国史内容。此外在单元内容设计上也体现出这一特点，譬如在《中外历史纲要（上）》的第一单元"从中华文明起源到秦汉统一多民族封建国家的建立与巩固"中，单元内容设计一共包含4个课时的教学内容，包括第1课《中华文明的起源与早期国家》、第2课《诸侯纷争与变法运动》、第3课《秦统一多民族封建国家的建立》和第4课《西汉与东汉——统一多民族封建国家的巩固》。将这些内容与统编版的初中历史教材进行对照会发现，统编版高中教材仅一个单元的内容就包含了初中历史教材三个单元的内容，初高中历史教材在单元体量方面的差异显著。

其次，统编版高中教材虽力求精简，但观察教材可以发现，在内容精简压缩的

---

[1] 冯一下，赖良玉. 对初高中历史教学衔接问题的再认识[J]. 中学历史教学，2020（5）:30—34.
[2] 罗凯. 时空观念素养下初高中历史教学衔接问题研究——以云南省昆明市为例[D]. 昆明：云南师范大学，2019.

同时，与旧人教版高中教材相比，引入了一些新的史学成果和新史料，例如，新教材增加了中国古代农民战争方面的内容，包括秦朝末年的陈胜吴广起义、王莽时期的绿林军起义、东汉末年黄巾军起义、隋末农民起义、唐末的黄巢起义、元末的农民起义和明末李自成起义等。再例如，叙述中国古代各民族政权历史面貌的相关内容时，在基本保存旧人教版高中历史教材中关于民族关系情况的内容基础上，统编版教材增加了譬如金朝的民族管理系统——"猛安谋克"制度和金朝"大定之治"等内容。

总之，现行版本的统编版初中历史教材和统编版高中历史教材在内容上存在着显著的差异，仅就必修课程通史部分内容来看，高中教材内容是对初中内容的高度压缩。在知识深度、广度层面上，高中教材大体是初中教材的浓缩版本。这就使得高中阶段学生进行历史学习和教师进行历史教学的任务难度都极大地增加，探究有效的促进初高中历史衔接的策略成为提升中学历史教学与学习质量的迫切需求。

3. 部分教师课程衔接意识薄弱

在与初高中历史教师的沟通交流以及参加教学研讨会的过程中，我们不难发现，大多数历史教师的教学活动处于"各自为政，互不相闻"的状态。

（1）教师教学衔接意识薄弱

部分初中历史教师对课程标准与教材的研究仅限于初中阶段，缺乏对高中历史课程标准和教材的深入探究。初高中历史教师之间缺乏有效的沟通与教研活动，导致双方对彼此的教学内容、重难点了解不足。这种脱节现象在初中阶段尤为不利，因为这一时期正是培养学生自主学习能力和掌握学习技巧的关键阶段，直接影响了学生历史学科核心素养的培养目标。

（2）"唯分数论"导向的教学模式

当前初高中历史教学普遍存在"唯分数论"倾向，教师和学校更多关注学生的考试成绩，而非历史学科核心素养的培养。部分教师将历史教学任务简化为应对中考和高考的工具，忽视了历史学科的育人功能。然而，初高中历史课程在评价体系上存在显著差异：初中历史学习内容相对简单，且中考多采用开卷考试形式，导致学校和学生容易对历史学科产生轻视心理。例如，在初中历史教学中，教师往往只注重碎片化的讲解"考点"，而忽视帮助学生构建历史知识体系。这种教学方式使得学生在进入高中后，面对更高要求的历史学习时，难以适应。

（3）初高中教材与教学要求的差异

高中历史教材内容更加丰富，表述宏观，概念性较强，对学生的能力要求显著提高。然而，部分高中教师误以为学生在初中阶段已经掌握了基础知识，因此在教学中对某些内容略讲甚至跳过。例如，关于中国古代史中的"君主专制"和"中央集权"概念，初中教师通常只进行粗略讲解，而高中教师则默认学生已理解这些概念。事实上，许多高中学生对这些概念仍然模糊不清。这种教学脱节现象表明，部分初高中历史教师在教学上"各自为政"，缺乏课程衔接意识。

总之，随着统编版历史教材和《普通高中历史课程标准（2017年版2020年修订）》的逐步推行，初高中历史教学内容与课标要求的衔接问题日益凸显。高一学生普遍面临教材容量大、能力要求高、学习方式转变等挑战。高中历史课程不仅要求学生掌握知识，更注重历史核心素养的培养。这对学生的学科能力提出了更高要求，同时也对高中教师的教学观念和方式提出了新的挑战。因此，研究初高中历史教学衔接问题，探索有效的教学策略，推动初高中两个学段的顺畅过渡，具有重要的现实意义。

二、初高中衔接贯通培养的可行性

无论是初中还是高中的历史教学实施，都应当遵循历史课程标准的指导，并运用科学合理的教育学和教育心理学理论作为支撑。以此充分把握教学实施应当选择的重难点，了解学生在各个学习阶段的特点和心理发展，做好学情分析。初高中作为不同的学习阶段，学生在过渡期的学情直接关系到教师应扮演的角色和采取的教学策略，因此，研究初高中历史教学的衔接，首要任务就在于厘清这些问题。

（一）课标依据

随着初高中统编版教材相继投入使用和《普通高中历史课程标准（2017年版2020年修订）》的颁布，高中历史教学所提倡的"唯物史观、时空观念、史料实证、历史解释、家国情怀"五大核心素养的热度在中学历史教师圈中逐渐提升。虽然五大核心素养主要指向高中历史教学，初中历史教学则仍围绕"知识与能力、过程与方法、情感态度与价值观"三维目标进行教学目标设计，但这些并不妨碍初中历史教学尽可能地向高中靠拢和衔接。[1]因此，从初高中历史课程目标的内在联系方面看来，实现中学历史教学衔接既是历史学科育人目标的内在要求，也是促进中学生历史学习和历史思维能力发展的应有之义。

---

1 于友西.中学历史教学法：第3版[M].北京：高等教育出版社，2013.

从初高中历史课程目标的内在联系来看，实现中学历史教学衔接既是历史学科育人目标的内在要求，也是促进学生历史学习和思维能力发展的应有之义。《普通高中历史课程标准（2017年版2020年修订）》在论述中学历史教育的基础性、普及性和发展性时，明确指出中学历史课程属于基础教育范畴，旨在提升中学生的文化素养、历史意识和人文精神，促进学生全面发展。无论是初中历史课程标准还是高中历史课程标准，都强调历史课程必须发挥育人功能，引导学生正确认识历史发展进程，促进学生学会用历史的观点看待历史、现在和未来，具备全面、客观看待事物的能力。

1. 义务教育阶段历史课程标准

义务教育阶段历史课程标准的基本理念在于发挥历史学科的育人功能，把培育和提升学生的历史素养作为学科宗旨，教师应当在学生学习历史课程的过程中引导他们正确地剖析历史的发展进程，逐渐学会全面、客观地认识和分析历史问题。义务教育阶段的历史课程标准明确指出了本阶段历史课程的"普及性、基础性和发展性"，特别关注历史学科的教育价值，要求学生在掌握历史知识的前提下，能够正确地叙述并且评判历史人物和事件，树立正确的价值观，促进全面发展。[1] 课程设计方面，既要突出义务教育阶段历史教学的差异性，也要注重与高中历史教学的衔接，为学生在高中阶段的历史学习打好基础。

2. 高中历史课程标准"新"要求

《普通高中历史课程标准（2017年版2020年修订）》提出高中历史以培养和提高学生的历史学科核心素养为目标，形成具有历史学科特征的正确价值观念、必备品格与关键能力。[2] 五大核心素养的提出，体现了高中历史课程与初中历史课程的一脉相承。高中历史课程标准将中学历史课程衔接置于十分重要的地位，并且关注历史教学衔接的质量。因为只有关注并重视衔接质量，学生在义务教育阶段才能打下深厚的历史学习基础，才有可能在高中阶段的历史学习中进一步提升学科能力，强化史学思维，树立正确的历史观念。[3]

总之，初高中历史课程标准在课程目标和课程设计思路上具有一脉相承的特点。高中历史课程在结构设计和内容编排上，将课程划分为不同层次，采用大时序、小专题的方式呈现，既体现了与初中历史课程的衔接性，又显示了高中阶段历史学习的

---

1 中华人民共和国教育部. 义务教育历史课程标准（2011年版）[S]. 北京：北京师范大学出版社，2012.
2 中华人民共和国教育部. 普通高中历史课程标准（2017年版2020年修订）[S]. 北京：人民教育出版社，2020.
3 于秀芹. 初高中历史教学衔接问题策略谈 [J]. 中学历史教学参考，2020（14）：69—71.

广度和深度。此外,《普通高中历史课程标准（2017年版2020年修订）》在教学目标和教材编写体例等方面与旧人教版教材存在显著差异，因此，如何在新背景下实现初高中历史教学的有效衔接，成为亟待解决的问题。协调处理好"三维目标"与"核心素养"之间的衔接，促进初高中历史教学衔接的实现，是新时期中学历史课程发展的客观需要。初高中历史教学应有针对性地进行"互补"，以更好地实现历史课程目标。

3. 初高中历史课程标准的比较分析

初高中历史课程标准是规定具体学科的课程性质、课程目标、内容目标的纲领性文件，是教材编写、教学、评估及考试命题的依据，是国家管理和评价课程的基础。由于针对的学生群体和年龄阶段的不一致，因此初中课标与高中课标是存在差异的。课标和教材的不同，学生年龄和知识掌握的程度，是影响历史教学内容衔接的主要因素。下面研究者将初高中历史教学标准进行对照、梳理，教材内容进行量化分析。

以资产阶级革命和资本主义制度的建立为例，比较初高中历史课程标准异同。（见表1）

表1 "资产阶级革命和资本主义制度的建立"初高中历史课程标准对比表

	初中	高中
知识与能力	通过1640年革命和其后的光荣革命，了解相关的爆发背景，初步理解英国君主立宪制确立的历史意义	对英国君主立宪制度的确立及特点的分析、理解与掌握，理解英国君主立宪制度、议会民主制的特点
过程与方法	通过华盛顿、《独立宣言》和1787年宪法，理解美国革命对美国历史发展的影响	对美国1787年宪法中"分权与制衡"的理解与掌握，理解"邦联制"与"联邦制"的区别
情感态度与价值观	通过法国大革命和拿破仑帝国的活动，初步理解法国革命的历史意义	对法兰西第三共和国宪法内容和德意志帝国宪法内容进行分析、掌握，理解"艰难的法兰西共和"的历史进程，对三权分立的政治体制的理解和在法兰西第三共和国宪法中的体现，明白"德意志特色"的历史原因

在具体教学实施过程中，有如下案例。

案例一：英国君主立宪制度的建立。（见表2）

表2 "英国君主立宪制度的建立"初高中历史课程标准对比表

	初中	高中
知识与能力	了解议会与王权的斗争，了解英国资产阶级革命爆发的原因、经过和结果，认识到英国资产阶级革命是人类历史上资本主义制度对封建制度一次重大胜利；理解《权利法案》颁布的目的和作用，初步理解君主立宪制的意义	掌握光荣革命的基本史实，理解《权利法案》的基本史实，理解君主立宪制度的含义和英国资产阶级君主立宪制的特点及作用。通过提高阅读和多途径获得历史信息的能力，了解责任内阁制的形成、责任内阁制形成的作用，理解英国议会的特点。从历史发展的过程，感悟英国君主立宪制形成的历史渊源和时代背景
过程与方法	通过阅读教材、小组讨论，归纳总结英国资产阶级革命的特点，培养学生从历史材料中提取有效信息的能力和分析概括的能力，正确看待英国的光荣革命，了解君主立宪制这一政治体制的基本特征	通过情景再现分析材料的方法，来使学生明白光荣革命的基本过程，通过对相关材料的分析、比较、归纳和概括，理解英国议会权力制的确立，通过探究学习发现问题，积极探索解决问题的途径。明白责任内阁制的形成
情感态度与价值观	通过对英国资产阶级革命历史背景的分析回顾，使学生认识到英国资产阶级革命爆发的影响	通过对英国资产阶级革命历史背景的分析回顾，使学生认识到英国资产阶级革命爆发的历史必然性

案例二：美国的独立及联邦政府的建立。（见表3）

表3 "美国的独立及联邦政府的建立"初高中历史课程标准对比表

	初中	高中
知识与能力	认识美国独立战争爆发的原因，了解美国独立战争的经过，进而掌握美国诞生的概况，理解美国独立战争的历史影响；掌握《独立宣言》的内容、作用及美国宪法的颁布，了解华盛顿的主要活动及影响	理解邦联的缺陷，深化了解1787年宪法制定的必要性。掌握美国1787年宪法的主要内容和联邦制的权力结构，使学生养成独立思考的学习习惯，能对所学的内容进行较为全面的比较，概括和比较美国资产阶级共和制与英国资产阶级君主立宪制的异同，论述民主制度因国情各异，而必然呈现多样化的基本特点。了解美国两党在美国政治中的作用，学会分析资产阶级政党制度的利弊得失
过程与方法	通过美国独立战争以弱胜强及战争双方的力量对比，培养学生的识图能力与辨识认识历史问题的能力；通过小组讨论归纳总结美国独立战争爆发的原因和胜利的原因，正确评价华盛顿，准确阐述美国独立战争的双重性质	通过提高阅读和多途径获得历史信息的能力，比较美国总统制与英国君主立宪制的异同，观察当今美国两党制的竞争，加深对美国政治的理解。通过历史图片和当时当事人的叙述材料，以情景再现的方式加深学生对相关史事的理解
情感态度与价值观	明确美国独立战争是北美人民反对英国殖民统治、争取民族解放的正义战争，明确自由、民主、独立是人类社会永恒的主题，知道坚定信念、艰苦奋斗是成功的必经之路	通过对美国从邦联制到联邦制的演进过程等基本史实的学习，使学生认识到政治制度的发展完善是人类历史进步的必然过程，培养历史唯物主义世界观，历史地、客观地看待事物，正确对待历史发展的进程，认识人类社会发展的统一性和多样性，理解和尊重世界各国各民族的文化传统，认识资产阶级代议制的历史进步性和局限性，认识到两党制是美国政治一大特点，符合美国的历史与国情，了解其优点和缺陷

案例三：法国大革命和拿破仑帝国。（见表4）

表4 "法国大革命和拿破仑帝国"初高中历史课程标准对比表

	初中	高中
知识与能力	掌握法国大革命爆发的原因、进程及意义，了解拿破仑帝国兴亡的基本情况，知道巴黎人民攻占巴士底狱的意义，知道《人权宣言》的内容，了解法兰西第一共和国，了解拿破仑的主要活动，了解《拿破仑法典》所体现的原则	理解法国封建传统的强大和法国共和政体确立的艰巨性，掌握法兰西第三共和国宪法的基本内容及明白法国共和政体的特点。了解德意志帝国宪法的基本知识，理解德意志帝国制度的特点及历史作用和影响，以法兰西第三共和国宪法和德意志帝国宪法为参照认识法国和德国法治化的基本脉络，分析资产阶级代议制在西方政体发展中的作用
过程与方法	培养学生使用辩证唯物主义和历史唯物主义的基本观点和方法，全面评价历史人物与历史事件的能力，通过对法国大革命、英国资产阶级革命和美国独立战争的比较，培养学生综合比较能力	通过情景再现分析史料的方式，理解法兰西共和之路。通过学习搭建知识，体会现实反映历史，开展探究学习。以发现问题的方式，理解法国共和政体的确立。通过对德意志君主立宪制与法兰西共和政体的比较，得出德意志君主立宪制的特点
情感态度与价值观	通过对法国大革命历史意义的分析，使学生认识到法国大革命应当顺应历史潮流，具有双重大意义和历史作用，通过对拿破仑帝国败亡原因的分析，使学生明确战争的性质是决定战争胜负的关键	根据法兰西共和历程等基本史实认识民主制度的建立是人类进步的产物，培养学生使用历史唯物主义世界观历史地、客观地看待事物，正确对待历史发展进程，论述资产阶级代议制建立过程的艰难与曲折性，学会历史和客观地认识和理解资产阶级代议制的实质

（二）初高中衔接贯通培养历史教学研究的心理学依据

教育心理学研究发现，人的心理发展在 5—6 岁和 17—18 岁都要经历两个比较大的发展高峰期。初高中教学衔接不畅的一个重要原因就是学生心理发展的阶段性变化。初中生升入高中，正处于从少年向青年过渡。从发展心理学角度来看，刚刚升入高一年级的学生，他们的心智发展恰巧处在两个高峰期之间。与初中生相比，高中生理解事物能力明显增长，高中生能够自主选择所需知识，意志坚定，能够坚持学习目标，并迅速分析、整理和储存所学知识，看待问题敏锐性精确方面比初中生有显著进步。初中生认知水平较低，注意力难以聚焦关键问题，学习的积极性和意志力相对薄弱，自觉性不高。针对高中生认识事物能力的培养，教师要提高他们的学习兴趣，授之以渔。

（三）初高中历史衔接贯通培养的教育学依据

首先，遵循循序渐进原则。此原则是构建学生知识体系的基本原则。中学历史课本的编写遵循由简至繁、由线索至专题的逻辑。教师应据此，先介绍基本历史史实，再设计问题，逐层深入，逐步完善学生的知识体系，培养其思维能力。此外，学生的认知能力发展遵循由低级至高级、量变至质变的规律，心理、生理发展及学习特征亦呈现顺序性。遵循循序渐进原则，有助于学生适应初高中知识变迁。

其次，中学历史教学应遵循量力而行原则，亦称"可接受原则"。教师的授课、教学设计及课后作业需考虑初中生和高中生的年龄及解决问题能力。研究表明，未成年人接受知识的能力取决于生理发展所体现的思维能力水平及已积累的实践经验与基本知识。遵循量力而行原则，有助于教师制定符合学生水平与课标要求的教学设计，促进初高中历史教学的合理过渡。

再次，强调理解思维原则。理解思维原则是历史记忆与学习方法。初中历史侧重于线索整理，而高中历史则注重学科能力提升。初中以记忆历史知识为主，跟随教师学习历史成果与结论。但高中需在掌握历史学科基础上，转变学习方式，以理解思维对待历史。初中生虽能记忆教师讲授的知识，并思考历史问题，但往往不会深入探究。而高中生则开始注重历史知识间的差异，分析困惑，通过理解方法理清思路，记住历史。这是高中生需掌握的主要方法，体现其理解思维能力水平。

初高中学生在逻辑思维水平上存在差异。初中生以记忆为主，教师需运用图片、吸引眼球的材料或历史故事帮助学生学习。但高中随着课时加重，教师会减少有趣知识的引入，着重培养抽象逻辑思维。如讲美国三权分立，初中可能侧重历史过程，而高中则着重其背后的生产方式、传统及利益博弈。此外，教师可顺带训练学生的批判性思维。

最后，遵循教材体系贯通原则。中学历史学科教学内容与目标设置应遵循先易后难的原则，保持学科知识学习的连贯性与一致性。初中历史教材以时间线索编写，内容通俗易懂、有趣，便于学生学习理解。而高中历史则内容复杂、文字少，需教师点拨，展现学术化与专题化倾向，有助于学生从感性思维转换至理性思维。这种转换的成功与否，是历史教学需反思的现实问题。教师的引导作用关键，平衡历史学科知识与能力，体现初高中教学衔接。初高中历史教学衔接顺利与否，关乎历史课程、基础教育、教师及学生等多方面发展，是新课程实施中的重大课题。教师应不断探索内容衔接的有效方法，结合历史学科知识与核心素养要求，寻找优化策略，使学生平稳过渡，提升历史学科能力，同时提高教师教学水平，实现高中历史学科的意义。

三、初高中历史教学衔接贯通培养的研究意义

初高中历史教学衔接是新时期历史课程改革的关键要求，旨在解决教学脱节问题，对中学历史教师而言至关重要。做好这一衔接，能够显著提升学生的学习兴趣和课程学习能力。

初中生偏重感性体验，理性思考能力相对较弱，且学习习惯多停留在机械记忆层面。而高中历史知识点多、概念性强，要求学生掌握更高层次的学习方法。此外，初中历史考试多为开卷，导致学生倾向于划重点、抄答案，而高中则要求学生主动理解和探究历史。

因此，教师需针对不同年龄段的学生采取不同教学方式，以促使学生更快融入历史学习。通过分析中学历史教学存在的问题并提出相应策略，可提高教学有效性，促进教师专业发展。

在研究过程中，我们结合统编版历史教材和高一学生的学习情况，通过具体调查分析，针对性地提出了初高中历史教学衔接的实际应用策略。这不仅能提升中学历史教学质量，还能帮助师生了解新课标下高中历史的学习要求，为学生提供把握和领会历史解释核心素养的方法，具有重要的实践意义。

四、多视角下初高中历史教学衔接贯通培养的研究现状

由于初高中教育存在着差异性和连贯性，其衔接问题一直是教育界关注的焦点。自20世纪80年代以来，专家学者和一线教师对此进行了持续研究。陈申的《试探初高中物理教学的衔接问题》[1]一文为初高中学科教学衔接研究拉开了序幕，此后有关初高中学科教学衔接的研究论文不断涌现，但大多是研究数学、物理、化学等理科学科。历史学科的研究起步较晚，直到阚韶辉的《对高一历史教学要解决好初高中衔接问题的思考》[2]发表，相关研究才增多。21世纪以来，随着新课程改革的开展和深化、历史课程标准的变化、历史教材的更迭，对初中历史教学衔接的研究持续进行。

这些研究大致可以分为以下几类。

（一）以历史教学的学段差异为研究视角

这部分研究主要基于初中、高中两个学段，基于学段的视角对初高中历史教学衔接问题进行分析，并提出相应的衔接策略。吴林珠指出，高考命题理念经历了"知识立意、能力立意"向"价值引领、素养导向、能力为重、知识为基"的转变，初中阶段的学习方法难以适应高考的要求，需要从思维能力、研究能力、价值立意等角度把握初高中历史教学衔接。[3] 林贵福从高中历史教学的角度指出初中历史教学存在知识补充过多、能力培养过急、立意提升过高等问题，并从课标、教材、教研、命题等角度论述了衔接策略。[4] 秦世军认为初中与高中历史教学有不同的目标和定位，但是在发展学生历史思维、培养学生人文精神、提高学生历史素养、树立正确价值观的教育目的上具有一致性。因此，两个学段的历史教学不应是割裂的，而是需要深入细致地进行内容衔接，使整个历史教学更加顺畅自然。[5] 吴伟则是认为中学历史教育的阶段性特点造成了初高中历史教学的衔接问题，强调历史素养是衔接初高中历

---

1 陈申.试探初高中物理教学的衔接问题[J].物理教学，1985（2）：7—10.
2 阚韶辉.对高一历史教学要解决好初高中衔接问题的思考[J].中学历史教学参考，1999（6）：23—25.
3 吴林珠.学段贯通视域下初高中历史教学衔接初探[J].中学历史教学参考，2021（24）：14—16.
4 林贵福.新课程视域下初高中历史教学衔接策略探究——以"新文化运动"为例[J].中学历史教学参考，2021（22）:20—21.
5 秦世军.搭桥·分类·进阶——以"辛亥革命"为例谈初高中历史教学衔接[J].中学历史教学，2021（3）:24.

史教育的关键因素，应该长时段、多阶梯培育和养成历史核心素养。[1]

（二）以历史教材为研究视角

这部分研究以历史教材为研究视角，通过分析初中、高中历史教材的不同，研究初高中历史教学衔接的问题，并且据此提出相应的解决策略。部分研究基于人教版与其他版本的教材比较，如孟磊对华东师大版和人教版的初中和高中历史教材进行了比较，分析了二者在内容选择、知识深度和广度等方面的差异，分别从教材编写、教学理念、教师的教与学生的学提出衔接要求。[2]但是近年来，随着统编版历史教材的投入使用，研究视角则转向研究初中、高中统编版教材。张仕婷通过系统分析统编版初高中历史教材在教材体例与呈现方式、教材课文系统以及教材课文辅助系统的不同，指出要做好历史教学衔接应该把握教材特点，整合教材知识，强调学习重点、明确课程要求、增强专业素养。[3]李云飞主要围绕统编版初高中历史教材在课程标准内容、编写体例和内容编排的衔接现状进行分析，从教材体例和内容编排的优势、教师对教材内容的处理等两个方面说明了具体的衔接策略。[4]

（三）以历史课程标准为研究视角

刘波的看法是，在做好初高中历史教学衔接方面，需要从以下三个角度进行考虑：一是关注初高中历史课程标准的差异；二是注意历史知识体系的衔接；三是注重培养和提升学生的历史思维能力。[5]徐志兰分析2011年版初中历史课程和普通高中历史课程标准的异同，对初高中历史教学衔接提出以下主要途径：注重历史时序的连贯性，打造科学的知识结构；坚持指导学习方法，帮助学生养成良好的学习习惯；推行多元化的教学方式，关注高中历史学科的教育教学。[6]

1　吴伟. 也谈中学历史教育的衔接问题[J]. 历史教学（中学版），2017（11）：3—7.
2　孟磊. 试论初高中历史教材与教学的衔接[D]. 上海：华东师范大学，2011.
3　张仕婷. 统编初高中历史教科书衔接研究[D]. 成都：四川师范大学，2021.
4　李云飞. 部编版初高中历史教科书衔接研究[D]. 武汉：华中师范大学，2020.
5　刘波. 新课标下初高中历史教学衔接的几点建议[J]. 教学与管理，2013（34）：81—82.
6　徐志兰. 从课标的变化看初高中历史教学的衔接[J]. 教育科学论坛，2013（2）：13—15.

（四）以历史学科核心素养为研究视角

这部分研究以历史学科核心素养为研究视角，对初高中历史教学衔接进行研究并提出对应的策略。研究这一方面的，较早是郑林[1]，他从学科素养的视角，重点关注历史学科素养中的知识和能力，认为初高中历史教学的衔接有两个方面：一是历史知识的衔接，二是历史学科能力的进阶。

袁洋分析了教学内容衔接存在的问题、成因，着重探究基于核心素养下的实现历史教学内容衔接的对策，包括明晰教学内容衔接观念、构建历史知识衔接体系、优化教学内容衔接路径，以助力解决教学衔接问题，全面落实学生核心素养培育。[2] 班淑瑶立足对 2017 年版普通高中新课标和初高中统编新教材进行比较分析，基于核心素养，提出初高中历史教学衔接的基本原则，并分别为初高中历史教师提供衔接策略。对初中教学的建议包括提高衔接意识，设计基于核心素养的教学目标；将知识教学与能力提升相结合；优化教学评价方案。对高中教学的建议是树立历史课程意识、学情分析，温故知新、以核心素养为中心，有效设计教学过程。[3]

此外，还有研究基于具体的核心素养，罗凯从具体的核心素养——"时空观念"视角下研究初高中历史教学衔接问题，结合课程标准、考试说明、历史教材、考试真题等对比分析，采用教学案例的形式来探究解决策略。[4] 何琳从初中历史教学角度出发，以史料实证这一学科核心素养为例，用具体案例对初高中历史课堂教学过程中各个环节和要素的衔接问题进行深入探讨，认为初高中历史课程在课程结构、体系编排、内容广度深度以及教学教法等方面的差异造成了初高中历史教学衔接问题。[5]

总之，随着新课程改革的推进，学界对初高中历史教学衔接的研究日益深入。现有研究主要集中在问题分析、成因探讨及解决策略上，研究角度也日趋多元，涉及教材编纂、内容对比及课程标准分析等方面。然而，这些研究大多忽视了历史学科核心素养，特别是"历史解释"素养在初高中衔接中的关键作用。为此，本文以统编初高中历史教材为基础，聚焦"历史解释"素养，探讨初高中历史教学的衔接策略。

---

1 郑林.基于学科素养的初高中历史教学衔接研究[J].历史教学，2017（7）：13.
2 袁洋.基于核心素养的初高中历史教学内容衔接研究[D].哈尔滨：哈尔滨师范大学，2021.
3 班淑瑶.基于核心素养的初高中历史教学衔接策略研究[D].重庆：西南大学，2020.
4 罗凯.时空观念素养下初高中历史教学衔接问题研究[D].昆明：云南师范大学，2019.
5 何琳.历史学科初高中教学衔接问题研究[D].昆明：云南师范大学，2018.

五、中高考测评对初高中历史教学衔接贯通培养的要求

（一）中高考测评要素与初高中历史教学衔接

1. 核心素养

核心素养是初高中历史课程共同追求的目标，也是学生通过学习逐步形成的正确价值观、必备品格和关键能力，是课程育人价值的集中体现。初高中历史课程要培养的核心素养，包括唯物史观、时空观念、史料实证、历史解释、家国情怀五个方面。

在两本课程标准的表述中，核心素养的要义几乎完全一致。这既由历史学科的独特性决定，也体现了初高中教学贯通性，不同之处在于，《义务教育历史课程标准（2022年版）》每一个核心素养下都特别强调了"在义务教育阶段"学生的侧重点。（见表5）

在这里，课标的制定者特别提醒教师、教研人员、命题工作者，义务教育阶段核心素养强调的是"初步学会"，即针对刚接触历史学科的初中生来说，只需要做接触性了解，较少涉及应用。例如，初高中课标对"史料实证"是这样定义的："史料实证是指对获取的史料进行辨析，并运用可信的史料努力重现历史真实的态度与方法。"可见获取史料、辨析史料、运用史料、重现历史真实，是史料实证的重要环节。但在义务教育中只强调学生能够"初步学会""依靠可信史料""了解和认识"历史，虽然在学业质量描述中多处提到"史料实证"（见表6），但依然是以教材中的史实为基础，与其说是"实证"，不如说是对已知事实基础上的"感知正确"，对在历史研究中进行史料实证的技能没有明确要求。（见表7）

表5 课程标准对义务教育阶段核心素养提出的要求

	义务教育历史课程标准（2022年版）
唯物史观	要求学生初步学会在唯物史观的指导下看待历史
时空观念	要求学生学会在具体的时空条件下考察历史
史料实证	要求学生初步学会依靠可信史料了解和认识历史
历史解释	要求学生初步学会有理有据地表达自己对历史的看法
家国情怀	要求学生形成对家乡、国家和中华民族的认同，具有国际视野，有理想、有担当

表6 义务教育课标学业质量史料实证部分

标题	内容
掌握历史发展过程中的重要史事	能够准确理解教材和教学活动中所提供的可信史料，如不同历史时期的实物材料、文献材料、图像材料和口述材料等，辨识其中的含义
了解历史发展过程中的各种联系	能够了解并初步认识四种重要的历史联系：(1) 历史发展的古今联系。(2) 不同史事的因果联系。(3) 不同领域的横向联系。(4) 中国与世界的联系。 (唯物史观、时空观念、史料实证、历史解释、家国情怀)
认识历史发展的基本规律和大趋势	能够在了解历史发展的重要史事和各种联系的基础上，简要说明不同历史时期的时代特征，进一步了解人类社会从低级到高级、从分散到整体的发展历程，初步把握中外历史发展的基本线索和规律，并在自己的叙述中加以体现。 (唯物史观、时空观念、史料实证、历史解释)

表7 高中历史课标学科史料实证核心素养水平划分

素养3.史料实证	
水平1	能够区分史料的不同类型；在解答某一历史问题时，能够尝试从多种渠道获取与该问题相关的史料；能够从所获得的材料中提取有关的信息
水平2	能够认识不同类型的史料所具有的不同价值；明了史料在历史叙述中的基础作用；在对史事与现实问题进行论述的过程中，能够尝试运用史料作为证据论证自己的观点
水平3	在探究特定历史问题时，能够对史料进行整理和辨析；能够利用不同类型史料，对所探究的问题进行互证，形成对该问题更全面、丰富的解释
水平4	能够比较、分析不同来源、不同观点的史料；能够在辨别史料作者意图的基础上利用史料；在对历史和现实问题进行独立探究的过程中，能够恰当地运用史料对所探究问题进行论述

对比表6和表7，可以看出，"史料实证"能力从初中到高中实现大跨越式发展，这一转变标志着学生从历史的被动接受者向主动研究者的角色转换，从"感知"向实操的迈进。就本书的话题"衔接"来说，抛开历史学业等级水平考试（即高考）要

求的水平3和水平4，仅就水平1和水平2而言，高中也是要求学生直接面对"史料"，而不是接受既定历史知识或教材结论；认识"史料的价值"，不仅要知道教材所给材料的相对价值，而且要尝试选取相关的史料加以论证。这是初高中之间的差异，也是需要想办法帮助学生跨越的点，即"衔接"。史料实证是这样，其他核心素养也是如此。

2. 教材

教材是学生学习的抓手，也是教师授课的最重要依据，更是中高考命题的重要参考。明确教材的共性与差异，对理解中高考，进而明确初高中衔接有重要意义。

在教材编排结构上，初高中教材展现出高度的一致性。高中必修的通史模块《中外历史纲要》，依照历史时序描绘了人类社会由分散至整体、由低级向高级的发展脉络，涵盖中国古代史、近代史、现代史以及世界古代史、近代史、现代史六大板块，这与初中教材的体系相吻合。这无疑是历经多轮改革调整后的合理抉择。

以往，初高中历史课程循环模式较为单一、重复性高。鉴于此，2000年基础教育课程改革启动时，高中阶段在初中基础上，采用了"古今贯通、中外联系"的方式，将政治、经济、文化等内容设计成不同模块。然而，经过多年实践，研究者和学习者发现该设计存在难以克服的问题：高中专题性教材往往割裂历史发展线索，将重大历史事件碎片化，难以完整呈现历史原貌，如两次世界大战和民族解放运动等在世界近现代史中的重要议题难以妥善融入，从而催生了本轮初高中一体化的统编教材。

面对同样遵循宏观历史脉络编排的教材，人们或许会担忧高中教材仅是初中内容的简单扩展与细节丰富。但实际上，两者存在显著差异：初中教材擅长通过描述性叙述，循序渐进地将零散、碎片化的历史认知初步整合；而高中教材则更为精简凝练，对历史事件和现象的描述更为深刻。因此，高中教材并非初中的"复读"，而是对历史知识的凝练与提升。

高中教材的提升主要体现在两方面：一是强化历史事件间的联系性构建，通过古今纵向或中外横向联系，以宏观全面的视角审视历史，避免孤立看待问题；二是深入历史现象背后的规律性、特征性解析，超越表层认知，强调深度探究。为此，高中教材在通史模块外，增设了"国家制度与社会治理""经济与社会生活"及"文化交流与传播"三个专门史模块，使学生在掌握中外历史脉络的同时，能从新颖多样的领域拓宽历史视野。教材编排遵循"点—线—面"结合原则，围绕学科大概念，在历史时序框架下，以不同主题为导向，整合多维度历史线索，进行整体思维训练，不断深化学生的历史认识。

简而言之，学生由初中升至高中后，教材数量从三本增至五本，内容也从侧重

"历史细节"转变为侧重"历史规律",从形象思维转变为抽象思维。这对阅读和理解能力提出了更高要求,成为初高中考试差异的关键因素之一,也是初高中衔接中不可忽视的重点。例如,初中教材《中国历史·七年级上册》(2016统编版)的第一、二单元与高中《中外历史纲要(上)》的第一单元第1、2课内容相呼应。其中,初中教材《中国历史·七年级上册》(2024统编版)第二单元"夏商周时期:奴隶制王朝的更替和向封建社会的过渡"涵盖5课时,而在高中阶段则被高度概括为约1.5课时(见表8)。其他内容同样经历了篇幅的压缩与内容的凝练。

以"辽宋夏金元"为例(见表9),初中教材通过第7课《辽、西夏与北宋的并立》、第8课《金与南宋的对峙》、第10课《蒙古族的兴起与元朝的建立》及第11课《元朝的统治》4课时,详细叙述了这些少数民族政权的兴起及统治情况,内容连贯,细节丰富,历史事件的前因后果表述清晰易懂。而高中教材则在第三单元"辽宋夏金多民族政权的并立与元朝的统一"中,以第10课《辽夏金元的统治》为载体,分为"辽

表8 初高中教材中国古代史内容分布

初中教材(2016统编版)	初中教材(2024统编版)	高中教材(统编版)
《中国历史·七年级上册》 第一单元 史前时期:中国境内人类的活动 第二单元 夏商周时期:早期国家的产生与社会变革 第三单元 秦汉时期:统一多民族国家的建立和巩固	《中国历史·七年级上册》 第一单元 史前时期:原始社会与中华文明的起源 第二单元 夏商周时期:奴隶制王朝的更替和向封建社会的过渡 第三单元 秦汉时期:统一多民族封建国家的建立和巩固	《中外历史纲要(上)》 第一单元 从中华文明起源到秦汉统一多民族封建国家的建立与巩固
第四单元 三国两晋南北朝时期:政权分立与民族交融	第四单元 三国两晋南北朝时期:政权分立与民族交融	第二单元 三国两晋南北朝的民族交融与隋唐统一多民族封建国家的发展
《中国历史·七年级下册》 第一单元 隋唐时期:繁荣与开放的时代	《中国历史·七年级下册》 第一单元 隋唐时期:繁荣与开放的时代	
第二单元 辽宋夏金元时期:民族关系发展和社会变化	第二单元 辽宋夏金元时期:民族关系发展和社会变化	第三单元 辽宋夏金多民族政权的并立与元朝的统一
第三单元 明清时期:统一多民族国家的巩固与发展	第三单元 明清时期(至鸦片战争前):统一多民族封建国家的巩固与发展	第四单元 明清中国版图的奠定与面临的挑战

与西夏""金朝入主中原""从蒙古崛起到元朝统一"及"元朝的民族关系"四个部分，基本按时间顺序展开。在梳理政权建立与发展的基本线索基础上，高中教材更侧重于介绍特色政治制度，尤其是元朝巩固统一的措施和民族关系的发展，对此进行了相对详细的阐述。

在内容层面，初中教材对辽、西夏与金的制度建设鲜有介绍，对元朝制度的阐述虽涉及中书一省制、行省制及边疆管理，但仅限于制度本身，未深入探讨其影响，也未提及驿传制度。关于民族关系，仅简要提及民族交融，而将"四等人制"置于知识拓展部分。相比之下，高中教材通过学思之窗、史料阅读、历史纵横等板块，补充了大量关于制度建设的古文材料。

学生升入高中后，需适应教材从生动形象到浓缩精练、从明确关系到多元思考的转变。教师应指导学生如何阅读和使用高中教材，将每一课视为短时段历史，单元为中时段历史，而单元间的纵向与横向联系则构成长时段历史。初高中历史教师应依据统编版教材的单元设置，从长时段历史视角出发，提炼核心内容或关键问题，明确各课及单元间的侧重与关联，挖掘培育核心素养的要素，实现历史知识向核心素养的转化。

教师可通过比较阅读初高中统编版教材，结合学生学段特征进行教学设计，利用

表9 关于"辽宋夏金元"内容初高中教材对比

高中教材（统编版）	初中教材（2016统编版）	
第三单元 辽宋夏金多民族政权的并立与元朝的统一	第二单元 辽宋夏金元时期：民族关系发展和社会变化	
第10课 辽夏金元的统治	第7课 辽、西夏与北宋的并立	契丹族与党项族
辽与西夏	第8课 金与南宋的对峙	女真族的崛起
		金灭辽及北宋
金朝入主中原 从蒙古崛起到元朝统一	第10课 蒙古族的兴起与元朝的建立	成吉思汗统一蒙古
		蒙古灭西夏与金
		元朝的建立与统一
元朝的民族关系	第11课 元朝的统治	元朝疆域和民族交融
		行省制度
		元朝对边疆地区的管辖
		知识拓展：四等人制

教材提升学生的能力、培育其素养，以应对升学考试，这应成为初高中历史教学衔接的重要一环。

3. 学业质量

对学生进行学业评价是历史教学的重要环节，通过科学有效的评价，教师既可以全面了解学生学习状况，激发学生学习兴趣，促进学生全面发展，也有助于自身教学质量的提高。学业评价的内涵和外延非常广泛，按照目的可分为诊断性评价、过程性评价与终结性评价；按照主体可分为教师评价、同伴评价和学生自我评价；按照性质可分为量化评价与质性评价。初中阶段和高中阶段都非常重视学生的学业评价，《义务教育历史课程标准（2022年版）》强调在评价过程中要坚持方式的多样性、主体的多元性、标准的科学性、流程的规范性和反馈的及时性。《普通高中历史课程标准（2017年版2020年修订）》则进一步提出四点要求，一是坚持做到以发展学生历史学科核心素养为纲，二是准确把握学业质量水平，三是多维度进行学习评价，四是重视学业评价反馈。

在这些纷繁复杂的评价体系、评价指标中我们重点谈一个问题：中高考笔试。从中高考呈现的学业质量的测评标准和测评方式探讨初高中的差异和衔接点。

（1）测评标准

国务院于2014年9月印发了《国务院关于深化考试招生制度改革的实施意见》，明确指出"深化高考考试内容改革。依据高校人才选拔要求和国家课程标准，科学设计命题内容"。《普通高中历史课程标准（2017年版2020年修订）》提出学业水平考试命题的三个主要原则，其中第一个是"以历史课程标准为依据"。由此可见"依标命题"的要求由来已久，课标也发挥着考试大纲的功能，是高考命题的重要依据。义务教育课程标准亦有同样的任务。

义务教育课程标准规定：初中把7—9年级学习作为一个学段，要求学生要"掌握历史发展过程中的重要史事""了解历史发展过程中的各种联系""认识历史发展的基本规律和大趋势"，唯物史观、时空观念、史料实证、历史解释和家国情怀五大核心素养渗透其中。高中学业质量标准规定以五大学科核心素养及其表现水平为主要维度，结合课程内容，对学生学业成就表现总体刻画。高中学业质量标准将学业质量划分为四个等级，每一核心素养1—4等级是纵向递进的。

借助义务教育标准和高中课程标准对学业质量关键词的抓取（见表10、表11），我们也许可以发现一些值得探讨的地方。

历史学科能力大致分为学习理解、实践应用、创新迁移3个层次。初中学业质

表10 义务教育阶段学业质量标准关键动词

标题	核心素养				
	唯物史观	时空观念	史料实证	历史解释	家国情怀
	运用	观察、分析	搜集、解读、运用	搜集、整理、辨析、描述	认同
1.掌握历史发展过程中的重要史事	运用、掌握、理解、辨识、运用、表达、评价				
2.了解历史发展过程中的各种联系	了解、认识、初步分析、简要说明、解释、感悟				
3.认识历史发展的基本规律和大趋势	了解、简要说明、初步把握、知道、认识、形成（意识）				

表11 高中课程标准学业质量关键词提取

	唯物史观	时空观念	史料实证	历史解释	家国情怀
水平	运用、解释	观察、分析	辨析、重现、搜集、整理	分析、评判、描述、解释、搜集、整理、辨析、理解、揭示	学习、探究
水平1 水平2	了解、掌握、理解	辨识、理解、叙述、定位、描述、利用、认识、理解	区分、获取、提取、解答、认识、明了、论述、论证	辨别、发现、分析、选择、组织、运用、使用、解释、结合	理解、认同、尊重
水平3	认识、解决、运用	把握、概括、说明	整理、辨析、互证	分辨、说明、评析	把握、形成、认识、表现
水平4		分析、综合、比较、论述	比较、分析、辨别、论述	探究、验证、占有、提出	

量标准主要是对学生的理解从简单到复杂（如了解、知道、把握、认识）进行了初步的划分和要求，而高中则对实践应用和创新迁移层面都有不同程度的要求，如实践应用要求辨识、叙述、描述、比较、分析，创新迁移要求把握、认识、探究，甚至是"提出"自己的见解；从行为动词的数量看，高中学业质量即使是面向合格考的水平1和水平2也远多于义务教育标准，这说明经过高一一年的学习和训练，学生在历史认知的各个层面都要实现能力的不断延展。我们可以得出这样的结论：初高中应该从学习理解各层次要求向实践应用、创新迁移的过渡中寻找行为动词背后的衔接点。

（2）测评方式

高中学业质量测评方式分三种方式，即阶段性评价、学业水平合格性考试和等级性考试。学业质量水平1—2是高中毕业生在本学科应该达到的合格要求。学业质量水平3—4是学业水平等级性考试的命题依据。阶段性评价由各个学校执行，没有统一规定，评价的意义稍弱。无论是学业水平合格性考试还是等级性考试，都是由省级（直辖市或全国部分统一）单位命题，单位时间考试，统一阅卷，以分值计算结果，合格性考试成绩仅呈现通过与不通过两个层级，等级性赋分则纳入高考总分，作为高招录取的参考依据之一。

初中的学业测评形式相对复杂，因地区而异。以笔者所在北京市为例，2018—2024年，历史纳入中考计分，中高考试卷的结构、命题相对统一。（见表12，以2024年为例）

而2024年新一轮中考改革开始，初中历史学科考查方式又一次发生较大变化。根据2024年8月东城区教育委员会下发的《东城区初中学业水平考试工作方案（试行）》的通知规定：初中历史纳入学业水平考试范围，属于考查科目，以笔试形式完成，笔试坚持"四个统一"，即统一区级命题、统一考试时间、统一组织评卷、统一成绩报送。在九年级第二学期末，采用闭卷笔试和学科实践活动考查相结合的方式，考试时长60分

表12 2024年北京市中、高考历史学科卷面相关信息对比

	考试时长	卷面分值	选择题数量及分值	非选题数量及分值	卷面阅读量
中考	70分钟	70分	20道，共30分	4大题12小问，40分	大约5000
高考	90分钟	100分	15道，共45分	5大题8小问，55分	大约5000

钟。原始成绩由笔试成绩学科实践活动考查成绩组成。最终成绩以 A、B、C、D 四个等级呈现。其中 C 等及以上为合格，D 等为不合格。每门科目成绩达到原始分满分的 85%（含）以上为 A 等，原始分满分的 85% 以下至满分的 70%（含）为 B 等，原始分满分的 70% 以下至满分的 60%（含）为 C 等，原始分满分的 60% 以下为 D 等。

从学业质量标准和测评上可以看到：从初中到高中，考试要求难度是陡升的，更凸显衔接在教学中的必要性。

（3）命题方向

中、高考作为初中和高中历史教学的重要评价方式，其试题的共通性与过渡路径备受关注。此外，学业水平合格性考试在初高中衔接中扮演着关键角色。

国家对这三类考试的命题有着明确要求。《教育部关于加强初中学业水平考试命题工作的意见》提出了三个"引导"：引导学校落实全面培养的教育体系，引导教师探索情境教学新模式，引导学生自主学习。同时，该意见还强调试题应考查基础知识、基本技能，以及思维过程、创新意识和解决问题的能力，并提升探究性、开放性、综合性试题的比例，增强情境创设的真实性、典型性和适切性。这些要求以"全面发展""深度思维"和"探究建构"为核心，细化了评价要义。

《中国高考评价体系》则从高考的核心功能、考查内容、考查要求三个方面回答了考试本源性问题，明确了高考评价体系在研制试卷中的指导思想。在此基础上，《普通高中历史课程标准（2017 年版 2020 年修订）》将高中历史学业水平考试命题的内容定位于考查学生对历史学科知识体系的整体把握及关键能力和核心素养的理解与运用，并规定了考试命题的三大原则：以历史课程标准为依据，以考查历史学科核心素养的具备程度为目的，以新情境下的问题解决为重心。

近年来，中考历史试题逐渐注重学生学科素养的培养及与高中教学的衔接，但需注意中、高考试题的差异，寻找初高中衔接的契合点。以下以三道以西汉为背景但呈现方式不同的试题为例，进行具体分析。

例题 1【2021 北京 中考 2】以下是中国古代一位历史人物年谱（部分），对此解读正确的是（　　）

前 141 年	前 136 年	前 129 年	前 127 年	前 118 年	前 87 年
即皇帝位	置五经博士	派卫青等北击匈奴	颁布"推恩令"	下令铸造五铢钱	崩，葬于茂陵

A．该年谱用年号纪年　　B．秦始皇开创了皇帝制度

C．该帝王在位 35 年　　D．汉武帝巩固大一统王朝

正确答案：D

例题 2【2023 北京 春季合格考 4】2017 年，中国邮政发行了一组特种邮票，邮票的图案内容分别为凿空西域、开辟丝路。这组邮票纪念的历史人物是（　　）

A．刘邦　B．张骞　C．卫青　D．霍去病

正确答案：B

例题 3【2024 北京 高考 2】西汉官员朱邑，少时为舒桐乡啬夫，为政"廉平不苛""存问耆老孤寡""所部吏民爱敬焉"，后"举贤良为大司农丞……以治行第一入为大司农"。上述材料可以印证西汉时期（　　）

①社会基层组织开始建立　②中正官负责官员的考核

③政府通过察举选拔人才　④官吏为政注重优抚老弱

A．①②　B．③④　C．①③　D．②④

正确答案：B

从知识点的考查上看，中考试题和合格考试题都是聚焦在西汉的重大历史事件的基础内容，而高考试题则深入考查了西汉官员的选拔与管理及社会治理，知识的深度大大加深；从学科能力考查上，中考试题和合格考试题都是考查获取信息的能力，获取信息后与记忆对接即可以，高考试题则考查了获取和处理信息、叙述和解释历史事物的能力；在阅读的难度上，中考试题甚至比合格考试题增加了信息的阅读量，但本质上依然是记忆考查，而高考则要求对引号内容、题干整段有很强的阅读理解能力。由此我们可以看到，从中考到合格性考试，在选择题领域，基本可以丝滑过渡，无须太多用力，但是从合格考到高考则是难度的断崖式提高。试问，如果学生没有做好能力的衔接递增，进入高中后依然停留在初中学科能力的层面，岂不是要在选考后很吃力？

选择题对于知识、能力、素养的要求，因其题型的限制，给人的感觉还是温和的。再对比非选择题的时候，感到的恐怕是扑面而来的"陌生"和"痛苦"了。我们依然列举三个同背景的题目加以对比。

例题 4【2024 北京 中考 24 】（节选）

材料二　19 世纪 60 年代后，京师同文馆翻译并出版了不少西方科学技术书籍。

甲午中日战争后，京城书商翻译出版了一些有关政治制度、法律等方面的新书。20世纪初，北京出版界形成了一个出书热潮，鲁迅等人的作品深受青年读者欢迎。1919年，李大钊等人宣传新思想的作品也出现在东安市场的书店中。

——摘编自于丽萍《20世纪上半期北京书业发展研究》等

依据材料二，结合史实说明近代北京图书的出版与时代发展紧密相联。（4分）

参考答案：

洋务运动时期，学习西方先进技术，出版了科学技术的书籍；维新变法运动时期，学习西方的政治制度，出版了政治法律等方面的书籍；新文化运动时期，民主与科学思想传播，出版了鲁迅等人的书籍；五四运动前后，马克思主义传播，出版了李大钊等人的书籍；近代北京图书出版与时代发展紧密相关，适应时代发展的需要。

例题5 【2024 北京 春季合格考41】（节选）

第一批纳入中国共产党人精神谱系的伟大精神（部分）	精神内涵
井冈山精神	坚定信念、艰苦奋斗、实事求是、敢闯新路，依靠群众、勇于胜利
抗战精神	天下兴亡、匹夫有责的爱国情怀；视死如归、宁死不屈的民族气节；不畏强暴、血战到底的英雄气概；百折不挠、坚忍不拔的必胜信念
"两弹一星"精神	热爱祖国、无私奉献，自力更生、艰苦奋斗，大力协同、勇于登攀
特区精神	敢闯敢试、敢为人先、埋头苦干

——据新华社2020年9月29日《中国共产党人精神谱系第一批伟大精神正式发布》等制

阅读材料，任选一种精神，结合时代背景和具体实践，谈谈你对这一精神的认识。（6分）

参考答案示例：

井冈山精神

井冈山精神诞生于土地革命时期的井冈山革命根据地。国民革命失败后，中国共产党决定用武装起义反对国民党反动派的统治。在秋收起义进攻长沙受挫后，毛泽东率领部队到达井冈山，开展游击战争，进行土地革命，建立红色政权，创建了第一个农村革命根据地，点燃了"工农武装割据"的星星之火。从此，中国革命走上了建立农村革命根据地，以农村包围城市，武装夺取政权的道路。井冈山精神是中国共产党宝贵的精神财富，鼓舞着一代又一代中国共产党人为党和人民的事业而英勇奋斗。

例题6 【2023 北京 高考19】（节选）

材料二

1903年	邹容在《革命军》中写道："沿万里长城，登昆仑，游扬子江上下，溯黄河，竖独立之旗，撞自由之钟。"
1910年	革命派《民声》杂志发表组诗《爱之歌》，其中《黄河》篇写道："吾族受此河流赐，产出一部民族志。"
1923年	李大钊在《艰难的国运与雄健的国民》中写道："扬子江、黄河可以代表我们的民族精神。"
1937年	国共两党代表在黄河边同祭黄帝。毛泽东亲撰祭文："胄衍祀绵，岳峨河浩""民族阵线，救国良方。"
1938年	《民族诗坛》发表诗歌《黄河》，诗中写道："黄河！你这中华民族的母亲，现在你再也不能安睡，东方吹动了号角，杀声震变了天地。"
1939年	《黄河大合唱》在延安首演，"保卫黄河、保卫华北、保卫全中国"的歌声激起热烈反响，迅速传唱到各根据地和抗日前线

20世纪上半叶，黄河作为中华民族的重要象征，其时代内涵不断丰富。阅读材料二，结合所学，予以说明。（8分）

参考答案示例：

20世纪初，中国的民族危机全面加深，资产阶级民主革命运动兴起。革命派将黄河与国家和民族的命运联系起来，赋予黄河反抗外来侵略，反对封建专制，争取国家自由、民族独立的含义。

抗日战争爆发，民族危机空前严重。西安事变后，全国团结抗战的局面初步形成，国共两党共祭黄帝，黄河被赋予全民族团结抗战、国共合作抗日的含义。七七事变后，中国共产党在华北建立了多个敌后抗日根据地，并始终坚持抗日民族统一战线，发挥了中流砥柱的作用。

例题4—例题6，都是考查对时代或精神的理解，我们从题干、设问与答案、评

分四个角度进行分析。（见表13）

表13 基于例题4—6的主观试题比较

例题	题干特点	设问特点	答案特点	评分特点
例题4——中考试题	材料非研究问题的一手材料，现象描述角度单一，时间跨度短	要求明确，突出历史事件指向	突出时代特征和史实描述，论述要求较低	分值较小，采点赋分
例题5——合格考试题	材料非研究问题的一手材料，现象描述角度多元，时间跨度大	突出对历史认识的考查	要求能够较为准确地描述历史事件的来龙去脉和特点，能从历史事件中进行意义阐释	单题分值加大，没有明显的等级赋分要求，采点赋分和等级赋分两可
例题6——高考试题	原始文献、长时段、多角度、多材料、材料信息杂乱、丰富	问题趋于抽象化	独立建构历史，发现问题、解决问题	等级赋分，从能力层级体现质量差异

经过对比，我们聚焦中高考命题不同特点和要求。初中三年历史学习为学生奠定了历史学科能力和素养，在基础知识、基本能力的考查上贡献显著。高考试题在综合性和思辨性上进行了更深挖掘，体现了考出"历史学科核心素养具有重要意义的内容""既要注重对历史学科某一方面核心素养的评价，更要注重对学科核心素养的综合评价""测试梯度能反映学业质量水平的不同层次""考虑试卷结构中内容分布、历史学科核心素养水平、分值配置之间的关系""试题在立意、设问、答案和评分标准等方面做到科学、合理、可操作""题型设置和题型比例要满足考查学科核心素养的要求"六大要求。尤其在"复杂、陌生、开放的"情境要求上，在考查学生"在新情境下如何解决问题"、检测和评价学生的历史学科核心素养水平上，高考命题人更是不遗余力。

值得特别注意的是，中考命题团队已着眼于初高中历史学习衔接，例如，《2023年北京中考分析报告》明确指出："2023年北京市初中学业水平考试历史试题注重初高中衔接，注重学生的长链条培养，落实素养，拓展思维。在日常教学中，初中教师应依据新课标精神，精选史料设计研究主题，注重初高中知识和素养的衔接。"

然而，在这过程中，出现了一些值得反思的问题，在"以考导学"理念的影响下，历史教师在课堂中出现偏向解题技巧讲授、刷题量增加和注重学生历史知识面拓展等现象，忽视学生对基础知识掌握，甚至出现所出题目超过学生能力范围的情况。

现行历史学科中高考评价体系下，考试的形式、时间，以及试题的题型、分值、内容和难度都存在显著差异。相较于中考对知识覆盖面的重视，新高考更加注重对学生能力的考查，对学生的历史学科核心素养要求更高。无论是中考还是高考，这样的评价体系都会在很大程度上反向推动该阶段的历史教学，现行中考高考评价体系的差异对增强初高中历史教学衔接提出了必然的要求。

（二）学习进阶、最近发展区与初高中衔接

众多研究在探讨初高中衔接的必要性时，常引用学习进阶理论来寻找衔接点。

1、学习进阶与初高中衔接

学习进阶理论，由美国国家研究会于21世纪初提出，描述了学生长时间内学习和研究某一主题时，所遵循的连贯且逐渐深入的思维路径。该理论强调课程与知识在纵向上的相互联结，内容由浅入深，符合学生的心理与认知发展规律。其核心理念在于教师引导学生从教学起点出发，突破知识与能力界限，达成教学目标，从而提升核心素养。

在初高中历史教学衔接中，学习进阶理论可应用于以下四个层面：

目标进阶：学生需跳出初中学习习惯与思维，以新视角审视高中历史，结合高中历史课程目标，通过计划引导学习行为。

概念进阶：学习是循序渐进的过程，学生需形成自主发现、掌握重点的能力，尤其是核心概念，以推动整个学习过程的发展。

水平进阶：学生在核心变量指引下，学会分解知识点，探究其内部关系，发现知识间的联系性，为达成整体目标奠定基础。教师则扮演引导者角色，明确学习内容与评价标准，引导学生不断进阶。

评价进阶：通过多样化评价方式，诊断学生对核心变量的掌握情况，提供反馈，指导学生调整学习行为，完成核心变量的探究。在初高中过渡阶段，评价应遵循学生认知规律，由简到难，灵活运用课堂提问、课后小测等方式进行。

总之，学习进阶理论视知识与素养为具有内在联系的结构体系，学习的目标是不断掌握知识的内部联系性，遵循由浅入深、由点到面的规律。在初高中历史衔接过程中，特别是面向学业质量检测时，应引导学生学会进阶，找到知识间的联系性，

为未来发展奠定坚实基础。

2. 最近发展区与初高中衔接

尽管学习进阶理论为初高中衔接提供了诸多思路，但如何确定衔接点和优化衔接策略仍是关键问题。此时，"最近发展区"理论显得尤为重要。

维果茨基提出的"最近发展区"概念，基于对儿童发展的深入研究，指出学生存在两种发展水平：现有水平和可能发展水平。现有水平指学生独立解决问题的当前能力，而可能发展水平则是通过教学等外部帮助所能达到的更高水平。两者之间的差异即为"最近发展区"。要促进学生达到可能发展水平，需在教学中"搭建脚手架"，即教师或能力较强的同伴给予适当的启发和引导。

将"最近发展区"理论应用于教学，具有两大显著影响：一是教学应走在儿童发展的前面，引领儿童发展的内容、速度、水平及智力活动特征；二是教学应从学生的最近发展区入手，提供带有难度的内容，激发学生的积极性，发挥其潜能，使其超越最近发展区，达到下一发展阶段。这一过程是螺旋式上升的，学生一旦达到可能发展水平，该水平便成为新的现有水平，为新的可能发展水平奠定基础。

在初高中历史教学衔接中，"最近发展区"理论的应用可理解为寻找并实践学生的最佳发展通道。教师的任务是确定学生的初中历史学习水平（现有水平）和高中历史学习后可能达到的水平（可能发展水平），并找到两者之间的衔接点。

"最近发展区"是动态的、个体化的，它反映了学生发展的动态过程，不仅能揭示学生当前已达到的状态，还能预示其正在成长的状态。教师应根据学生的现实发展水平和最近发展区设计教学活动，制定不同层次的教学目标，确保既符合学生的实际水平，又具有一定的挑战性。

初高中历史教学衔接的难点在于准确识别学生的"最近发展区"并抓住"教学关键期"。历史学科的教学也应遵循这一原则，特别是在处理高中历史与初中历史内容的差异时。初中历史更多以生动的历史情节呈现历史片段，而高中历史则要求学生理解历史现象背后的本质。因此，教师需选择学生可理解的历史叙事方式，充分考虑学生的前理解状态，确保叙事方式既能满足初中学生的需求，又能为高中学生所接受和理解。

以《中外历史纲要（上）》第三单元"辽宋夏金元多民族政权的并立与和元朝的统一"为例，辽、西夏、金的制度建设是高中教学的重点和难点，但在初中教学中涉及较少。教师应明确学生在此问题上的已知和未知，以及半知状态，并通过提供教材史料等方式，帮助学生从政治、经济、文化等全方位理解这些政权。对于元朝的行省制，教师应引导学生从初中的结论性材料向信息量大、直接材料过渡，同时保持材料的简短和通俗，以激发学生的思考和探究欲望。（见表14）

总之，在初高中历史教学衔接中，教师应充分利用"最近发展区"理论，准确把握学生的发展水平，设计有效的教学活动，提供具有挑战性的学习内容，以激发学生的潜能，促进其全面发展。

表14 行省制度史料研究

问题	材料
为什么设置行省？	行省制的设计，破坏了传统的按自然地形山川划分地方区域的做法，人为地把山川自然地形割裂开来，造成犬牙交错的局面，竭力避免某一地区成为地方长官据险称雄的国中之国。 ——《中国古代行政制度史》
行省制的职能与运作	（行省长官）凡钱粮、兵甲、屯种、漕运、军国重事，无不领之。 ——《元史·百官志》 各行省的重大民政事务必须呈报中书省，军政要务则需呈报枢密院。没有中书省、枢密院转发的诏旨，行省官员既不能更改赋税，也不得调动军队。 ——《中国政治制度史》
行省制的影响	盖岭北、辽阳与甘肃、四川、云南、湖广之边，唐所谓羁縻之州，往往在是，今皆赋役之，比于内地。 ——《元史·地理志》

关于考试导向下的最佳教学时机探讨：理解"中国"的概念。

在初中阶段的学业水平考试中，关于统一多民族封建国家的问题，往往侧重于通过其发展历程中的具体史事或事件来加以佐证和呈现。然而，在高中阶段的合格考与等级考中，测试的重点则转移到了"大中国"的历史演变及其背后所蕴含的家国情怀的升华。张帆教授曾指出："元朝以前的中国历史，包括汉、唐等朝代，在本质上可以被视为'小中国'。直至元朝，伴随着辽、金等北方少数民族政权的影响，中国才真正演变成了'大中国'。"

因此，若以测评为目的进行教学，理应设计相应的探究环节，即引导学生通过探究"中国"观念的历史演变，来更深刻地理解少数民族政权在统一多民族封建国家发展中的重要作用。为了实现这一目标，教师需要补充和选取教材以外的、能够清晰阐述"中国"来龙去脉的材料进行阐释。在这一过程中，教师需要把握的最佳教学时机，便是学生从对材料的表面认知过渡到结合所学知识进行理解性认知的那一刻。

总之，利用学习进阶理论，寻找学生的最近发展区，并准确把握最佳教学时机，是初高中历史教学衔接过程中可以依赖的重要理论。

（三）针对考试的初高中历史衔接综合建议

1. 深化立德树人理念，实现学情进阶

中、高考并非历史教学的终极目的，而是检验历史教学成效的一种手段。历史学在传承人类文明、提升公民文化素养方面具有不可替代的作用。因此，在历史教学中，我们应矢志不渝地贯彻立德树人的理念，将唯物史观、家国情怀等学科素养融入每一堂历史课，引领学生深刻领悟国家课程改革的指导思想，以社会主义核心价值观为指引，树立正确的理想信念，通过历史学习洞悉历史、现实与社会，充分发挥历史学科的育人功能。

在对比分析《义务教育历史课程标准（2022年版）》与《普通高中历史课程标准（2017年版2020年修订）》的核心价值取向时，我们发现三大显著特征：一是国家意志的核心地位得到凸显，确保党的教育方针、价值取向及主流价值观念全面融入历史课程标准，并在教育实践中得以贯彻；二是两者以唯物史观为基石，秉持德育为先，聚焦学生核心素养的培育，展现出深厚的基础性、深刻的思想性、丰富的人文性、广泛的综合性及突出的实践性，多维度促进学生全面发展；三是课程标准体系彰显中国特色，既保持中国话语体系的独立性，又紧跟全球基础教育课程改革的最新趋势，力求与国际教育水平接轨，同时深深扎根于中国教育土壤与文化传统之中。初高中课程标准的完善旨在实现立德树人的崇高目标，培养具备高尚品德、坚实学识、强健体魄、审美情趣及劳动技能的社会主义建设者和接班人。

部分教师认为立德树人是难以量化的价值目标，无须衔接。然而，尽管初中生的抽象逻辑思维能力已占据主导地位，但其思维仍具有片面性和表面性，与部分高一学生相差无几。在立德树人的层面，初中生与高中生所偏好的教育方式可能存在显著差异。因此，在衔接阶段，我们更应实现从"寓德于情"向"寓德于史"和"寓德于理"的转变，让立德树人更加富有技巧且不着痕迹，史、情、理三者紧密结合，共同落实立德树人的根本目标。

此外，历史学在立德树人方面还承担着培养独立思考精神的任务，这一点常被忽视。中考及高考复习过分强调记忆方法和答题套路，导致学生逐渐丧失怀疑和批判精神。高中生作为最具思想活力的群体，学会独立思考、具备怀疑和批判精神应成为衔接阶段的重要目标。

2. 探寻思维进阶，构建适宜探究过程

学情是指学生在学习过程中展现出的不同能力差异和特点，涵盖智力、个性、学习能力、学习适应性、心理健康等方面。学情调查不仅要关注学生的学习起点，还应深入了解其学习风格、速度、自主行为能力、能力倾向、兴趣点、学习动机及性格表现等。尽管初高中生在历史学习兴趣与动机上可能具有一致性，但两者在历史学习实践中的思维起点及情感差异不容忽视。初中生更关注细节表象，而高中生则更有能力和意愿探讨历史现象背后的意义和影响。

因此，教师应更加注重理论性、专业性和思辨性，强调历史事件的完整逻辑，包括背景、过程、影响、评价等，采用高度凝练的概括性语言，有计划、有步骤地引导学生初步了解史实、史料、史观、史识、史论，在唯物史观的指导下，将史事置于特定时空，依靠可信史料从多维视角认识历史，并有理有据地表达个人看法，涵养家国情怀。

教师应把控全局，抓住内在逻辑，引导学生展示思维过程，即从"内心感知"到"理解清晰"再到"自主表达"，运用专业历史术语、思维导图等展示思维探索过程。同时，教师应从学生思维过程中发现认知问题，引导其逐步完善历史知识体系。

3. 明晰素养进阶，细化能力培养路径

等级性考试中学科素养通过不同质量层级来呈现，无论是从历史材料中获取信息阐释历史问题，还是对历史现象、历史问题进行比较，无论是从材料中提炼观点加以论证，还是归纳、概括材料的主要观点，无论是论证历史问题，还是阐释历史现象，都有不同的层级要求。学和考都是在教学中不断细化学业水平层级的过程。衔接阶段应依托内容，对新课标中的学科素养具体化，将学科素养目标分解于每一堂课的教学设计之中并在教学实施中使之落地。

以"历史解释"学科素养学业质量为例。水平3要求"能够分辨不同的历史解释，尝试从来源、性质和目的等多方面，说明导致这些不同解释的原因并加以评析；能够选择、组织和运用相关材料并使用相关历史术语，在正确的历史观和方法论的指导下，对系列史事作出解释"，如果我们将这一要求科学地具体化为"分辨历史解释（现象、观点、论点等）""评析历史解释""建构（新的）历史解释"三个角度并结合具体的史料或问题加以训练，学生一定能够更好地具备该素养。同样地，可以将水平4要求"能够在独立探究历史问题时，在尽可能占有史料的基础上，尝试验证以往的说法或提出新的解释；能够在正确的历史观和方法论的指导下，全面、客观地论述历史和现实问题"概括为"提出新解释""论述历史问题"两个角度。经过对素养水平的转化和消化，无论是教师还是学生都对学科素养要求有更加深刻的理解。

再以"时空观念"学科素养学业质量为例。水平3要求"能够把握相关史事的时间、空间联系。运用特定的时间和空间术语对较长时段（如古代、近现代）、较大范围（如跨国家、跨地区）的史事加以概括"，如果我们将这一要求科学地具体化为"中西历史的横向联系""古今历史的纵向联系""历史阶段特征的描述"三个方面，那么在学习过程中学生就能更好地认识该质量要求。同样地，水平4要求"在对历史和现实问题进行独立探究的过程中，能够将其置于具体的时空框架下；能够选择恰当的时空尺度对其进行分析、综合、比较，在此基础上做出合理的论述；能够根据需要并运用相关材料和正确方法，独立绘制相关图表，并加以说明"，可以具化为"将历史或现实问题置于特定的时空框架下""选择时空尺度对历史问题进行论述""独立绘制历史地图和年表"三方面。

以上仅为对认识水平质量层级要求的简单示例，旨在抛砖引玉，为探索不同水平变量之间的关系奠定基础。

4. 把握学习规律，科学规划学考环节

学习是循序渐进的过程，备考作为学习的一环，应自始至终贯穿其中。当前历史教学与研究常脱节，一方面考试及分数至关重要，另一方面研究者及教育者又避谈分数的重要性，导致大量考试研究忽视日常评价对考试的作用。因此，在研究初高中衔接时，从中考到合格考再到高考，所有与考试相关的环节均应受到关注。

优化课堂与作业质量，提升课堂效果，增强学生在课堂上的获得感，建立对历史课堂的信任；重新审视作业的作用，优化作业与课堂的结合，整体研究作业的布置与规划，发掘初高中历史作业的差异、变化特点及功效；避免题海战术，教师精心筛选、讲解题目，学生精心研读、完成作业。

合理规划过程性评价，及时有效反馈学生知识掌握情况。教师在课前应充分了解学情，课中观察学习表现，课后及时分析评价并调整教学设计。同时，注重阶段性测评，分析学生学习指标及学习进阶进程，据此把握教学内容、安排教学活动、调整教学策略。

重视历史阅读与历史表达。课堂应选用经典、权威材料，深入分析材料，充实、灵活史料阅读方法与能力。通过阅读训练，让学生获取信息、形成认识。输出是历史学科能力的最终环节，备考过程中应养成良好的表达习惯，从课堂回答问题到小测，逐步训练学生的历史逻辑思维和规范学科表述。历史学习是终身的，历史表达不仅服务于考试。

初高中历史教学衔接的顺畅与否，尤其是学科核心素养达成度的衔接，关乎历史课程、基础教育、教师及学生等多方面的发展，是新课程实施过程中不可忽视的重大课题。教育应遵循适应社会发展需要、符合受教育者身心发展规律及各教育阶段相互衔接、连续进行的规律。希望我们的思考能为初高中历史教学衔接提供有益思路。

六、初高中历史教学贯通培养的策略与方法

基于上述分析可以看出初高中历史学习之间存在明显的断层，因此，如何做好初高中历史教学衔接，成为一个亟待解决的议题。初高中历史教学贯通培养是指在教学过程中，将初中和高中的历史教学内容、方法和目标进行有效衔接，形成一个连续的、有层次的教学体系。在这一体系中，需要教师、学生都做出一定的转变，才能实现教学效果的最大化。

（一）初高中历史教学贯通培养的衔接关键点

1. 教学目标的衔接

初高中历史教学目标存在很大差异，教师需要在熟悉初高中历史课程标准的基础上，根据学生实际情况适当调整高中历史教学目标，确保初高中的历史教学目标相互衔接，高中阶段在初中基础上进行拓展和深化。

2. 教学内容的衔接

初中阶段注重基础知识的传授和基本技能的培养，高中阶段则在此基础上加强学生对历史思维能力、分析能力和批判性思维的培养。在学生已有的初中历史学习基础上，教师要扩大学习的广度和深度，挖掘历史事件内在联系，灵活处理初高中历史学习中的共同内容，科学整合高中历史学习内容。高中历史课程内容更加深入和广泛，教师需要帮助学生适应课程体系的变化，如从初中的"主题＋时序"通史体例过渡到高中的"通史＋模块＋专题"体例。

3. 学生历史学习素养能力的衔接

学生在初中阶段主要发展基础性的历史学习能力，对思维力度的考查并非重点，而到了高中阶段要求学生应掌握更高层次的历史学科核心素养，如唯物史观、时空

观念、史料实证、历史解释和家国情怀等，所以教师应做好衔接工作，课堂教学过程中应更注重提升学生的历史学科核心素养。

4. 学生学习方式的衔接

当今高考全面考查学生核心素养，具体而言是指考查考生以唯物史观为指导，以家国情怀和国际视野为人文价值追求，运用时空观念、史料实证等历史学基本方法，分析、解决历史问题的综合素养与能力。教师应鼓励学生从被动学习转变为积极主动学习，帮助学生适应高中历史学习的要求。鼓励学生从以前记忆和接受性学习，向自主学习、探究学习和研究性学习转变。教师可通过形式多样的训练和精心设计的问题链提升核心素养的各个维度能力。

5、教学方式的衔接

在高中历史教学中，教师应注重贯彻课程改革理念，体现学生主体地位，采用多样化教学方法和活动，注重学习过程评价，促进学生知识、能力和情感方面的提升。通过教学活动和课程资源的丰富性，激发学生对历史学习的兴趣和求知欲。教师应充分利用图书馆、网络资源、历史遗迹等多种教学资源，丰富教学内容和提高教学效果。

（二）初高中历史教学贯通培养下教师的转变

在历史教学中为了实现初高中的有效衔接，教师需要进行一系列的转变，以适应不同阶段学生的需求和教学目标的变化。

1. 教学理念的转变

在新课程改革背景下，高中历史教学要以学生综合能力和历史核心素养的提高为目标，这就需要教师由以自身为中心的教学理念向以学生为中心的教学转变，注重学生的主体性和参与性。从而在历史课堂中更加关注学生的学习状态和效果，并做好不断的课堂教学调整，这样才可以真正提高历史课堂教学的质量和效率，助力学生的健康全面发展。

教师在教学方面要能够不断地更新教学理念，与时俱进，不断深化对历史核心素养的认识与理解，成为新时期知识型、研究型教师。完成从原来单纯的"知识传授者"到现在"素养培养者"的身份转变。

学科核心素养侧重品格与能力，传统教学侧重知识与方法。教师应该利用多种手段适时有效培养学生的历史核心素养，尤其注重在创设情境、问题引领、史料教学、历史认识四个方面做出转变。从生硬切入转变为还原历史真实情境，追求多元形式的情境。教师引导学生从材料中寻找现成的答案，转变为以材料激发学生思维。

促进学生思维水平的发展是学科素养培养的目标之一。如果只让学生去寻找现成的答案，等于思维活动没有启动，而且知识学习也仅限于了解其表层。问题是思维的引擎，问题引领的教学活动，是引导学生去思考，深入知识的发现或再发现，做到知识和思维的同步发展。

2. 教学内容的深化

初中阶段教学更多停留在对历史人物事件的识记和简单的认知，到了高中阶段，教师需要对初中阶段的教学内容进行深化和拓展，引导学生从表面现象深入历史事件的本质和内在联系。初高中历史教学内容衔接的深化可以通过以下一些具体的方法来实现。

（1）历史时间线的整合

在初中阶段，学生已经学习了中外历史的一些基本时间线。高中阶段可以进一步细化这些时间线，将不同事件和时期联系起来，帮助学生理解历史发展的连贯性，建立起完整的时空线索。

（2）历史人物的深入分析

初中历史课程只介绍了一些历史人物的基本事迹。在高中可以深入探讨这些人物的思想、影响和历史地位，例如可以通过研究论文、辩论和角色扮演等活动。

（3）历史事件的多角度探讨

初中阶段更多地关注历史事件的史实性描述。高中教学可以引导学生从不同的角度如政治、经济、文化、社会等角度分析历史事件，培养学生的批判性思维。

（4）历史文献和史料的研究

高中阶段可以引入更多的原始史料，如古代文献、信件、日记等，让学生学会如何阅读和分析这些史料，提高他们的研究能力。

（5）历史主题的跨学科学习

历史学科包罗万象，教师要结合地理、政治、经济等其他学科的知识，探讨历史事件的多维度影响。例如，研究工业革命对经济、社会和环境的影响。有的学生没有选地理科目，给树立"时空观念"这一核心素养带来一些难题。这类学生要适当补充有关地理知识，如中国河流分布图、中国古代重要城市分布图、中国行政区划图、世界地图、欧洲地图、世界主要航线图等。有的学生没有选政治科目，对"唯物史观"这一核心素养要求下的一些基本原理的掌握和理解相对较弱。这类学生要适当补充学习马克思主义理论基本知识和哲学基本原理，如生产力和生产关系的相互关系，经济基础和上层建筑的关系，等等。

3. 教学方法的多样化

传统教学强调知识的传承，这无可厚非，但学科素养是学科知识与学科活动相互作用的结果，如果教学中只强调学生接受、复制学科知识，等于把学生排除在教学之外，必然影响教学效益。学科素养培养过程就是学生发展的过程，课堂教学需要学生通过自己的实践和认识建构自己的学科知识。历史教学是培养学生历史学科素养的基本途径。在高中可以更多地采用更多探究式、讨论式和合作式的教学方法，鼓励学生主动思考和自主学习。因此，教师要结合学科素养的要求、学科特点和学生特点设计教学活动。这种教学方法的变化体现在以下几方面。

（1）创设问题情境

创设问题情境是历史教学中常用的一种教学方法，这种方法能够激发学生探究问题和解决问题的积极性和创造性思维，真正促进学生变被动学习为主动学习，由"学会"向"会学"的学习方式转变，是实现培养与发展学生核心素养的有效手段。在教学中，教师要找准"问题情境"这个切入点，通过精心准备的资料创设形式多样的问题情境，引导学生得出结论，真正做到了史论结合、论从史出，以培养学生的史料实证意识和历史解释能力。创设情境可以帮助学生从生硬切入课堂转变为自然地进入历史真实情境。情境是知识转化为素养的桥梁，可以激发学生学习的动力，而且情境可以使枯燥乏味的知识产生丰富的附着点和切实的生长点，让教育具有深刻的意义。

例如在讲洋务企业开平煤矿的曲折发展历程后，教师出示四则材料，引导学生探讨开平煤矿丢失的原因并进行评析。

材料一

1900年，帝国主义分子勾结了中国封建官僚，用尽了欺骗和暴力的手段，把开采多年的开平煤矿侵夺到手，开20世纪初中国许多矿山权益丧失的先例。

——熊性美、阎光华《开滦煤矿矿权史料》

材料二

在1895年之后短短几年时间，外国资本像钱塘江大潮一样涌进中国……贯通南北的两条铁路干线迅速分段动工，开平煤矿、汉冶萍公司等矿产资源很快获得开发。……外国资本对中国发展做出了巨大贡献……我们不能说这就是经济侵略，这只是资本凭着本性寻找利润空间和价格洼地。

——马勇《重新认识近代中国两大主题——外国资本和中国资产阶级》

材料三

李鸿章所办商务，亦无一成效可睹者，无他，官督商办一语，累之而已。

——梁启超《李鸿章传》

材料四

内有"张翼当日不过一局员，而胡华（胡佛）者一外国之商旅耳。以国家之土地产业，如听其私相授受，而朝廷无如之何，则群起效尤，尚复何所顾忌？……不特为环球所希闻，抑且为万邦所腾笑"等语。

——袁世凯《请饬外务部督饬张翼迅速收回矿产折》

教师先引导学生分析开平煤矿的丢失原因，再问学生赞同哪个观点，也可以试着提出自己的看法。

在学生充分发言的基础上，教师对学生进行历史学习的学法指导，帮助学生明确历史的学习要多视角、全方位去审视。在充分掌握历史史实的基础上，能够分辨不同的历史解释，说明原因并加以评析。在充分了解前人研究的基础上，尝试验证以往的说法或提出新的解释。这样设计的巧妙之处在于，引导学生在史料实证的基础之上，对历史问题的解释能力逐步提高，因为历史教学不能让学生的思维能力停留在学习的浅层，要有长期性、针对性的培养，要让学生以比较宽广的历史视野，探究历史事物发展过程内在的动因和规律，并利用已掌握的史实和正确的分析方法提出见解与看法，只有这样不断地坚持训练，对学生历史解释的能力培养才能落到实处。

（2）问题链引领

层层递进的问题链可以深化认识，如果学生热衷于从材料中寻找现成答案，思维活动等于没有启动，知识学习就限于表层。学生面对知识点时要多问"为什么""是什么""会怎样"，这样整个思维过程就会由浅入深，有利于核心素养的培养。例如，在学习工业革命时，有的学生停留在工业革命的内容和原因等表象层面，如果能够进一步思考工业革命是如何推动欧洲社会转型的，或者思考中英两国工业化道路的不同点，进而剖析导致两国工业化进程不同的深层次原因，就可以用更广阔的视野独立探究问题，把思维训练落在实处。学生从在材料中寻找现成答案，转变为以材料激发思维。促进学生思维水平的发展是学科素养培养的目标之一，例如对小农经济的认识教师做了如下的教学设计：

学生阅读白居易《朱陈村》和苏轼《陈季常所蓄〈朱陈村嫁娶图〉二首》，思考其反映了小农经济的哪些特点、这种安逸的生活在古代能否持久等问题。

这一设计把历史概念学习变成了一个案例思考，使一个教材固定知识的学习，变成一个从浅入深的思维过程。

(3) 史料研习

初中多以史料旁证教材内容，高中要转变为以辨析史料、以史料带动学生独立思考的思维模式。新课标强调的史料实证，推动了中学教学中的史料研习活动的真正转变。张汉林老师评价传统教学中只是"有史料的教学"，他指出"史料教学是指学生在教师的指导下，通过对史料的选择、甄别、分析与运用，体验还原与重构历史的过程与方法，其根本目的在于帮助学生学会像历史学家一样去思考问题"。

结合课标要求，我们认为课堂上运用史料大体分为三个层次，一是教师讲授时，引用史料以配合教学内容的理解；二是提供史料，让学生去论证某一问题；三是引导学生对史料辨析，从而对历史问题形成一个全面的认识。

例如开平煤矿透视晚清工业化进程时，教师出示清末民初关于官办企业的不同看法的材料：

材料一

唐廷枢在筹备开平煤矿时说："夫取天地之利，济民生日用之需，寰中之宝藏已兴，海外之漏卮渐塞，诚属富强要术，远大宏猷。"

——《中国近代工业史资料》

材料二

张謇在民国担任农商总长时，他认为原来的晚清官办企业因为"无导民兴业之心，卒之糜费而乏效果"，他认为今后"凡隶属于本部(农商部)之官业，概行停罢，悉听民办"。

——《张謇全集》

材料三

徐桐等人指责洋务派是"虚耗国帑"和"便于浮冒"，认为他们开办官办企业会导致"机器渐行，则失业者众……其害不能言矣"。他们反对洋务派开采矿藏，修筑铁路等措施，认为这些措施会"便利外国侵略""妨碍小民生计"。甚至认为开矿修路，会"震动地脉""破坏风水"，要求"永远禁止"。

——《洋务运动的研究回顾》

设问：

(1) 这三类人分别是如何看待晚清时期官办企业的？

(2) 思考一下为什么对官办企业的评价会如此不同？

(3) 结合晚清时期的社会背景，你如何看待洋务派的官办企业？

教师引导学生先进行提炼归纳，然后在辨别史料作者意图的基础上运用史料，推动学生独立思考。

（4）历史认识

学科素养目标居于整个教学目标中的上位，是知识学习基础上形成的关键能力和必备品格，因此教学设计不能停留在学习的浅层，特别是思维能力培养，是要有长期性、针对性的培养。

例如学习近代社会生活变迁时，有些教师的设计循规蹈矩，停留在变迁的表象层面，然而有些教师教学立意站位更高，能够定位在"如何看待近代社会生活在西方文明冲击下的变化"和"怎样认识如今社会生活中重传统现象"等问题上，以广阔的视野独立探究问题，既能激发学生学习兴趣，也能够将思维训练落在实处。

4. 精细化作业设计

作业是课堂教学的拓展，在新课改理念的指导下，高中阶段的作业更应丰富多彩，结合新的历史教材，历史作业的设计理念应与时俱进，彰显历史学科特点，极大程度地发挥出历史作业的实用性、创新性以及人文教育功能。作业对于学习效果的提升和学科素养培养的作用是不言而喻的，但学生每天面对着沉重的课业负担和学习压力有时对作业也会有抵触情绪。如何提高作业的质量和有效性就成为值得重视的问题，具体可以从以下几个方面加强改进。

（1）作业设计的总原则

精细作业设计。加强备课组集体备课，对作业的设计和选择更有针对性、科学性，精挑细选试题，精心设计表格，提升作业的实效性。

设计分层作业。学生的学习能力有差异，因此作业的设计也应该有分层设计，分为必做和选做，或者基础落实和能力提升两部分，提升作业设计的科学性。

注重素养培养。在设计基础性作业的同时适当增加开放性作业，精选有深度、能激发学生思考力度和深度的问题，提升学生的历史学科素养。

（2）作业的类型和设计意图

基于以上的原则，笔者建议基础性作业分为三种，分别是课前预习作业、课后练习作业和课后整理作业。

课前预习作业：帮助学生通过自学，了解课时基本内容或部分内容。学生阅读教材相关内容，完成预习学案，预习学案以知识填空和表格为主要形式，学案设计以内容简要明确、填写快速、省时为要点。

课后练习作业：帮助学生巩固课上内容，深入理解并学会分析运用。学生在课后首先巩固课上所学内容，然后完成课后练习作业。练习作业一般包括10道选择题和1道非选择题，用时约20分钟。这部分作业习题要求精选精练，符合当前学段学生的能力水平，选择题的设计要有梯度，由易到难，非选择题的设计要符合高中三年分阶段培养目标，熟悉各种解题方法，逐步培养学生的学科素养。

课后整理作业：帮助学生系统整合所学知识，构建知识体系。构建完整的知识体系是培养学生相关的能力和素养的基石。这部分作业是在学生学习了某一部分完整内容后，让学生以思维导图的形式将某一模块或阶段内容以不规定任何格式的方式呈现出来，通过这种方法既整合了知识体系，又宏观掌握了历史阶段的特征。

笔者以选择性必修一第15课《货币的使用与世界货币体系的形成》为例，精细化三层作业设计：

预习作业：填写两个表格，《中国货币的演进历程》和《世界货币体系的发展》。

练习作业：10道选择题和1道答题，即以"黄金货币与世界经济"为视角，对材料进行解读，深化对课堂内容的理解和巩固。

整理作业：完成思维导图——中外货币的发展历程。

（3）作业实施过程

布置作业：预习课本内容，圈划重点词语；回顾高一学过的必修相关内容，下发设计好的课前预习作业。

完成作业：学生填写事先下发的作业中的预习课案，当上完课后，完成作业中的总结和提升课案部分。

批改作业：对学生的作业分层次，所有学生第二天上交的作业坚持全批全改，对部分学生面批面改，尤其是对于重点的答题部分，对于问题较多的个别学生坚持三批三改，只有这样反复修改方能领悟解题方法，做到精细化教学。

教师反馈：教师批改学生的作业后，选择错误率较高的在课上反馈讲解，个别学生的问题课后单独辅导。教师要定期对错误率较高的题在之后的作业布置中重复出现，学生还要准备错题积累本，注重错题整理。

（三）初高中历史教学贯通培养下学生的转变

初高中的贯通式培养不仅是教师的工作，同时学生也需要经历一系列的转变，以便能更好地适应高中的学习生活，应对更高阶段的学习要求和挑战。

1. 从被动接受到主动探索

初中生和高中生在学习方法上存在差异。初中生更倾向于经验型学习，而高中生需要发展抽象思维和逻辑思维能力。因此，学生进入高中后，需要逐渐放弃被动记忆的学习方法，转向理解记忆和参与式学习。学生从依赖教师传授知识转变为主动探索和研究，培养自主学习的能力。以下是一些方面和总体策略。

（1）提升并保持对历史的学习兴趣

兴趣是学习动机中最活跃的成分，激发学生学习历史的兴趣至关重要。教师可以通过新课程教材丰富的人文知识和课堂开放的结构，以及历史课外读物来激发并保持学生的兴趣，也可以通过有趣的故事、多媒体材料或互动活动激发学生对历史的兴趣，使他们愿意主动探索历史知识。

（2）勇于面对有挑战性的问题

教师提出具有挑战性的问题时，注重鼓励学生思考并寻求答案，从而促使他们主动参与学习过程。学生在课堂上也应该勇敢提问，保持好奇心和探索欲，要敢于对传统观点提出质疑，培养创新思维，不拘泥于标准答案。

（3）创新学习方式

学生在学习方法上应该更加多元化，例如开展小组合作学习。通过小组合作学习，分担任务、交流想法，共同完成学习目标。学生也可以完成一些自主学习任务，如研究项目、历史论文或个人兴趣探索，可以独立选择主题并进行研究。

（4）拓展学习路径

学生可以充分利用信息技术，如数据库、在线档案、多媒体工具等获取和处理历史信息，或者开展跨学科学习，将历史与其他学科知识相结合，拓宽视野，增加学习的深度和广度。

2. 从记忆事实到理解概念

在初高中历史教学贯通培养过程中，学生对概念的理解至关重要，因为它有助于学生构建知识框架，深化对历史事件的认识，发展批判性思维。以下是一些方法和策略，用以培养学生的概念理解。首先教师要明确概念定义，清晰地向学生介绍每个历史概念的定义，确保学生理解其核心含义。例如古代史中"多元一体""华夏认同"等重要的概念，明确概念的内涵和外延。内涵即概念的内部结构，包括时间、地点、主体、内容（过程）、结局等史实要素以及对概念本身的本质和核心特征的认识。外延即概念的外部联系，包括背景（原因、条件）、与之相关事件的联系、影响（作用、意义）等要素。这也符合学习历史的三个层次，第一层次是知道是什么，即准确把握历史概念的内涵及外延；第二层次是明白为什么，即不仅要知其然，还要知其所以然；第三层次是领悟和评析，即学以致用，从中得到启迪，提升认识。再如，学习"商业革命"和"价格革命"等内容，首先要明晰概念的具体含义，其次要使用思维导图等方法建构其与新航路开辟、三角贸易、文艺复兴、原始资本积累、世界市场之间的内在联系，最后从整个人类文明的演进角度探讨其价值，分析其对西欧社会转型的重要意义。通过这样的思维过程做到知识融会贯通。

3. 从单一视角到多元视角

高中历史学习中从单一视角到多元视角的转变是一个重要的教育目标，这一目标有助于学生建立更为全面和深入的历史理解。教师在课程设计中融入多种视角，学生从政治、经济、文化、社会等不同角度进行历史分析。例如在分析新航路开辟的影响时，就可以从以上几个角度分析。同时教师可以通过具体的历史案例，展示不同视角下的分析方法和结论，让学生看到多元视角的实际应用。例如在分析背景和原因时，常用辩证分析法和多角度分析法，鼓励学生勇于质疑和分析单一视角下的结论，探索其他可能的解释，发展批判性思维。此外，也可以运用对比的方法，对比不同地区或不同文化中相似历史事件的处理方式，从而理解视角差异的影响。

通过上述教学策略的实施，学生可以逐步掌握从单一视角转向多元视角过渡的历史分析方法，这一过程不仅能够提高他们的历史素养，还能培养他们的综合思维能力和全球视野。

4. 从表面理解到深入分析

在初高中历史教学贯通培养过程中，学生从表面理解到深入分析的转变是教学目标的核心之一。具体而言，这一转变涵盖以下几个方面：首先，培养学生的问题意识，鼓励学生提出问题，激发他们的好奇心和探究欲。其次，教授学生分析方法，向学生介绍历史分析的基本方法，如因果分析、比较分析、结构功能分析等，帮助他们构建系统的分析框架。再次，教师提供丰富的历史材料，提供原始史料、历史文献、第一手资料等，让学生通过阅读和分析这些材料来理解历史事件的复杂性。从次，鼓励学生发展批判性思维，鼓励学生质疑传统观点，评估不同历史解释的合理性，培养他们的独立思考能力。同时引导学生多角度思考，引导其从政治、经济、社会、文化等多角度思考历史问题，以获得更全面的视角。最后，组织小组讨论，通过小组讨论，让学生分享自己的观点，听取他人的意见，促进思维的碰撞与深化。

5. 养成良好的历史学习习惯

高中历史学习要求学生具备更高的学习投入和更好的学习习惯，以下是一些关键习惯及其培养建议。首先，学生要学会定时预习和复习，课前预习有助于他们在课堂上能更好地参与和理解知识。课后要定期复习所学内容，以巩固记忆并加深理解。

其次，学生应多阅读历史书籍、文章和其他知识资料，以拓宽知识面和深化理解。再次，学生在分析历史资料和论点时，应努力提出批判性问题，培养自己的独立思考能力。最后，要注重记录和整理笔记，教师指导学生如何有效地记录课堂笔记和整理学习资料，以便于复习和参考。鼓励学生在课堂讨论中积极发言，分享自己的观点和理解。

以上这些转变不仅涉及学习方式和思维模式，还包括价值观、情感态度和行为习惯等方面。教师和学校应通过有效的教学策略，帮助学生完成转变，培养其成为具有批判性思维、创新能力和终身学习能力的个体。

参考文献

【1】于友西. 中学历史教学法：第 3 版 [M]. 北京：高等教育出版社，2009.

【2】中华人民共和国教育部. 普通高中历史课程标准（2017 年版 2020 年修订）[S]. 北京：人民教育出版社，2020.

【3】李伟科. 初高中历史教材整体化 [J]. 历史教学，2001（5）.

【4】刘波. 新课标下初高中历史教学衔接的几点建议 [J]. 教学与管理，2013（34）.

【5】叶小兵. 试论初高中课程的整体规划 [J]. 课程·教材·教法，2014（4）.

【6】刘波. 关于初高中历史教学衔接的思考 [J]. 历史教学问题，2014（4）.

【7】徐蓝，马敏. 义务教育历史课程标准（2022 年版）解读 [M]. 北京：北京师范大学出版社，2022.

【8】郑林. 基于学生核心素养的历史学科能力研究 [M]. 北京：北京师范大学出版社，2017.

实 践 篇
教学案例

汉武帝巩固大一统王朝
——《中国历史·七年级上册》第 12 课

◇ 张月帅

教学分析

> 教学目标

1. 通过指导学生阅读文献史料和实物史料，引导学生全面了解汉初的社会状况，即治世之下的隐患，理解汉武帝改革的必要性，培养学生史料实证的核心素养。
2. 通过教师讲解汉武帝改革的措施，初步培养学生阅读、概括、分析历史材料的能力。通过小组合作，探究汉武帝巩固大一统措施的历史作用，培养学生历史解释的核心素养。
3. 通过总结秦汉时期大一统的作用，使学生感受统一多民族国家不断发展的进程，培养学生家国情怀的核心素养。

> 重点难点

重点：汉武帝巩固大一统王朝的措施
难点：汉初的社会状况；汉武帝巩固大一统措施的作用

一、导入新课

同学们，上节课我们学习了汉朝的建立与"文景之治"。在继续学习新课之前，我们先来看一段汉初与匈奴关系的视频，大家思考，汉初与匈奴的关系是如何的？

二、讲授新课

[教师讲述] 匈奴是兴起于战国时期蒙古草原上的一支游牧民族。通过刚才的视频，

我们可以看到，匈奴统一后多次南下袭扰汉政权。汉初的时候，与匈奴战争战败，汉朝被迫与匈奴进行和亲。但是，到了汉武帝执政时期，西汉政权开始主动反击匈奴。那么，汉王朝是如何由弱变强的呢？下面我们进入本课的学习。

本节课第一个学习目标：了解汉初社会状况，理解汉武帝时期积极有为的必要性。

［教师活动］"文景之治"后，汉逐渐恢复国力，出现了中国历史上第一个"治世"局面。但是这样的"治世"局面之下，是否存在一些隐患呢？

（一）治世之中有伏流

［教师讲述］教师出示汉高祖至汉武帝统治时期的时间轴，引导学生复习汉初的政策以及"文景之治"。汉初政策包括政治上实行郡国并行；经济上推行休养生息；思想上诸子百家盛行；军事上匈奴和亲休战。这些政策背后暗藏着伏流（危机），伏流具体的表现是什么呢？

［教师活动］出示材料：

材料一

吴楚七国果反，以诛错为名。……上令晁错衣朝衣斩东市。上问曰："……闻晁错死，吴楚罢不（fǒu）？"

——司马迁《史记·袁盎晁错列传》

［学生活动］学生阅读材料思考郡国并行制的弊端造成七个诸侯国的叛乱。

［教师活动］教师出示西汉初期诸侯国形势图以及金缕玉衣考古资料，引导学生结合教材相关史事找到出土地点、相关人物以及这件实物史料所反映的历史信息。

［学生活动］学生阅读教材思考并回答得出信息——冶金工艺高超；诸侯王实力强大（政治、经济）等。诸侯王势力强大，严重威胁到中央。

［教师讲述］这些墓葬品是地方诸侯国实力强大的一个缩影。地方诸侯国实力如此强大，早在文景时期就进行过削藩（削弱诸侯国的势力），到了景帝时，由于诸侯国严重威胁了中央政权，景帝刘启采纳了晁错的建议正式提出"削藩策"，引起了以吴王刘濞、楚王刘戊为首的七国之乱。最后景帝平定了叛乱，但是王国问题始终没有解决。除了王国问题以外，地方还有哪股力量威胁中央呢？

[教师活动] 出示材料：

材料二
（豪强地主）"役财骄溢，或至兼并豪党之徒，以武断于乡曲（qū）"（民间横行霸道）。

——《史记·平准书》

[学生活动] 学生阅读材料二并回答问题得出结论——地方豪强与官府分庭抗礼。
[教师活动] 教师出示材料并设问，这种经济状况对国家的经济发展造成什么影响？

材料三
（吴王）濞（bì）则招致天下亡命者铸钱，煮海水为盐，以故无赋（不用交赋税），国用富饶。

——司马迁《史记·吴王濞列传》

[学生活动] 阅读材料三，学生思考并得出结论——地方经济实力增强，控制国家经济命脉。

[教师讲述] 除了政治和经济问题以外，当时社会在思想上也是比较混乱的。战国时期出现百家争鸣的局面，到了汉初诸子百家的思想依然存在。比如淮南王刘安招用诸子百家几千人著书立说，编写《淮南子》，反对武帝的政治改革。思想活跃对汉武帝改革措施的推行是不利的。内部不稳定，何以解决外部的匈奴问题呢？就在汉武帝即位初的两年，匈奴还对汉政权发动了 5 次袭扰，汉政权继续采取"和亲"政策，这反映出，国家虽是"治世"但没有尊严，"和亲"是国力不够强大的无奈之举。伏流不除祸难休。历史的重任落在了 16 岁的汉武帝刘彻的肩上。

[教师活动] 教师出示本节课第二个学习目标：知道汉武帝巩固大一统的措施，认识其对当时以及后世的作用。

[学生活动] 学生阅读学习目标二。

（二）伏流不除祸难休

[教师活动] 教师出示表1，表格里面有旧药方、面临的问题以及新药方三方面的内容。

表1 治病救国药方

旧药方	面临的问题	新药方
削藩政策；任其发展	王国豪强壮大	
私人铸币；盐铁私营	私人控制经济	
无为而治；顺其自然	诸子百家盛行	
和亲友好；送粮与布	匈奴袭扰边疆	

[教师讲述] 针对汉初的社会状况，汉武帝改革非常必要。因为旧药方无法解决汉初面临的问题，问题不解决，国力疲弱，汉朝与匈奴的关系就会始终处于劣势。汉初的统治者虽然为武帝积累了一些财富，但是只有居安思危，才会避免出现亡国之相。汉武帝用哪些措施去解决当时的社会问题呢？这些措施对当时和后世到底有什么样的作用呢？我们首先来看解决王国豪强壮大问题的措施。

[教师活动] 教师出示推恩令的示意图并讲述推恩令的措施。

[教师讲述] 推恩后的诸侯国归郡管辖，郡的长官由皇帝任免。同学们想一想，针对王国问题严重，"推恩令"与之前的"削藩策"相比最明显的不同在哪儿？推恩令的作用是什么？

[教师活动] 教师出示推恩令实施后汉代中央对地方管辖的示意图。

[学生活动] 学生结合教师讲述和示意图思考并回答——封国越来越小，加强中央集权。

[教师讲述] 现在王国问题得到了一定的缓解，郡的实力有一定的增强，而且豪强势力也很大，这个问题怎么解决呢？

[教师活动] 教师出示汉代十三州示意图以及《刺史六条问事》。

材料四

一、豪强强占田宅超过定制，以强凌弱；二、郡国长官背公向私，侵渔百姓；三、郡国长官不恤百姓，肆意杀人；四、郡国长官任人不当，徇私弃贤；五、郡国长官的子弟仗势欺人，为非作歹；六、郡国长官与豪强勾结，背令枉法。

——《刺史六条问事》

[教师讲述] 汉武帝设置了刺史制度，这个制度能够起到什么作用呢？

[学生活动] 学生结合教师讲述和示意图思考并回答得出结论——加强中央对地方的控制，加强中央集权。

[教师活动] 教师出示表1，指导学生填写解决政治问题的新药方。

表1 治病救国药方

旧药方	面临的问题	新药方
削藩政策；任其发展	王国豪强壮大	实行推恩；设立刺史
私人铸币；盐铁私营	私人控制经济	
无为而治；顺其自然	诸子百家盛行	
和亲友好；送粮与布	匈奴袭扰边疆	

[教师活动] 设问：针对经济问题，汉武帝为何一定要解决私人铸币、盐铁私营的问题呢？出示材料：

材料五

卜式，以田畜为事。时汉方事匈奴，式上书，愿输家财半助边。（捐出一半的财产支边）……式曰："天子诛匈奴，……有财者宜输之，如此匈奴可灭也。"（富豪捐钱就可以灭掉匈奴）使者以闻。丞相弘曰："此非人情，愿陛下勿许。"（这不是常理，希望陛下不能同意。）于是上不报式。

——《汉书·卜式传》

[学生活动] 学生阅读材料提取材料反映的历史信息。

[教师活动] 教师出示表2：

表2 汉初经济问题和汉武帝的政策

经济问题	汉武帝的政策
私人铸币	铸币权收归中央,统一铸造五铢钱
富豪控制盐铁经营权	全国各地设盐铁官、盐铁官营、专卖
富豪唯利是图	国内统一调配物资,平抑物价

[教师讲述] 汉武帝将铸币权收归中央,将最关系百姓生活的盐、铁、酒等必需品的生产和销售管理权归国家所有,由国家统一调配物资、平抑物价,这更便于国家获得稳定的税收,控制经济命脉。

[教师活动] 教师介绍耧车的使用方法以及汉代的水利工程。

[学生活动] 学生讨论:经济收归国有,大力发展农业,对当时有何作用?(促进农业发展)学生完成表1。

表1 治病救国药方

旧药方	面临的问题	新药方
削藩政策;任其发展	王国豪强壮大	实行推恩;设立刺史
私人铸币;盐铁私营	私人控制经济	统一货币;盐铁官营
无为而治;顺其自然	诸子百家盛行	
和亲友好;送粮与布	匈奴袭扰边疆	

[教师讲述] 思想不统一,统治者该如何解决呢?就像战国时期的百家争鸣一样,面对社会问题,思想家向统治者介绍自己的治国思想以解决问题,其中儒家代表董仲舒向汉武帝献策。

[教师活动] 教师介绍《汉书·董仲舒传》,并出示材料:

材料六

臣愚以为诸不在六艺(诗、书、礼、易、乐、春秋)之科孔子(儒家创始人)之术者,皆绝其道,勿使并进。(不能让诸子百家思想共同发展)邪辟之说灭息,然后统纪可一而法度可明，民知所从矣。

——《汉书·董仲舒传》

[学生活动] 学生阅读材料提取材料中的重要历史信息。

[教师活动] 教师介绍董仲舒新儒学思想，对比与孔孟儒学的相同与不同。

[教师讲述] 董仲舒对孔孟儒学既有继承，也有发展。继承表现在大一统最早在《孟子》中提到；天人感应（民本思想）；发展表现在天人合一，君权神授；三纲五常（伦理，个人层面）。

[教师活动] 教师介绍汉武帝三个具体措施：把儒家学说确立为正统思想；在长安兴办太学，培养儒学人才；儒士进入各级政权机构。罢黜百家，尊崇儒术会起到什么作用呢？

[学生活动] 学生思考并回答——作用是儒学居于主导地位，为历代王朝所推崇，影响深远。学生继续完成表1。

表1 治病救国药方

旧药方	面临的问题	新药方
削藩政策；任其发展	王国豪强壮大	实行推恩；设立刺史
私人铸币；盐铁私营	私人控制经济	统一货币；盐铁官营
无为而治；顺其自然	诸子百家盛行	罢黜百家；尊崇儒术
和亲友好；送粮与布	匈奴袭扰边疆	

[教师讲述] 汉武帝对内不断加强中央集权，积累国家财富，思想也逐渐统一，对外开始主动出击匈奴。从汉武帝即位初始，他在政治、经济、思想方面的改革举措，为反击匈奴提供了必要的条件。

[教师讲述] 汉武帝反击匈奴，始于公元前129年，共历时44年，以漠北决战的胜利为结束。在卫青、霍去病等杰出将领的指挥下，汉军马踏匈奴，收取河西，封狼居胥，以临翰海，这是大汉王朝和汉民族的立国立族之战，更是华夏民族永恒的骄傲。匈奴再无力与西汉对抗，部分匈奴人开始西迁，西汉收复失地且大大拓展了疆域。此后，匈奴逐渐消失在历史长河之中，融入了中华民族大家庭中。

[学生活动] 学生观看汉武帝派卫青和霍去病北击匈奴的视频，并填写表1。

表 1 治病救国药方

旧药方	面临的问题	新药方
削藩政策；任其发展	王国豪强壮大	实行推恩；设立刺史
私人铸币；盐铁私营	私人控制经济	统一货币；盐铁官营
无为而治；顺其自然	诸子百家盛行	罢黜百家；尊崇儒术
和亲友好；送粮与布	匈奴袭扰边疆	主动出击；击败匈奴

[教师活动] 请学生谈一谈汉武帝执政时期这些措施的作用。

[学生活动] 小组讨论并回答得出结论：

（1）实行推恩令；设立刺史——作用：抑制地方势力，加强中央集权。

（2）统一货币；盐铁官营；发展农业；兴修水利——作用：加强中央对国家经济的控制，改善国家财政，为汉武帝其他政策的实施奠定经济基础。

（3）罢黜百家；尊崇儒术——作用：儒家忠君守礼思想成为国家大一统政权的精神支柱，儒学居于主导，为历代王朝所推崇。

（4）主动出击；击败匈奴——作用：匈奴无力再与西汉对抗，部分匈奴人开始西迁。西汉收复失地，且大大拓展了疆域。

（三）休祸之后汉朝盛

[教师讲述] 秦皇画皮，汉武造骨，汉武帝继续巩固和发展自秦始皇开创的大一统局面，不仅仅是疆域拓展，更是从政治、经济、思想、军事等各个方面进行统一，将汉文化大一统刻入民族基因。

[教师活动] 黑板上完善板书内容，形成结构图。（见图1）

[学生活动] 学生聆听教师讲述，思考并完善笔记。

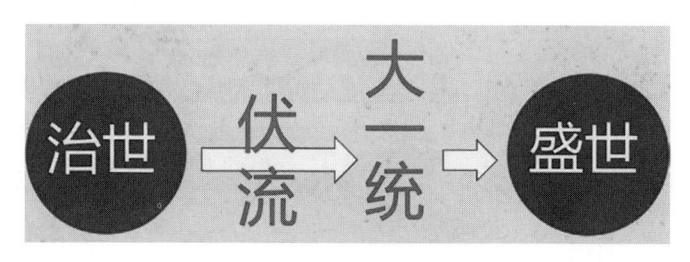

图 1 板书结构示意图

三、课堂小结

[教师活动] 教师出示材料：

材料七
中国之政，得秦皇而后行。中国之境，得汉武而后定。

——夏曾佑《中国古代史》

[教师讲述] 秦汉时期是中国大一统局面的开创和巩固时期，后来历代王朝不断进行完善、加强，明清时期达到顶峰。"巍巍强汉，族以为名。"那是中国历史上伟大的时代。如果没有刘彻巩固大一统王朝，陈汤也就不会自信地说出那句"明犯强汉者，虽远必诛"，以及后世的那句"凡日月所照，江河所至，皆为汉土"。这就是夏曾佑先生这句话的内涵。从整个中国总体发展趋势来说，汉武帝巩固大一统无疑是符合时代潮流的，但是在这盛世之中，或许有些问题也令人担忧。明末清初思想家王夫之说："故国恒以弱丧，而汉以强亡。"那么也请大家在课下进行思考，下节课我会带着大家一起探究。

四、教学点评

首先，本节课教学设计丰富且环环相扣；教师选取教学素材多样，课堂内容丰富，有利于激发学生的兴趣。

其次，教师注重学生的主体地位，鼓励学生自主探究、合作学习，让学生成为课堂的主角，教师在关键时刻给予学生引导，确保学生学习方向的正确性，教学效果显著。通过学习，学生深入理解汉武帝巩固大一统的措施及历史意义，历史分析能力、合作学习能力显著提升。

最后，教师在讲述增强民族认同感和爱国情怀过程中，特别重视对于史料的分析，秉承着一分材料说一分话的原则，引导学生进行深入的思考。在问题设计和作业设计上，教师进行了层级设计，适合不同程度的学生。同时教师重视对这节课高中课标的解读，初高中衔接的意识明显，尤其是对汉武帝巩固统一多民族国家背景和内容的分析比较全面，为学生高中的学习打下坚实基础。

（点评人：李雪）

沟通中外文明的"丝绸之路"
——《中国历史·七年级上册》第 14 课

◇ 田语桐

教学分析

> 教学目标

课标要求：通过了解休养生息政策、"文景之治"、张骞通西域、"丝绸之路"的开辟、汉武帝的大一统，知道西汉从建立之初的社会残破发展到国力强盛的变化及原因。

1. 了解张骞两次出使西域、丝绸之路的开辟、西汉对西域的管理等基本史实，思考和认识历史现象之间的内在联系。
2. 围绕敦煌悬泉汉简创设历史情境，小组活动研读汉简史料，获取历史信息。
3. 识读敦煌壁画《张骞拜别汉武帝出使西域图》《张骞出使西域路线图》《丝绸之路线路图》《汉代海上丝绸之路》，获取历史信息。
4. 学习张骞不畏险阻、勇于开拓的进取精神。

> 重点难点

重点：张骞通西域；丝绸之路的路线
难点：丝绸之路开通的意义

一、导入新课

[教师活动] 教师展示敦煌悬泉汉简图片《康居王使者册》，简要介绍该汉简——它记录了康居王使者朝贡时和汉朝官员发生纠纷的事件，是研究康居国和汉朝关系的重要史料。

[教师提问] 汉简所载康居国是哪里？康居国为何与汉朝发生联系，如何联系？

二、讲授新课

（一）探秘西域开丝路

1. 西域的位置在哪里？

[教师讲述] 刚刚提到的康居王使者是西域康居国的贵族，西域的位置在哪里呢？西域有广义和狭义之分。狭义的西域指玉门关、阳关以西，葱岭（今帕米尔高原）以东，中间的区域即为西域。广义的西域指玉门关、阳关以西的广大地区，包含新疆和更远的地区。

[教师活动] 教师出示《丝绸之路路线图》，配合动画演示。

[学生活动] 学生研读地图，寻找西域的位置。

2. 汉武帝派张骞出使西域的目的是什么？

[教师讲述] 西汉初年，匈奴重新控制了西域和河西走廊地区。

[教师活动] 教师出示材料：

材料一

匈奴降者言匈奴破月氏王，以其头为饮器，月氏遁而怨匈奴，无与共击之。汉方欲事灭胡，闻此言，欲通使。道必更匈奴中，乃募能使者。骞以郎应募，使月氏。

——班固《汉书》

材料二 地图《丝绸之路路线图》

[教师提问]

（1）阅读材料一，尝试分析大月氏与匈奴之间的关系如何？

（2）西汉初年对待匈奴采取的是什么政策？汉武帝对匈奴的态度如何？

（3）观察地图，大月氏在匈奴的西南侧，汉朝在匈奴的东南侧，对匈奴形成了夹击之势，依据两则材料回答，汉武帝派张骞出使西域的最初目的是什么？

[学生活动] 通过教师引导并思考，得出结论：汉武帝派张骞出使西域的最初目的是联合大月氏夹击匈奴。

3. 你能从张骞身上学到哪些精神？

[教师活动] 教师再次出示材料一：

材料一

匈奴降者言匈奴破月氏王，以其头为饮器，月氏遁而怨匈奴，无与共击之。汉方欲事灭胡，闻此言，欲通使。道必更匈奴中，乃募能使者。骞以郎应募，使月氏。

——班固《汉书》

[教师提问] 阅读材料一，汉武帝是通过什么方式确定张骞是使者的？
[教师活动] 教师出示材料：

材料三

　　　　君不见走马川行雪海边，平沙莽莽黄入天。
　　　　轮台九月风夜吼，一川碎石大如斗，随风满地石乱走。

——岑参《走马川行奉送出师西征》

[教师提问] 为何要通过招募的方式来确定人选呢？阅读诗歌《走马川行奉送出师西征》，思考西域的地理环境如何？
[学生活动] 思考并回答问题，得出结论，张骞是通过招募的方式被确定为使者的，因为西域的自然地理环境恶劣，出使西域十分危险。
[教师活动] 教师出示敦煌壁画《张骞拜别汉武帝出使西域图》
[教师提问] 张骞出使西域的过程当中，除了面临恶劣的自然地理环境外，还要面临怎样的困难？观看小剧场《张骞出使》，你还能提取哪些信息？
[学生活动] 学生表演《张骞出使》（剧本改编自《史记》《汉书》）；思考问题。
[教师活动] 教师出示材料：

材料四

然张骞凿空，其后使往者皆称博望侯。

——班固《汉书》

注：凿空，开通道路。

[教师提问] 阅读材料四，为什么说张骞出使西域的举动是"凿空"呢？你能从张骞身上学到哪些精神？
[学生活动] 学生通过观看历史剧、研读史料，思考并得出结论：张骞出使西域开

通了前往西域的道路，过程非常艰辛，从他身上可以学到不怕困难、矢志不渝的精神。

4. 张骞通西域的意义是什么？

［教师讲述］张骞通西域后，西汉和西域各国的联系逐渐密切起来。汉武帝每年派往西域的使者，多则十几次少则五六次，每次百余人甚至数百人。西域各国也会派使者出使汉朝，就像我们课程开头提到的康居国出使汉朝发生纠纷的故事。可以说，后世丝绸之路的开辟，以及中外之间的交流，都始于张骞通西域。所以，通西域的意义十分重大。

［教师活动］教师出示材料敦煌悬泉汉简《康居王使者册》图片并再现材料四。

［教师提问］张骞通西域的意义是什么？

［学生活动］学生分析史料，得出结论，张骞通西域密切了汉与西域各国的往来，为丝绸之路的开通奠定基础。

（二）沟通东西品丝路

1. 丝绸之路的路线

［教师讲述］敦煌悬泉汉简明确记载了在丝绸之路往来的商人们行走的地点，并且标注了相互之间的距离，这样的汉简被称为里程简。

［教师活动］教师出示悬泉汉简残片图片、西安郊区出土的希腊钱币图片及材料五。

材料五

汉简上记录了一些物品，从印度到中亚的亚麻布、香料、珊瑚、玻璃器皿、金银盘、葡萄酒等物品在汉十分流行……

由此出口的物品有棉布、绢纱、靛青染料、枸杞……

——悬泉汉简记录的内容（摘编自悬泉汉简）

［教师提问］汉简中记载了商人都经过了哪些地点？

［学生活动］学生在地图上标注地点。

［教师活动］教师通过地图动态演示，讲述丝绸之路的路线。

［教师讲述］商人往来于东西方之间，因此在我们国家出土了很多充满了异域风情的文物。比如在中原地区，我们曾出土了带有希腊风情的人物铜像。有一个文物值得我们注意，一个印度风格明显的玻璃杯，出土在广西合浦港地区，即沿海地区，并不是我们刚刚说的丝路沿线地区。

［教师活动］教师出示西安出土希腊风格人物铜像图片；出示合浦港玻璃杯图片。

［教师提问］从印度到广西，相比较陆路和海路，这个玻璃杯更有可能是怎么来到中国的呢？

［学生活动］学生思考并回答问题。

［教师活动］教师出示动态地图演示海上丝绸之路的路线。

2. 丝绸之路开通的意义

［教师讲述］中国是丝绸的故乡……丝绸大量西传始于汉通西域，这一时期丝绸的传播路线、传播源都非常清楚，贸易量也非常大。而且这时(中西)双方是有计划的，甚至是有组织地来做丝绸贸易。

［教师提问］刚刚我们讲述了丝绸之"路"的路通向何方，接下来请同学们思考，这条路为何被称为"丝绸"之路呢？

［学生活动］学生回答问题，丝绸之路运输的主要商品是丝绸。

［教师提问］丝绸之路仅仅是一条贩卖丝绸的路吗？丝绸之路到底是什么样的路呢？

［学生活动］小组依据材料讨论，突破难点——丝绸之路是____之路。

第一组材料

材料五

汉简上记录了一些物品，从印度到中亚的亚麻布、香料、珊瑚、玻璃器皿、金银盘、葡萄酒等物品在汉十分流行……

由此出口的物品有棉布、绢纱、靛青染料、枸杞……

——悬泉汉简记录的内容（摘编自悬泉汉简）

材料六

蚕豆、芝麻、核桃、胡萝卜、胡椒、大蒜的图片。

第二组材料

材料五

汉简上记录了一些物品，从印度到中亚的亚麻布、香料、珊瑚、玻璃器皿、金银盘、葡萄酒等物品在汉十分流行……

由此出口的物品有棉布、绢纱、靛青染料、枸杞……

——悬泉汉简记录的内容（摘编自悬泉汉简）

材料七　　　　　　　　　胡旋女

　　　　　　胡旋女，胡旋女。心应弦，手应鼓。
　　　　　　弦鼓一声双袖举……曲终再拜谢天子，天子为之微启齿。
　　　　　　胡旋女，出康居，徒劳东来万里余。

——白居易《胡旋女》

第三组材料

材料八　《西汉形势图》（标注匈奴位置）

材料九
（匈奴）以天之福，吏卒良，马强力，以夷灭月氏，尽斩杀降下之。定楼兰、乌孙、呼揭及其旁二十六国，皆以为匈奴。诸引弓之民，并为一家。

——司马迁《史记》

材料十
匈奴数万骑入杀代郡太守恭友，略千余人。其秋，匈奴又入雁门，杀略千余人。其明年，匈奴又复复入代郡、定襄、上郡，各三万骑，杀略数千人。匈奴……数为寇，盗边，及入河南，侵扰朔方，杀略吏民其众。

——司马迁《史记》

　　[教师活动] 教师引导学生分享自己的观点。
　　[学生活动] 学生通过讨论第一组材料，得出结论，丝绸之路是一条商贸之路。
　　[教师活动] 教师创设历史情境，假如你是当时西域的一位商人，准备沿着丝绸之路从西域出发到长安，你想带哪些货物去长安，又准备带回哪些货物呢？引导学生思考丝绸之路商品交流的方向。
　　[学生活动] 学生思考并回答问题。
　　[教师讲述] 丝绸之路为中原地区带来了很多原产自西域的物种，其中很多物种和中原的原产物种很像，为了区分它们，我们在命名上加以区分，从而诞生了很多的"胡"系列，比如胡豆、胡麻、胡桃、胡蒜、胡萝卜、胡椒等。
　　[教师活动] 教师引导学生思考，丝绸之路传播的只有商品吗？引导学生进一步

分析丝绸之路开通的意义。

［学生活动］学生通过讨论第二组材料，得出结论，丝绸之路是一条文化交往之路。

［教师讲述］芝麻烧饼，古称胡麻饼，在东汉年间曾大量流行。东汉之前，中国人食用小麦往往是粒食，或蒸或煮，做成麦饭。到东汉，中原人从西域学来的粉食方法已经非常普及了，于是东汉出现大量水磨，都是为了将麦粒磨成粉。粉食方法是烹饪技术，水磨是工具，都是文化层面的。

［教师活动］教师引导学生思考，丝绸之路还是一条什么样的道路？

［学生活动］学生通过讨论第三组材料，得出结论，丝绸之路是一条和平之路。

［教师活动］教师引导学生识图《西汉形势图》，丝绸之路时刻处于匈奴的威胁之下。创设历史情境，如果你是商人，你希望这条路是一条怎样的路？如果你是大汉天子，当你的子民面对着游牧民族的威胁，而你的国力又能够做到保一方平安，你会怎么做？

［学生活动］学生思考并回答问题，保护丝路。

［教师讲述］西汉为加强对西域的管理，于公元前60年设立西域都护，标志着西域正式归属中央政权。

［学生活动］学生通过以上学习得出结论，丝绸之路是古代东西方往来的大动脉，促进了东西方经济与文化的交流。

（三）交流四方承丝路

［教师讲述］教师引用《丝绸之路：一部全新的世界史》中的一句话：丝绸之路曾塑造了过去的世界，甚至塑造了当今的世界，也将塑造世界的未来。

［教师提问］丝路精神是什么？我们当下该如何传承？

［学生活动］学生思考并回答问题。

三、课堂小结

丝绸之路在千年前，它曾是东西方交流的桥梁；在千年后，它是如今发展的新思路。回首《康居王使者册》，汉元帝下令敦煌郡守彻查并解决康居使者与汉朝官员的纠纷，到底是康居使者以次充好还是汉朝官员蓄意刁难，现已出土的汉简并未记载，我们无从得知。

千百年来丝绸之路上发生了无数的故事，一代代地流传下来。汉简还记载了什么故事？是否还有汉简依然沉睡在茫茫黄沙中？一切都等待我们进一步探索。

四、教学点评

本课是 2016 年统编版《中国历史·七年级上册》的第三单元"秦汉时期：统一多民族国家的建立和巩固"中的第 14 课。本课内容以丝绸之路为中心分为张骞通西域、丝绸之路、对西域的管理三个子目。教师在研读课标和教材的基础上，以"丝路"为线索，把教材整合为"探秘西域开丝路""沟通东西品丝路"和"交流四方承丝路"三个板块徐徐展开，层层推进，条理清晰，赋予历史感情色彩，激发起学生强烈的求知欲。教师在设计本课时充分利用学生的好奇心，采用动态演示图、图文、诗词等方式来激发学生对学习历史的兴趣，同时充分利用学生已有的历史知识储备，在讲课过程中对学生进行及时有效的思维引导，发挥学生的主体性，培养学生敢想、敢说、爱表达的习惯，在教学中逐步培养学生的历史思维。

教师通过背景、时间、路线、作用分析张骞通西域和丝绸之路的开通，反复探究丝绸之路的定义并为学生提供与教学进度同步的探究"任务单"，进一步培养学生时空观念下的历史理解和历史解释的方法。教学中出示了大量的历史图片、成语故事、史学家的论述等资料，不只是创设情境，更重要的是引导学生从阅读文献、讲故事、识读历史图片、对比归纳历史问题等方面掌握"论从史出""史论结合"的历史探究的方法，为学生以后学习历史做了很好的铺垫。这些历史学法指导都符合初一学生的认知水平，对历史思维和历史核心素养的培养非常有益。

学习张骞的优秀品质是本课必须完成的情感目标。为了让情感目标落地教师采用了多种方法：询问学生"为何要通过招募的方式来确定人选呢？"，并通过历史小短剧的表演吸引学生，让学生在潜移默化中体会张骞的坚持不懈、勇往直前的精神。

总之，本课设计的教学目标明确，教学内容的取舍合理，知识拓展合理，教学流程清晰，环节高效，及时对学生进行教学评价。依据学情将教材内容以图史互证、考古发掘、文物证史等方式呈现，培养学生的观察、想象能力。教师通过引导学生分析张骞通西域的艰难过程，再通过丝绸之路开辟过程中商人付出的艰辛和努力，使学生自觉学习张骞不畏险阻、勇于探索开拓的进取精神。

（点评人：李毓）

奇迹天工——了不起的中国古代造纸术
——《中国历史·七年级上册》第15课第一目

◇ 吴海丽

教学分析

> 教学目标

1. 通过引入适量的图文史料，引导学生了解无纸时代的书写载体及其缺陷，明白造纸术出现的必要性。通过了解整个古代中国造纸术的发展概况，认识传统文化的继承与创新的重要性。通过观察中国古代造纸术外传地图及史料了解中国造纸术的外传过程及对世界文明发展产生的重要影响。
2. 在教学过程中引入与古代造纸术相关的文献史料、图像史料、实物史料，引导学生进行分析、概括，并提取有效的历史信息，表达自己对造纸术的一些看法，培养学生的史料实证意识、历史解释能力和时空观念。
3. 通过历史与化学学科融合的方式探究古代造纸术，培养学生用多种知识与技能进行综合探究的能力，培养学生的科学探究与创新意识、科学态度与社会责任。
4. 通过学习蔡伦的优秀品质，理解古代的工匠精神，培养学生积极的人生追求和社会责任意识。通过学习造纸过程中，由于人们砍伐过度，导致剡溪藤纸消失的例子，让学生明白保护环境的重要性。通过了解中国古代造纸术的独特价值、外传及对世界的影响，认识中国古代的重要发明对世界文明发展的贡献，提高民族自尊心、自信心和自豪感，增强民族凝聚力。

> 重点难点

重点：蔡伦改进造纸术
难点：造纸术对世界文明产生的影响

一、导入新课

展示宣纸、播放《三丈三宣纸》的制作视频。

二、讲授新课

（一）追寻无纸时代的书写载体

[教师提问] 在无纸的时候，古人是用什么材料进行书写刻画的呢？你认为这些书写载体有何缺陷？

[教师活动] 教师出示材料：

材料一
朔初入长安，至公车（到公车府）上书，凡用三千奏牍。公车令两人共持举其书，仅然能胜之。人主（汉武帝）从上方读之，止，辄乙其处，读之二月乃尽。

——司马迁《史记·滑稽列传》

[学生回答] 古人用甲骨、石头、木头、竹简等材料进行书写，这些载体大部分比较重，不好携带，材料反映的就是木牍太笨重。

[教师讲解] 古人的书写材料有甲骨、青铜器、竹简、丝帛，还有石鼓、木牍等。首先我们得承认古人很聪明，他们会利用自然界的这些东西为自己的书写刻画服务。但这些东西无疑也有它的一些缺陷。甲骨、青铜、石鼓、木牍、竹简都太笨重，不方便携带，刻写也不便。如《史记·滑稽列传》中提到的东方朔初入长安，向汉武帝推荐自己时，就带了竹简三千片，用两个人抬着进去，而汉武帝读完就用了两个月的时间，这足以说明竹简是非常不便的。而帛的价格太昂贵，据说当时一匹绢的价格相当于 720 斤米的价格，一般人根本用不起，所以无法推广。

[教师提问] 在无纸时代，世界上其他国家的人们又是用什么材料进行书写的呢？它们的缺点是什么？

[教师活动] 教师出示古埃及的莎草纸、古代欧洲用的羊皮纸图。

[学生回答] 羊皮、植物。

[教师讲解] 莎草纸是古埃及人用尼罗河流域盛产的莎草的茎编制而成的，还不是真正

意义上的纸,这种原料只有尼罗河流域才有,所以它的缺点就是受原料局限,不好推广,而且脆而易碎,每页不能对折,只能卷成卷,还易受潮。欧洲人用的羊皮纸,缺点和我国的帛非常相似,也很昂贵,不好推广。除此之外,两河流域的古亚述地区把世界上最早的文字——楔形文字写在泥板上,但缺点是泥板过于笨重,不好保存,古印度人将文字写在贝树叶上,但贝叶易损坏,也不好保存。由此可以看出,无论是中国还是世界,早期的书写载体都有很大的缺陷,各国都希望有一种既轻便又便宜,也易于推广的书写载体的出现。

(二)探究造纸术的发明、改进与发展

1. 纸的诞生

[教师提问] 目前所知世界上最早的纸诞生于哪个国家?是什么时候出现的?有无证据?

[教师活动] 教师出示图片:西安灞桥纸、甘肃居延金关纸、甘肃天水放马滩发现的世界上最早的纸地图。

[学生回答] 中国,汉朝时出现了纸,有考古证据。

[教师讲解] 最早的纸出现在中国的西汉,有证据可查。1957年,考古学家在西安的灞桥发现灞桥纸,当时有人怀疑它不是真正意义上的纸,只是一些丝絮片,1964年,科学家对纸进行了化验,确认它是麻类植物纤维纸,也就是世界上最早的纸,1973年,考古学家在甘肃居延发现了金关纸,1986年又在甘肃天水放马滩发现了世界上最早的纸地图。

[教师提问] 考古发现的这些西汉纸是用什么原料制成的?缺点是什么?

[学生回答] 西汉纸是用树皮制成的,表面不光滑。

[教师讲解] 西汉纸用麻制成,缺点是质地粗糙,使用不便,更满足不了书写的需要。

2. 蔡伦改进造纸术

[教师提问] 谁对西汉的纸进行了改进?

[教师活动] 教师出示材料:

材料二

蔡伦,字敬仲,桂阳人也。……永元九年,监作秘剑及诸器械,莫不精工坚密,为后世法。自古书契多编以竹简,其用缣帛者谓之为纸。缣贵而简重,并不便于人。伦乃造意用树肤、麻头及敝布、鱼网以为纸。

——南朝宋·范晔《后汉书》

[学生回答] 东汉蔡伦改进了造纸术。

[教师讲解] 蔡伦是湖南耒阳人，东汉宦官。他专门负责监督制作皇室专用剑和其他器械的官员，所造器械全都精工细作，为后世所效法。这说明他是一个非常认真负责的人。他为什么要改进纸呢？因为他认为缣贵而简重，不便于人，由此可以看出他是一个乐于为社会奉献的人。

[教师提问] 蔡伦改进后的纸使用的是什么原料？使用这些原料造纸有什么优点？

[学生回答] 蔡伦改进后的纸使用的原料是树皮、破布等。这些原料比较便宜。

[教师讲解] 树皮、麻头、破布、草木，这些都是蔡伦造纸使用的原料。这些原料不仅便宜而且还非常易得。

[教师提问] 还有其他原因吗？

[教师活动] 教师出示造纸植物资源图片。

[学生回答] 这些材料都富含植物纤维。

[教师活动] 教师出示表1。

[教师讲解] 我们应选择长纤维材料和纤维长宽比大的材料造纸。一般来说，长纤维造纸比短纤维好，纤维的长宽比越大越好。

[教师活动] 教师出示表2。

[教师讲解] 因为造纸原料中的化学成分复杂，杂质多，所以人们要对造纸原料进行提取、纯化，去除植物资源中的果胶和木素。

[教师提问] 去除植物资源中的果胶和木素要经过哪些流程呢？

[学生回答] 进行漂洗。

[教师讲解] 去除植物资源中的果胶和木素，需要经过洗涤原料、浸渍沤制、焚烧草木灰、蒸煮等几个重要的步骤。经过长期的实践，蔡伦等人发现原料在水池内沤制，通过生物发酵法可以脱除果胶。原料脱胶后，通过草木灰水蒸煮，可以除去单宁、色素、蛋白、半纤维素和木素等杂质。

[教师提问] 如何获得草木灰呢？

[教师活动] 教师出示草木与草木灰图。

表1 古代常用造纸原料纤维长宽度测定数据

序号	种类	长度（mm）	平均长宽比
1	苎麻	120.0～180.3	3000
2	楮皮	6.0～9.0	290
3	桑皮	14.0～20.0	463
4	毛竹	1.52～2.09	123
5	稻草	1.14～1.52	114
6	麦秆	1.30～1.70	102

——潘吉星《中国古代四大发明》

表2 古代若干常用造纸原料化学成分

序号	种类	果胶	木素	纤维素
1	苎麻	3.64	1.81	82.81
2	楮皮	9.46	14.32	39.08
3	桑皮	8.84	8.74	54.81
4	毛竹	0.72	30.67	45.50
5	稻草	0.21	14.05	36.20
6	麦秆	0.30	22.34	40.40

——潘吉星《中国古代四大发明》

[学生回答] 把草木放在火中烧，得到的灰烬就是草木灰。

[教师讲解] 将草类、树枝晒干并烧成灰，即为草木灰。用热水浸渍草木灰即得草木灰水。草木灰是混合物，主要成分是碳酸钾（K_2CO_3）。

[教师提问] 草木灰在造纸中有何作用呢？

[教师活动] 教师出示表3。

[学生回答] 草木灰可以去除杂质。

[教师讲解] 利用草木灰水的碱性进行蒸煮造纸原料的结构，使造纸原料发生了复杂的化学反应，去除了大部分的有害杂质。草木灰能使原料中木素的结构被破坏，从而降解成可溶物溶解除去。

[教师提问] 蔡伦造纸还有哪些工艺流程呢？

[学生回答] 还需要打浆、捞取纸浆、晾晒。

[教师讲解] 除了上面提过的三步之外，还有舂（chōng）捣、制浆、捞取纸浆、晾晒、码放等几个步骤。其中舂捣是因为原料中有许多缠绕的纤维素并留有光硬的外壳，原料提纯后，还需要经过打浆的机械处理。打浆的原理是使用机械力将纤维细胞壁和纤维束打碎，将长纤维切短，提高纤维的柔软性和可塑性。实践证明：纤维间结合力与打浆程度成正比，打浆前后纤维结合力相差很多倍。

[教师活动] 教师出示打浆前后纤维微观图及表4。

[教师讲解] 日光漂白是利用大气中的臭氧（O_3）的氧化作用，使木素、色素氧化或降解成可溶物而除去。综上所述，蔡伦改进造纸术，有以下几个流程：洗涤原料→浸渍沤制→焚烧草木灰→蒸煮→舂捣→制浆→捞取纸浆→晾晒→码放。

[教师提问] 请大家结合以上所讲内容，归纳蔡伦对改进造纸术所做出的贡献，

表3 用草木灰水蒸煮前后成分对照表

种类	蒸煮前%	蒸煮后%
纤维素	55～58	88～89
木素	22～28	1.5～2.0
脂肪及树脂	1～1.5	0.6～0.8
半纤维素	25～28	11～12
灰分	0.2～0.3	0.2～0.3

——潘吉星《中国古代四大发明》

表4 天然漂白后成分对照表

种类	漂白后%
纤维素	88～89
木素	0.4～0.5
脂肪及树脂	0.2～0.3
半纤维素	12～13
灰分	0.15～0.2

——潘吉星《中国古代四大发明》

可以从原料、工艺、质量、产量、用途，以及开拓性等角度来谈一谈。

[学生回答] 蔡伦改进了造纸术，造纸原料更易得，工艺更完整，纸的质量更好，产量也提高了，纸的用途更加广泛。

[教师讲解] 蔡伦的贡献主要表现为扩大了造纸原料；形成一套完整的造纸工艺，纸的质量和产量大大提高；使纸的使用日益普遍，逐渐取代简帛，成为人们广泛使用的书写材料；开辟了后代皮纸制作先河。蔡伦的贡献是举世公认的，美国科学家麦克·哈特在《影响人类历史进程的100名人排行榜》中将蔡伦排在第七位，2007年，美国《时代》周刊公布的"有史以来的最佳发明家"中，蔡伦排名第四。在中国蔡伦更是被尊为"造纸鼻祖""纸神"。

[教师提问] 请结合史料分析蔡伦有哪些优秀品质值得我们学习。

[教师活动] 教师出示材料：

材料三

永元九年，监作秘剑及诸器械，莫不精工坚密，为后世法。……缣贵而简重，并不便于人。伦乃造意（创意）用树肤、麻头及敝布、鱼网以为纸……每至休沐，辄闭门绝宾，暴体田野（深入乡间百姓、工场作坊，认真观察事物，广泛调查研究）。

——范晔《后汉书·蔡伦传》

[学生回答] 认真负责，有创意，肯钻研。

[教师讲解] 蔡伦具有认真负责、乐于奉献、敢于创新、刻苦钻研、虚心好学、躬身实践的精神，这就是工匠精神。我们一定要学习他的这些优秀品质。

3. 东汉以后造纸术的发展

[教师提问] 东汉以后，我国古代的造纸原料有什么发展呢？

[教师活动] 教师出示材料：

材料四

蜀中多以麻为纸；……江浙间多以嫩竹为纸；北土以桑皮为纸；剡（shàn）溪以藤为纸；海人（广东）以苔为纸；浙人以麦曲稻秆为之……

——苏易简《文房四谱·卷四》

[学生回答] 造纸原料更加丰富。

［教师讲解］我国的造纸原料越来越丰富多样，能造出的纸有麻纸、竹纸、皮纸、藤纸、苔纸、宣纸等。各地工匠利用地方特性造出了不同种类的纸，真是了不起啊。材料中提到剡溪的藤纸，顾名思义就是用藤皮造的纸，东汉即有，唐代大量使用，宫廷用得很多，如皇帝下诏书多用藤纸，被称为高级公文纸，但唐代以后这种纸却越来越少。

［教师提问］请大家结合以下材料思考，唐以后，藤纸越来越少，原因是什么呢？给我们什么启示？

［教师活动］教师出示材料：

材料五

溪中多纸工，刀斧斩伐无时，擘剥皮肌，以给其业。……是天地气力为人中伤，致一物疵疠之若此。

——舒元舆《悲剡溪古藤文》

［学生回答］剡溪纸工多，乱砍伐，导致造纸原料减少。

［教师讲解］材料中提到有很多纸工，天天砍伐，剥古藤的皮。藤也需要细心的呵护才能生长，人们对藤既不进行更新培植，又大量砍伐，最终自食其果。这给我们的启示就是我们在利用大自然的同时，还要学会保护大自然。我们现在使用的书画纸基本都是宣纸，宣纸得名于产地"宣城"（安徽），有"纸寿千年，墨韵万变"的美誉，最早出现于唐代。

［教师活动］教师出示材料：

材料六

好事家宜置宣纸百幅，用法蜡之，以备摹写。

——张彦远《历代名画记》

［教师提问］以上材料中提到了一种造纸工艺，是什么呢？你认为这样做的目的是什么？

［学生回答］造纸工艺是涂蜡，这样做可以使纸变得更光滑。

［教师讲解］工艺是"用法蜡之"，就是在纸面上涂上一层细细的蜡。这样做的目的是让纸张变得光滑细腻，不洇纸。除了施蜡，古人还使用了施胶、涂布等做法。

［教师提问］造纸工艺的提升还表现在哪些方面呢？请大家看下列材料。

［教师活动］教师出示材料：

材料七

黟（yī）、歙（shè）间多良纸，有凝霜、澄心之号。复有长者，可五十尺（约1666厘米）为一幅。

——苏易简《文房四谱》

材料八

江旁凿臼为碓，上下相接。凡造纸之物，必杵之使烂，涤之使洁。

——费著《蜀笺谱》

［学生回答］造纸工艺的提升还表现在可造大纸，元代还有了新的造纸工具。

［教师讲解］材料反映宋人可以制造出长达16米的巨幅纸，相当于两个教室的长度，这是很了不起的。元朝时造纸术又有了新的发展，开始利用新的打浆工具——水碓，这大大解放了人力，提高了造纸效率。

（三）了解造纸术的外传与影响

1. 造纸术的外传过程

［教师提问］请结合图册地图归纳中国造纸术的外传时间与方向。

［学生回答］造纸术的外传方向是：朝鲜→日本→欧洲→大洋洲；时间是：4世纪到19世纪。

［教师讲解］4世纪，造纸术就传到朝鲜，7世纪初，造纸术由居住于朝鲜半岛的汉人传到日本，8世纪，造纸术传入阿拉伯，12世纪，经阿拉伯传入欧洲和非洲，16世纪，又经欧洲（西班牙后裔）传入美洲，19世纪，传入大洋洲。

造纸术的西传过程与唐朝和阿拉伯之间的一次战争有关，唐末，双方在哈萨克斯坦一带的怛罗斯打了一仗，唐军大败，不少士兵被俘虏，这些俘虏中有一些纸工。正是这些被俘的唐朝纸工把造纸技术传到了阿拉伯国家。我们国家很多文化，都是经过阿拉伯人传到西方的，可以说阿拉伯是东西方文化交流的桥梁。

2. 造纸术的影响

［教师提问］中国古代造纸术对世界文明发展产生了什么影响？

[教师活动] 教师出示材料：

材料九

到 16 世纪，纸张已完全取代欧洲传统书写载体羊皮，普通百姓也有能力购买，从而推动了欧洲各国文化的普及和发展。

——王春华《造纸术和活字印刷术在欧洲的传播及其影响》

[学生回答] 中国造纸术外传后使欧洲纸的造价降低，推动了欧洲文化普及。

[教师讲解] 中国造纸术外传降低了纸的造价，结束了欧洲羊皮纸时代；推动了世界各国文化的普及、发展与传播；为印刷术的发明提供了物质基础。

三、课堂小结

[教师活动] 教师出示板书结构图。（见图 1）

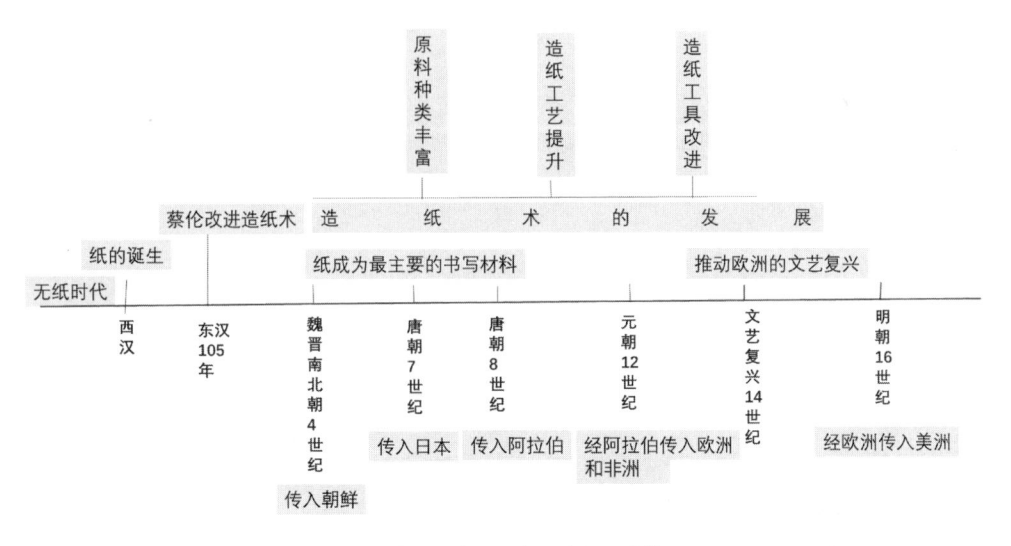

图 1 中国古代造纸术的发展及外传

中国古代无数的能工巧匠，经过无数次的探索与实践，推动了中国造纸术的发展。造纸术的发展又推动了世界文明的进程，这充分体现了中国对世界发展的巨大贡献。

四、教学点评

首先，教学目标明确。学生了解中国是世界上最早发明造纸术的国家，造纸术是我国古代四大发明之一，从而激发学生的民族自豪感；通过历史与化学学科融合的方式探究古代造纸术，培养学生用多种知识与技能进行综合探究的能力，培养学生的科学探究与创新意识、科学态度与社会责任。

其次，教学过程合理。在教学过程中引入与古代造纸术相关的文献史料、图像史料、实物史料，引导学生进行分析、概括，并提取有效的历史信息，表达自己对造纸术的一些看法，培养学生的史料实证意识、历史解释能力和时空观念。这样的教学过程能够使学生全面地了解古法造纸的过程和意义。

最后，注重激发学生兴趣与自豪感。教师采用观察、实验和实践活动等形式多样的教学方式，能够激发学生的学习兴趣和积极性。教师通过介绍中国是世界上最早发明造纸术的国家，以及造纸在我国古代科技和文化中的重要地位，激发学生的民族自豪感。另外，通过学习蔡伦的优秀品质，理解古代的工匠精神，培养学生积极的人生追求和社会责任意识；学生通过了解中国古代造纸术的独特价值、外传及对世界的影响，认识中国古代的重要发明对世界文明发展的贡献，提高民族自尊心、自信心和自豪感，增强民族凝聚力。

总之，本课的教学设计在多个方面都表现得非常出色，能够有效地引导学生进行实践操作和理论学习，并培养多种能力。

（点评人：李雪）

西汉与东汉
——《中外历史纲要（上）》第 4 课

◇ 李昂

教学分析

> 教学目标
1. 通过初高中教材的对比与梳理，了解汉朝一系列举措的发展脉络，认识统一多民族封建国家的建立及巩固在中国历史上的意义，培养时空观念、历史解释素养。
2. 通过分析汉朝政策的弊病了解汉朝的社会矛盾，认识两汉衰亡的原因，培养历史解释、唯物史观素养。
3. 通过分析"汉"概念的形成脉络，培养学生阅读史料、提取信息的方法；通过分组讨论，培养学生主动探究、合作交流的历史学习方法，培养史料实证、家国情怀素养。

> 重点难点
重点：统一多民族封建国家的建立及巩固在中国历史上的意义
难点：统一多民族封建国家的建立及巩固在中国历史上的意义；两汉衰亡的原因

一、导入新课

[教师讲述]"汉"这个字是我们今日广泛使用的汉字，比如"汉字""汉地""汉人"等。但"汉"最初的含义与我们日常用语中的"汉"并没有直接联系，为何我们使用的文字、中原地区的土地等都以"汉"这个字定名呢？

[教师提问]汉朝如何影响了绵延不绝的中华文明呢？

二、讲授新课

（一）西汉的建立
1. 秦灭亡的原因

[教师讲述] 汉朝能够产生巨大的影响力，与其漫长的历史分不开。但是，汉朝之前的首个统一的封建王朝秦朝只持续了短短14年，为什么汉朝能延续这么久呢？

[教师活动] 教师出示材料：

材料一

秦始皇……对农民征收沉重的赋税，迫使农民将2/3的收获物上缴国家。又连年在全国大规模地征调民力服徭役和兵役……当时全国人口约2000万人，而每年服役的成年男子就有300万人。

秦朝实行的法律非常严苛，民众稍有不慎即触犯法律，而且是一人犯法，亲族和邻里都要受到牵连，当时的刑罚极为残酷……

——统编版《中国历史·七年级上册》

[教师提问] 秦朝灭亡的原因是什么？
[学生回答] 赋役沉重、法律严苛。
[教师活动] 教师出示材料：

材料二

汉初统治者从秦的灭亡取得鉴戒。除了确认虐用其民是秦亡的主要原因外，又把秦未行分封和秦速亡联系在一起。认为周行分封，享年八百；秦以孤立，十五年而亡。

——汪篯《汪篯汉唐史论稿》

[教师提问] 汉朝统治者认为导致秦灭亡的因素还有什么？
[学生回答] 未实行分封制。

2. 汉初的政策

[教师活动] 教师出示材料：

材料三

秦正值封建之残念，战国之余影，尚留存于人民之脑际。于是戍卒一呼，山东响应，而秦遂以亡。

——钱穆《秦汉史》

[教师提问] 结合材料，如何理解当时人的认知与举措？
[学生回答] 人们仍希望回到战国时期，因此汉朝的举措有一定的合理性。
[教师讲解] 我们在分析历史与现实问题时，应将其置于具体的时空框架下进行分析，这是我们高中历史学科五大核心素养之一——时空观念所要求的。
[教师活动] 教师出示材料：

材料四

汉高祖……让士兵还乡务农……减轻农民的赋税，相应地减免徭役及兵役。
文帝和景帝时期……废除了一些严刑苛法，如断残肢体的肉刑。

——统编版《中国历史·七年级上册》

材料五

汉初统治集团吸取秦朝速亡的教训，尊奉黄老无为思想，采取"与民休息"政策，减轻赋税、徭役和刑罚，提倡节俭，减少财政支出。

——统编版《中外历史纲要（上）》

[教师提问] 汉朝建立后还采取了哪些措施？
[学生回答] 轻徭薄赋、减轻刑罚、尊奉黄老无为思想。

（二）西汉的强盛与东汉的兴衰

[教师活动] 教师出示材料：

材料六

文帝、景帝在位期间，经济得到了明显恢复，社会稳定，史称"文景之治"。

——统编版《中外历史纲要（上）》

[教师讲述]经过休养生息的西汉,经济上恢复了繁荣景象,那西汉至此就实现了长治久安吗?

[教师活动]教师出示材料:

材料七

西汉初,诸侯王势力强大……公开反抗朝廷派来的官吏,有的还企图谋反。地方上的豪强地主也发展起来,兼并土地,聚敛财富,横行乡里,与官府分庭抗礼。这两股势力导致社会秩序混乱。

——统编版《中国历史·七年级上册》

材料八

当是时(武帝初年),丞相入奏事,坐语移日,所言皆听。荐人或起家至二千石,权移主上。上乃曰:"君除吏(任免官吏)已尽未?吾亦欲除吏。"

——《史记·魏其武安侯列传》

材料九

在汉代,一场战争的花费,就可以达到中央官吏俸禄的几十倍。仅靠农业税无法应付战争开支……尽管经济繁荣,可一旦出现了持续的异常状况,就会立刻出现财政紧张的情况。

——郭建龙《中央帝国的财政密码》

材料十

汉文帝时期,贾谊上书道:今匈奴嫚侮侵掠……为天下患……而汉岁致金絮采缯(银钱与布帛)以奉之……今西边北边之郡,五尺以上不轻得息,斥候望烽燧不得卧,将吏被介胄而睡……可为流涕者此也。

——《汉书·贾谊传》

[教师提问]西汉面临哪些问题?

[学生回答]学生依据材料概括得出——王国势大、豪强横行、相权威胁、财政匮乏、匈奴边患。

[教师活动]教师出示材料:

材料十一

汉武帝采纳主父偃的"推恩"建议,下诏规定诸侯王除以嫡长子继承王位外,可将封地再次分封给其子弟作为侯国,由皇帝制定封号。……汉武帝还建立刺史制度,把全国划分为 13 个州部，每州部派刺史一人，代表朝廷监视州部内的地方官吏、豪强及其子弟，严禁他们为非作歹。

——统编版《中国历史·七年级上册》

材料十二

政治上，颁布"推恩令"，成功削弱了诸侯王的势力；……将全国划分为 13 个州部，分设刺史，负责对辖区内郡级官员及子弟和豪强势力进行巡视监察；任用酷吏治理地方，严厉打击豪强、游侠等社会势力的不法行为。

——统编版《中外历史纲要（上）》

材料十三

偃说上曰："今诸侯子弟或十数……无尺地之封，则仁孝之道不宣。愿陛下令诸侯得推恩分子弟，以地侯之。"

——《汉书·主父偃传》

材料十四

汉武帝接受董仲舒"罢黜百家，独尊儒术"的建议，把儒家学说立为正统思想，使儒家忠君守礼的思想成为大一统政权的精神支柱。

——统编版《中国历史·七年级上册》

[教师提问] 西汉如何解决王国问题？如何推动"推恩令"的实施？用什么措施来推动独尊儒术？

[学生回答] 推恩令、设立刺史、任用酷吏；独尊儒学；察举制。

[教师活动] 教师出示材料：

材料十五

汉文帝时，开始采用由各地推荐人才的方法，但是没有形成固定的制度。汉武帝在位时期，将这种新的选官方法定为制度，这就是"察举制"。察举制是由各郡国每年向朝廷推举有道德、有才能的人，经过考察，授予官职。

——统编版《中国历史·七年级上册》

[教师提问] 汉武帝用什么措施推动独尊儒学？

[学生回答] 察举制。

[教师活动] 教师出示材料：

材料十六

由于政治内容的不同和臣下百官的亲疏有别、职权有异，于是以君主为中心而有"内外朝"之分……"外朝"原是丞相所掌，"内朝"则是君主生活起居的所在……所谓"中外"……不过指宫廷内外而言。

——苏诚鉴《论西汉"中外朝"的形成及其作用》

材料十七

尚书本是仆役之官……其地位最初只是皇帝与丞相间的一个传吏，属于皇帝近侍。

——林剑鸣《秦汉史》

[教师提问] 推动儒学独尊地位的确立需要强大的权力，汉武帝如何加强皇权？

[学生回答] 设立中朝。

[教师讲解] 中朝本指皇帝起居之所，尚书本是内侍，皇帝任用内侍处理政务，本质上是削夺了丞相权力，加强了皇权。

材料十八

均输、平准使国家运用其经济力量，干预乃至经营商业贸易的措施……武帝元狩元年普遍推行均输法，将各地应缴贡物统一折价征收当地土特产品，一部分运往京师，一部分运至价贵地区出售……同时又实施平准法，在京师设平准官，集中管理各地运至中央的货物和官府的其余物资，根据市场价格涨落买进或卖出……

——张帆《中国古代简史》

材料十九

这些措施，使国家的财政状况有了很大改善，为汉武帝许多政策的推行奠定了经济基础。

——统编版《中国历史·七年级上册》

[教师提问] 概括汉武帝政府增收的措施是什么？

[学生回答] 改革币制、盐铁官营、均输平准、征收财税。

[教师提问] 总体来看，汉武帝时期的措施产生了哪些影响？

[学生回答] 巩固和发展了大一统国家。

[教师讲解] 通过以上的学习，我们提取每一则材料的有效信息，同时，我们一步步从史料当中总结出相应的关键史实，形成我们的知识链与整体认识，这是我们高中历史学科"历史解释"核心素养的体现。

[教师活动] 教师出示表1：

表1 第12课与14课相关子目

课题	内容
第12课 汉武帝巩固大一统王朝	北击匈奴 漠北之战
第14课 沟通中外文明的"丝绸之路"	张骞通西域
	丝绸之路
	对西域的管理

——统编版《中国历史·七年级上册》

材料二十

汉武帝任用卫青、霍去病为将，经过三次较大规模的战争，控制了阴山以南和河西走廊的大片区域。西汉在河西走廊设立武威、张掖、酒泉、敦煌四郡。为配合对匈奴的战争，汉武帝派遣张骞两次出使西域，开辟了中西交通道路，大大促进了西域与中原的政治、经济、文化联系。中国的丝织品沿着这条道路传向中亚、西亚、欧洲和北非，这就是著名的"丝绸之路"。公元前60年，西汉在乌垒城设置西域都护府，作为管理西域的军政机构。

——统编版《中外历史纲要（上）》

[教师提问] 汉武帝时期的措施产生了哪些影响？
[学生回答] 开拓领土、设河西四郡、打通丝绸之路、设西域都护府。
[教师提问] 综合来看，汉武帝时期的措施都带来了哪些影响？
[学生回答] 巩固和发展了大一统国家。
[教师活动] 教师出示材料：

材料二十一

对于农民来说，农业税和人头税虽然没有明显增加，但他们所受到的盘剥却十分严重，而商人等富人则在盐铁官营等政策的影响下积累了大量财富，社会的贫富差距大幅度增加。
随着时间的推移，这个阶层到农村收购了大量的土地，成为大地主……

——郭建龙《中央帝国的财政密码》

［教师提问］汉武帝的措施导致了哪些问题？

［学生回答］贫富差距扩大、土地兼并严重。

［教师活动］教师引导学生浏览初高中教材，寻找东汉相关史实，引导学生认识到东汉并未解决汉武帝集权措施带来的问题。

［教师活动］教师出示材料：

材料二十二

商人等富人则在盐铁官营等政策的影响下积累了大量财富，社会的贫富差距大幅度增加。随着时间的推移，这个阶层到农村收购了大量的土地，成为大地主。西汉的豪强大族、东汉的世家大族，以至魏晋的士族问题就是在这时候萌发的。

——郭建龙《中央帝国的财政密码》

［教师讲解］两汉的崩溃，原因是土地兼并、贫富分化导致的不可调和的社会矛盾最终引发的上层建筑崩塌，这就是我们核心素养中的"唯物史观"。

［教师活动］教师出示材料：

材料二十三

至今上（汉武帝）即位数岁……京师之钱累巨万，贯朽而不可校。太仓之粟陈陈相因，充溢露积于外……众庶街巷有马，阡陌之间成群。

——司马迁《史记》

材料二十四

北宋为皇帝提供治国借鉴的《资治通鉴》中评价道：孝武穷奢极欲，繁刑重敛，内侈宫室，外事四夷，信惑神怪，巡游无度，使百姓疲敝，起为盗贼，其所以异于秦始皇者无几矣。

——司马光《资治通鉴·卷二十二》

材料二十五

如武帝之雄才大略，不改文、景之恭俭以济斯民，虽《诗》《书》所称，何有加焉？

——班固《汉书》

［教师提问］上述材料对汉武帝分别做出哪些评价？我们应该如何认识上述史料对汉武帝的评价？为什么？

[学生回答] 学生指出上述材料的评价内容，并结合所学分析上述评价产生的时代背景。

[教师讲解] 同学们已经看出，三则材料因为作者所处的时代不同、意图不同，因此会有不同的评价。我们在历史学习中应该比较、分析不同来源、不同观点的史料，在辨别作者意图的基础上利用史料，这是历史学科"史料实证"核心素养给我们提出的要求。

[教师提问] 综合本课内容探讨，思考汉朝如何形塑了中华文明？

[学生回答] 学生总结本课内容，通过讨论，从政治制度、经济形态与文化奠基等多角度综合分析。

[教师活动] 教师出示总结材料：

虽然，世界史上也出现过一些版图辽阔的统一的封建大国。但是，他们统一的业绩不过是黑暗中的一道闪电，虽说惊人，但十分短暂。

但是，在世界封建社会分裂割据的沙漠中，还有一块辽阔的绿洲，这就是中国封建大国的存在。虽然每隔一段时间就要出现分裂和动乱，但是，统一的中央集权的封建大国始终是中国封建社会的主导形式。中国封建大国以它辽阔的版图、众多的人口、灿烂的文明存在了两千年之久！

——摘编自金观涛、刘青峰《兴盛与危机：论中国社会超稳定结构》

三、课堂小结

总的来看，汉朝在多方面都奠定了中华文明的阶段性基础。我们称字为"汉字"，是因为汉朝奠定了中国的思想文化基础；我们称中国之地为汉地，是因为汉朝奠定了中国的疆域基础；我们将中原男子称为"汉子"，是因为汉朝奠定了中华民族认同之基础。这些为中华文化代代相传打下地基，最终发展为当今伟大的中华文明！

四、教学点评

本课有很多内容在七年级上册教材中是有所讲授的，对于高一学生来说是比较熟悉的，为什么还要在高中再学习一遍呢？是简单重复吗？学生也有此困惑。因此本课设计初衷是将其作为高一起始课，即初高中贯通培养的起始课，教师通过带着学生对比初高中教材，引导学生了解汉武帝大一统措施之间的内在逻辑联系，最后上升到对统一多民族国家发展的意义。本课以"汉"导入，以"中华文明的形成"结束，在这一过程中，学生不仅知道高中历史要学什么，还在教师引导下层层深入思考后，知道这些思考的过程就是高中历史学习需要提升的核心素养，这些都为学生的高中历史学习拉开了序幕。

（点评人：刘童）

盛唐气象
——《中国历史·七年级下册》第 3 课

◇ 吕讴

教学分析

> 教学目标

1. 学生通过图片、唐诗等史料了解唐朝农业工具的进步、农业生产的发展；通过图文、唐诗等史料解读长安城商贸的特点，了解唐朝都市生活的繁华；通过图片、唐诗等史料解读民族交往、交融情况，了解唐朝在民族交往中的地位与影响；通过图片、唐诗感受唐朝社会风气的兼容并包。
2. 通过历史故事的讲述以及延伸材料的鉴赏，引导学生自主分析、概括盛唐气象的表现，表达自己观点。
3. 了解盛唐气象，增强学生对中华文明的认同感；在学习唐朝民族交往与交融的历史过程中，感受各民族之间的友好团结，了解各民族人民共同谱写了中华文明发展的光辉篇章。通过探究盛唐气象的原因，认识到国家和民族崛起需要保持开放的心态，秉持文化自信。

> 重点难点

重点：盛唐气象相关史实——唐朝经济繁荣、在民族交往中的地位与影响、社会风气的兼容并包

难点：盛唐气象产生的原因和启示

一、导入新课

感唐朝之貌——初识唐朝

[教师活动] 根据统编版《中国历史·七年级下册》第 2 课《从"贞观之治"到"开元盛世"》所学，教师展示学生作业写出初识唐朝的关键词。

[教师活动] 教师总结学生作业情况，提出作业存在的问题——关键词的重复度

高，对于唐朝的理解存在"单一化""片面化"等问题。

[教师活动]教师启发学生——对于唐朝的认识，还可以从哪些方面展开？那么今天我们试着选取唐朝生活的四个角度，进入新课的学习。

二、讲授新课

（一）探盛唐之象——唐朝生活

1. 第一幕 田野生活之安居乐业

[教师提问]教师出示图1并提出问题——请同学们描述画中的三组人物都在做什么？

图1 《雨中耕作图》（引自统编版《中国历史·七年级下册》）

[学生回答]左边的人在耕地，右边的人挑着沉甸甸的粮食，下方的三人好像围坐在一起聊天。

[教师提问]引导学生观察画中人物使用的工具，提问唐朝生产工具的功能与优点是什么？

[学生回答]图中是教材第11页"相关史事"中所讲到的曲辕犁，它由11个部件构成，设计精妙，优点是轻便灵巧，操作时可自如地控制入土深浅，回转省力，

适于精耕细作，大大提高了耕作的效率和质量。

［教师活动］教师出示唐诗，结合《雨中耕作图》引导学生归纳唐朝田野生活的特点。

唐诗：

稻米流脂粟米白，公私仓廪俱丰实。——杜甫《忆昔》

兔隐豆苗肥，鸟鸣桑椹熟。——白居易《孟夏思渭村旧居寄舍弟》

开轩面场圃，把酒话桑麻。——孟浩然《过故人庄》

［学生活动］学生观察图像史料、阅读唐诗史料，思考并回答问题。

2. 第二幕 都市生活之车水马龙

［教师活动］教师出示图 2 和唐诗，引导学生归纳长安城布局特点。

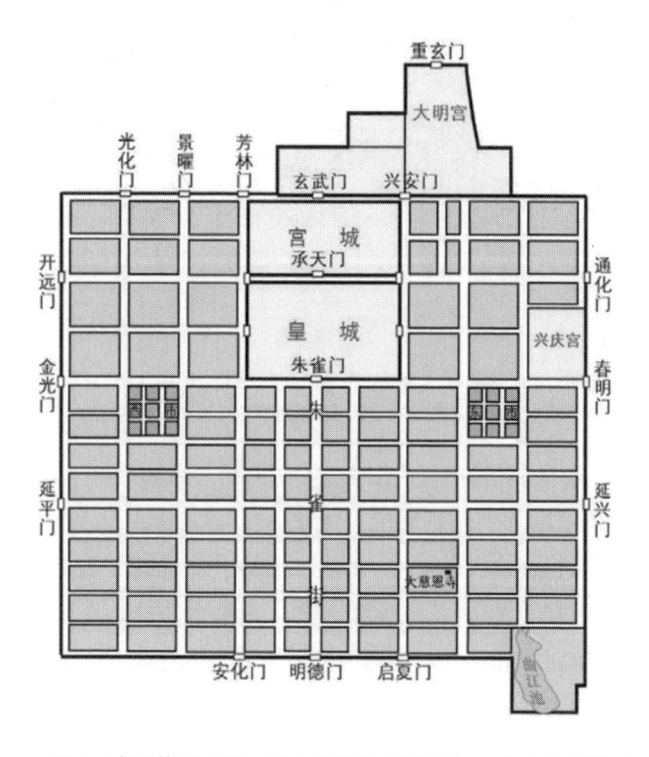

图 2 《长安城平面图》（引自统编版《中国历史·七年级下册》）

唐诗：
百千家似围棋局，十二街如种菜畦。——白居易《登观音台望城》

[学生回答] 规划井然、布局对称、坊市分离。

[教师提问] 教师出示图3，并提出问题——长安城西市考古现场的车辙痕迹，有什么特点？说明了什么现象？

图3《长安城考古现场"车辙"痕迹》（图片来源：大唐西市博物馆官方网站）

[学生回答] 车辙密，说明来往的车辆多；车辙历经千年还如此深，说明来往的货物体量大。

[教师提问] 这样的特点印证了当时长安城商贸景象如何？

[学生回答] 车水马龙，商贸繁荣。

[教师活动] 教师出示材料一、材料二、唐诗，结合图2《长安城平面图》，引导学生并总结学生的回答：车辆来自丝绸之路，人来自西域。在长安城平面图中圈画出"胡姬酒肆"的位置，并进一步讲解长安城国际性大都市的特征。

材料一
是时中国盛强，自安远门（西市西北角宫门），西尽（到达）唐境万二千里。
——司马光《资治通鉴》

材料二

唐代西域各国胡人流寓长安，其居处自不限于一隅，然在城西者甚夥，而贾胡则似多聚于西市。

——向达《唐代长安与西域文明》

唐诗：

落花踏尽游何处，笑入胡姬酒肆中。——李白《少年行》

[教师活动] 教师出示大唐西市博物馆文物图片，讲解西市文物异域风情的特点，启发学生参观博物馆、感悟文物魅力。

[教师活动] 教师再次出示图2，讲解长安城商铺林立、便利百姓的特点。

3. 第三幕 天威朝堂之和待边疆

[教师活动] 教师出示图4并提出问题——《步辇图》讲述的什么历史事件？

图4 《步辇图》（引自统编版《中国历史·七年级下册》）

[学生回答] 唐太宗时，吐蕃赞普松赞干布统一了青藏高原的各个部落，他仰慕中原文化，多次派使者到唐朝求婚。唐太宗同意将文成公主嫁给他，并派专使护送文成公主远行，图中就是吐蕃使者禄东赞来大唐求亲的场景。

[教师活动] 教师引导学生观察图片中禄东赞、唐太宗两位人物形象塑造，补充唐诗，提出问题——唐朝与吐蕃的关系是怎样的？

唐诗：

九天阊阖开宫殿，万国衣冠拜冕旒。——王维《和贾舍人早朝大明宫之作》

［学生回答］禄东赞的表情很紧张、很期盼，而唐太宗气定神闲，颇具威严，可以看出吐蕃对于大唐的尊敬。

［教师活动］出示唐诗、教材内容并提出问题——文成公主入藏后，吐蕃的社会和经济有了很大的发展，这是什么原因？

教材内容：

641年，文成公主入藏时，带去了蔬菜种子、茶叶、丝绸、工艺品以及佛经、医药、历法、科学技术等方面的书籍。松赞干布为了更好地学习中原文化，派遣贵族子弟到长安学习，还请求唐朝给予蚕种，派遣掌握各种专业技能的工匠。

——统编版《中国历史·七年级下册》

唐诗：

蕃人旧日不耕犁，相学如今种禾黍。——王建《凉州行》

［学生回答］唐朝将先进的文化和技术传到吐蕃，吐蕃也派遣使者来学习，民族之间的交往很深。

［教师活动］教师出示唐朝与周边少数民族形势图和教材内容，引导学生归纳唐朝如何处理与周边少数民族关系。

教材内容：

唐太宗实行开明的民族政策，得到周边各族的拥戴……尊奉唐太宗为各族的"天可汗"，意即各族共同的君主。

唐朝时期，汉族和一些北方少数民族杂居、通婚，民族之间的交融进一步发展。在朝廷中，有很多重要的官职由少数民族人士担任。东北、西北、西南等地区一些少数民族建立的政权与唐王朝关系密切，如唐玄宗封渤海国首领为渤海郡王，封回纥首领为怀仁可汗，封南诏首领为云南王。唐朝还先后设置安西都护府和北庭都护府，管辖西域的天山南北地区。

——统编版《中国历史·七年级下册》

［学生回答］唐朝对于吐蕃采取和亲的方式；对于突厥，先是双方交战，之后还是设置了都护府想要维持长治久安，而对于回纥、南诏、靺鞨，唐朝都采取了册封的方式，这些不难看出唐朝是本着"和平"原则处理与少数民族的关系的。

4. 第四幕 社会生活之包罗万象

［教师活动］教师出示图5，讲解画作创作背景和内容，提出问题——虢国夫人女扮男装又骑马出游的行为，体现了怎样的社会风气？

［学生回答］开放的社会风气。

图5 《虢国夫人游春图——大唐丽人的生命瞬间》（出自董小峰《虢国夫人游春图——大唐丽人的生命瞬间》）

［教师提问］教师引导学生观察画作中人物的服饰、动作，结合唐诗，提出问题——开放的社会风气还有哪些体现？

唐诗：

女为胡妇学胡妆，伎进胡音务胡乐。——元稹《和李校书新题乐府十二首·法曲》

辇前才人带弓箭，白马嚼啮黄金勒。——杜甫《哀江头》

自教宫娥学打球，玉鞍初跨柳腰柔。——花蕊夫人《宫词》

［学生回答］唐朝人的服饰、出行、妆容、艺术形式等方面都受到西北少数民族的影响，尚武的风气盛行。

（二）寻盛唐之因——何以为盛

［教师活动］教师给学生分组并提出探究要求：（1）结合材料三、材料四，分析盛唐气象的原因；（2）结合三则材料，谈谈盛唐气象带给我们的启示；（3）要求：圈画材料的

重点词句、总结归纳。

[教师提问] 结合材料三归纳盛唐气象的原因。

材料三
唐太宗提出："凡事皆须务本。国以人为本，人以衣食为本，若禾黍不登，则兆庶非国家所有"，由此"去奢省费，轻徭薄赋，选用廉吏，使民衣食有余"，即位第一年就派温彦博、魏征等大臣前往各州视察农业生产，吴兢评价当时社会的情况是"商旅野次，无复盗贼，囹圄常空，马牛布野，外户不闭"。

——吴宗国《说不尽的盛唐：隋唐史二十讲》

[学生回答] 政治清明、经济发展、社会安定。
[教师提问] 历史上很多朝代都会出现政治清明、经济发展、社会安定，为什么唐朝的气质更为磅礴大气和海纳百川？结合材料四归纳盛唐气象的原因。

材料四
唐太宗对华夷观念提出新的认识："自古皆贵中华，贱夷狄，朕独爱之如一……朕所以成今日之功也。"唐朝继承了自魏晋南北朝以来的民族大融合，注重与周边民族的交流和交往，统辖区内外杂居着众多民族，对少数民族及其政权采取团结、德化、和亲、怀柔等政策。

——宁欣《唐史识见录》

[学生回答] 政策开明、民族和睦。
[教师提问] 结合材料三、材料四谈启示，要注意材料是站在谁的角度进行的评价。
[学生回答] 从统治者的角度，要重视民生、励精图治、和待边疆、胸怀博大等。
[教师提问] 结合材料五谈启示，这则材料又是站在谁的角度进行的评价？

材料五
它有着一种令现代人感到心气相通的气质，它开放包容，恣意张扬，不压抑人的个性。就连在中国历史上屡受欺压的女性，也能找到自己发挥的舞台……他们有着超强的文化自信，对外来事物有一种"拿来主义"的精神，有一种舍我其谁的气魄，所以他们的文化海纳百川，包罗万象……

——于赓哲《盛唐到底盛在哪儿》

[学生回答]从百姓和个体出发，应该开放包容、彰显个性、秉持文化自信、以我为主为我所用等。

三、课堂小结

通过本堂课的学习，学生不仅更为全面地从四个角度了解了唐朝生活，掌握了盛唐气象经济、民族关系和社会风气方面的史实，自主探究并理解了盛唐气象的成因与启示。再次回顾学生作业后，给予学生分层作业的进一步指导：所有同学（A层+B层）要重新修改自己的"唐朝关键词"，试着多角度定义唐朝，每个角度给出一个关键词。A层同学：本节课所用到的唐诗、唐朝的绘画等艺术形式的作品是盛唐气象的精神外延，请查找相关资料，结合资料，对本课第四目"多彩的文学艺术"进行预习。

四、教学点评

本节课教学设计以盛唐气象为主题，通过对盛唐的经济、民族关系和社会风气等方面的分析，展现了唐朝的繁荣昌盛和独特魅力。

教学内容方面，教师从四个角度介绍了唐朝生活，学生掌握了盛唐气象经济、民族关系和社会风气方面的史实，对唐朝的繁荣有了清晰的认识和更深刻的理解。

教学方法方面，教师采用了多种教学手段，如讲授、丰富生动的图片展示、视频播放等，课堂教学生动有趣，学生直观地感受到了唐朝的独特魅力。此外，教师还通过提问、小组探究等方式引导学生积极参与课堂，激发了学生的学习兴趣。

综上所述，教学设计以盛唐气象为主题，全面展现了唐朝的繁荣昌盛和独特魅力。教师通过丰富的内容和多样的教学方法，使学生了解盛唐气象，增强学生对中华文明的认同感。

（点评人：李雪）

唐朝的中外文化交流——以遣唐使为例
——《中国历史·七年级下册》第4课

◇ 梁啸天

教学分析

> 教学目标

1. 从图文史料中获取有效信息，培养史料实证意识和时空观念。结合日本发展状况明确遣唐使入唐的目的和必要性。尝试理解古代国家间文化交流形成的背景。
2. 根据图片材料，全面了解唐文化对日本社会的深远影响。
3. 通过分析史料，理解唐朝中日乃至中外文化交流频繁的原因，建立史实之间的因果关系，从而形成合理的历史解释。从中外文化交流方面认识隋唐王朝在世界历史上的重要地位，涵养家国情怀。

> 重点难点

重点：理解遣唐使入唐的目的和必要性

难点：了解唐文化对日本社会的全面影响

一、导入新课

教师出示实物史料"井真成墓志"及解说文字，介绍墓志所载墓主人的关键信息"国号日本""葬于长安"等，请学生观察史料并思考，进而根据史料内容提出可能的疑问，让学生直观感受实物史料价值，激发兴趣。

二、讲授新课

（一）一船明月一帆风——遣使入唐

1. 遣唐使的概念

[教师活动] 解释遣唐使的概念。

2. 遣唐使团的特点

[教师活动] 教师出示材料一和材料二，设置问题链，从材料一中归纳出——遣唐使团具有什么特点？什么样的人才能够出任遣唐使？由此可以看出日本朝廷对遣使入唐一事持何态度？

材料一

表1 遣唐使出使唐朝概况

序次	往还时间	船舶数	使团人数	随行人员
第9次	717年3月—718年10月	4	557人	大使、副使、判官等
				留学生（僧）：阿倍仲麻吕、吉备真备、玄昉、大和长冈等
第11次	752年3月—753年12月	4	500人	大使、副使、判官等
				唐朝僧人鉴真及其弟子四人等
第17次	804年7月—806年3月	4	805人	大使、副使、判官等
				留学生（僧）：空海等

（注：表格根据《日中文化交流史》《唐代文化》整理。）

材料二

出任遣唐使的官员都是在日本选拔出来的优秀人才，要求仪表清俊，通晓经史，知礼能言，擅长文墨。

——韩昇《遣唐使和学问僧》

[学生活动] 阅读材料回答，遣唐使团特点是人数多、规模大；只有高素质人才才能够出任遣唐使，他们不仅才德兼备，而且相貌出众；日本朝廷非常重视派遣唐使入唐。

[教师讲述]通过材料一表格的第一列可以看到，日本向唐朝派遣遣唐使团的次数非常多，由此可以归纳出遣唐使团的第一个特点就是"次数多"。实际上，目前确能查明，日本曾多达19次向唐朝派出遣唐使团。通过"船舶数"和"使团人数"两列信息，可以归纳出遣唐使团还具有"人数多""规模大"的特点。此外，材料一列出的三次使团均分乘四艘船舶赴唐，所以有的日本古籍用"四舶"一词来代称遣唐使。遣唐使团中的人员可以分为两大类，除了大使、副使这样的正式使节，随行的还有留学生或留学僧。一般而言，在船舶靠岸，获得唐朝批文后，正式外交使节会进京朝见皇帝，而留学生和留学僧则进入指定的学校和寺院拜师学习。通过材料二能够看到，只有日本国内的优秀人才才能够被选中出任遣唐使，他们不仅要学识渊博，而且作为外交人员还需要相貌出众。据此可以判断，日本朝廷对于"遣使入唐"一事十分重视。

3. 遣唐使入唐的路线及方式

[教师讲述]如此大规模的遣唐使团，是通过什么方式才能够从日本来到唐朝呢？我们如今往返于中国和日本之间非常便利，但在当时的交通条件下遣唐使团主要通过两条海上路线来到唐朝。最初，遣唐使团走的是"北路"，从日本出发向北航行，沿着朝鲜半岛的海岸线行驶，抵达中国。但由于日本和朝鲜半岛上国家关系的恶化，北路受阻，遣唐使们便选择"南路"。他们从日本出发，穿越东海，抵达中国长江下游的港口。但是由于要穿越茫茫的东海，南路航线并不十分理想。

[学生活动]聆听老师讲述，结合所学地理知识，了解遣唐使入唐的路线及方式。

[教师活动]教师出示图1，引导学生思考并描述图1所展现的场景。

[学生活动]学生观察、思考并尝试描述图1所展现的场景，即一艘船在乌云密布、波涛汹涌的海面上航行。

[教师讲述]这幅时人描绘遣唐使船舶的画作反映出，在当时的技术条件下，海上航行是一件十分危险的事情。据日本学者研究，遣唐使的船队中每四艘就有一艘遇难。既然如此，日本朝廷为何会如此大规模、多批次地派遣高素质人才

图1 《弘法大师行状绘词》（局部）（引自统编版《中国历史·七年级下册》）

冒着如此大的风险入唐呢？

4. 遣唐使入唐的目的

[教师活动] 教师出示材料，引导学生获取关键信息并思考系列问题。材料反映出当时的日本面临什么问题？应如何解决？为何要向中国学习？在当时日本人的眼中，大唐是个怎样的国家？

材料三

国造（地方豪族）的背叛行为，从经常把应献给天皇的贡纳据为己有，竟发展成大规模的背叛……伴造（中央的贵族）的势力也与日俱增……大臣苏我氏专权，最后终于发展到弑杀天皇的地步。

——坂本太郎《日本史概说》

材料四

这种君权和国家的样板，在东亚惟有中国才存在，因此必须向中国学习。

——堀敏一《隋唐帝国与东亚》

材料五

曾到过中国的日本人赞颂："大唐国者，法式备定之珍国也，常须达。"

——《日本书纪》

[学生活动] 学生根据材料归纳当时日本社会面临的问题并思考可能的解决方法。学生回忆有关唐朝的知识，结合所学浅谈中国何以成为日本学习的样板。

[教师讲述] 当时日本的地方豪族不仅把贡纳据为己有，甚至出现了叛乱行为。中央贵族的势力也在逐渐强大，甚至会弑杀天皇。我们可以将上述史实总结为，日本天皇权威衰落，社会动荡。为了改变这样的局面，日本的统治者决定借鉴其他国家的统治方式。通过之前的课程，大家已经从政治、经济、文化、社会风气等多个方面较为全面地了解了唐朝的情况。当时的日本人同样也认识到唐朝拥有非常先进、完备的法律和制度，因此决定向中国学习。

5. 日本在学习唐朝政治制度方面取得的成果

[教师讲述] 天皇依靠许多从中国留学的归国人士，仿照唐朝的制度进行了大刀阔斧的改革。首先，天皇下诏将贵族所拥有的一切土地和人民收归国家，并效仿唐朝编订户籍，建立税收制度。为了加强对地方的控制，日本仿照唐朝的制度在地方上设国、郡、里三级，国的长官叫作国司，由中央天皇来任命。在中央仿照唐朝的

三省六部制，设立二官八省。这样一来，贵族逐渐成为天皇的官僚。通过对唐朝政治制度的模仿，天皇的权威得到加强，日本社会也逐渐稳定下来。

[学生活动] 学生结合老师讲述了解日本效仿唐朝建立的政治制度，在学案上落实知识点。

（二）唐风洋溢奈良城——文化东渐
1. 平城京模仿长安城规制

[教师活动] 教师出示图2和图3，引导学生观察、对比平城京和长安城在城市规制上的相似之处。

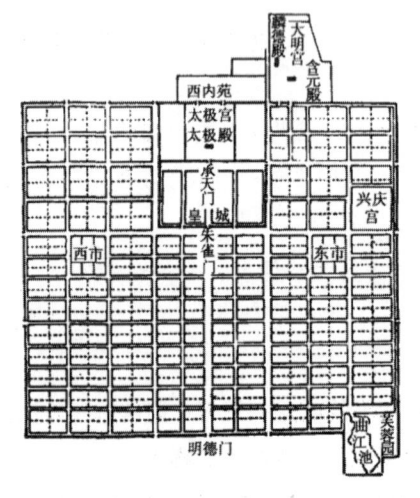

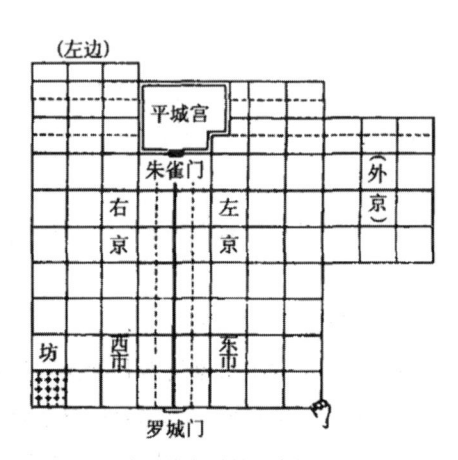

图2 唐长安城布局　　　　　图3 日本平城京形制、布局平面图

（图片来源：王仲殊：《试论唐长安城大明宫麟德殿对日本平城京、平安京宫殿设计的影响》，《考古》2001年第2期。）

[学生活动] 学生结合所学归纳长安城和平城京的相似之处，包括布局严整对称、坊市分开等。

[教师讲述] 通过对平面图的比较，我们能够看到两座城市在规制上的相似之处，即城市布局严整。两座城市都是以其中轴线对称展开，且中轴线都以"朱雀"命名；宫殿集中位于城市北部；都有称为"坊"的居民区和称为"市"的商业区；居民区和商业区是分开的。

2. 唐朝建筑风格、技术对日本的影响——以唐招提寺为例

[教师活动] 教师出示唐招提寺照片，引导学生从中找到唐招提寺的哪些设计借鉴了中国古代建筑风格。

[学生活动] 学生观察唐招提寺照片，结合已有知识思考并尝试回答，这座寺院在屋顶、屋檐、斗拱和房梁等结构的设计上模仿了中国传统建筑工艺。

[教师讲述] 唐招提寺在整体外观上非常引人注意的是它的屋顶以及巨大的屋檐。它所采用的屋顶样式是中国传统的庑殿式。这种屋顶上有一条正脊和四条垂脊，因此也被称为五脊殿。在中国古代只有最尊贵、重要的建筑才可以使用这种屋顶形制。作为佛教寺院，唐招提寺使用了这种具有唐代风格的屋顶设计。在正脊的两端设置有叫作鸱尾的装饰物，它描绘的是一种能吐水的神兽。中国古代人在怕火的木质房屋上面安装鸱尾，祈求下雨防火，这也是唐代建筑的重要特点之一。屋檐下面的木质结构叫作斗拱，也是中国传统建筑特有的构件。唐代的斗拱实用性很强，起着重要的承重作用，所以唐代的斗拱一般比较大。我们可以看到唐招提寺的斗拱便具有较强的唐代风格。在唐招提寺的内部我们可以看到具有一定弧度的房梁——月梁以及小方格天花。以上的这些设计和构造充分说明，唐招提寺在建筑风格上是仿唐式的。

3. 唐文化对日本社会全方位的影响

[教师活动] 教师介绍日本仿照唐朝钱币铸造"和同开珎"、以汉字为基础创制"假名"。播放相关视频材料，教师引导学生根据视频材料总结归纳唐文化在日本的传播。

[学生活动] 学生观看视频并做简要的记录。学生发现遣唐使还把经书典籍、书画艺术等重要唐文化载体传回了日本。

[教师讲述] 日本还仿照唐朝的开元通宝，制作了圆形方孔钱，称作"和同开珎"。传说吉备真备和空海等人根据汉字的楷书以及草书创造了日文的假名。从视频中我们看到，遣唐使和留学生们还将儒家经典、唐朝的书画艺术品、瓷器、乐器等事物带回了日本。总而言之，唐朝文化深刻地影响了日本的政治思想、文学艺术和生活方式。

4. 唐文化对日本人精神面貌的影响

[教师活动] 教师出示材料六，结合材料讲述，当时的日本人沐浴在唐文化之中，整个社会也呈现出积极向上的风气。

材料六

习染中国之风俗，戴唐式冠，穿唐式衣服，吟唐诗，说唐话，意气扬扬，百事皆慕恋唐式。

——田口卯吉《日本开化小史》

[学生活动] 学生阅读材料，结合老师讲述理解唐文化对当时日本人精神面貌的影响，思考文化对个人乃至社会发展起到的重要作用。

（三）远迈传灯照海东——声威远播

1. 唐朝中日文化交流频繁的原因

[教师活动] 教师出示材料七至材料九，组织学生分组讨论，探究每组材料分别反映的中日文化交流频繁的原因。

材料七

唐朝廷每年由国库拨粮一万三千斛，充作（对外国使节的）招待费用。

——《唐会要·卷六十六》

（给入唐学问僧）每年赐绢二十五匹，四季给时服。

——《新唐书·日本传》

遣唐使通关之后，唐朝发给判官以下直至水手每人绢五匹，作为从口岸到长安的旅费。

——韩昇《遣唐使和学问僧》

材料八

唐朝皇帝会亲切地同遣唐大使对话，询问日本的情况，问候日本国王。

天子（唐高宗）相见闻讯之："日本天皇平安以不？"

使人谨答："天地合德，自得平安。"

天子问曰："执事卿等好在以不？"

使人谨答："天皇怜重，亦得好在。"

天子问曰："国内平不？"

使人谨答："治称天地，万民无事。"

天子问曰："其国有五谷？"

使人谨答："无之，食肉存活。"

天子问曰："国有屋舍？"

使人谨答："无之，深山之中，止住树木。"

——《日本书纪》

唐玄宗甚至更改惯例，选著名儒生教授日本使者，没有因国家强盛而表现傲慢。

——《新唐书·东夷传》

材料九

对于日本的留学生,唐朝会根据他们的志愿,分别安排在长安各大学府就学。高等学府开设的经学、文学、律、书、算等各科,都有日本留学生研读。

——韩昇《遣唐使和学问僧》

贞观年间,唐太宗大阐文教,数次幸临国子监,释奠讲论,并增盖学舍1200余间。于是周边国家如新罗、日本等纷纷派遣子弟入学。

——李国钧等编《中国教育制度通史》

[学生活动] 学生自主阅读三组史料,把握材料主要内容;分组讨论,提炼、概括每一组材料的主旨;汇报小组讨论结果,回答出材料七涉及经济层面、材料八涉及政策层面、材料九涉及文教层面的主旨。

[教师活动] 教师总结学生讨论结果,阐释唐朝时中日文化交流频繁的原因。

[教师讲述] 唐朝经济繁荣,能够负担外国使节来华费用;唐朝政策开放,统治者胸怀博大;唐朝文教昌盛,教育体系完备。以上要素都为遣唐使顺利入唐并将唐朝的文化传回日本奠定了重要基础。由此可见,唐朝政治清明、经济繁荣、对外开放和统治者的博大胸怀是唐朝中日乃至中外文化交流频繁的重要原因。

2."东亚文化圈"内涵

[教师活动] 教师出示材料,引导学生思考,中国为什么会受到东亚诸国的尊敬。

材料十

通过文化,唐朝成功地建立了东亚世界的内在规定性,成为各国间坚韧的内在联系纽带,并同其他文明清晰地区隔开来,自成体系。在东亚文化圈内部,赤裸裸的武力征服受到谴责,国家之间的竞争必须通过制度文化来表现,惟有如此,才能获得其他国家的尊敬。由此可以明白为什么唐朝建立起来的中国中心地位,能够维持一千多年。

——韩昇《东亚世界形成史论》

[学生活动] 通过阅读材料和思考,学生认识到中国凭借优秀的制度和文化受到东亚诸国的尊敬,从而在东亚文化圈中处于中心地位。

[教师讲述] 唐朝文化能够传播到东亚各国,一方面是因为唐朝的制度、文化自身具有强大吸引力,另一方面是由于唐朝社会各方面的发展为中日文化交流奠定重要基础。中华文化在东亚等地区辐射和传播,为周边的国家提供了政治、经济、思想

文化等方面学习和效仿的样本，从而形成了以中华文化为核心的"东亚文化圈"。

三、课堂小结

通过本节课的学习，学生依据史料分析得出了遣唐使入唐的目的及必要性，进而较为全面地了解了唐文化对日本社会产生的影响。唐文化的远播与其自身的吸引力以及唐朝强大的国力是分不开的，繁盛的唐朝在东亚乃至世界发展史上居于重要地位。中华文化在人类的历史进程中曾发挥过先导、楷模的作用。

四、教学点评

本节课教学设计以唐朝中外文化交流为主题，以遣唐使为具体案例进行深入剖析，内容丰富、层次清晰，充分体现了历史学科的特色与魅力。

教学内容方面，教师准确地把握了唐朝中外文化交流的历史背景和特点，选择遣唐使这一具体案例，生动地展示了唐朝与周边国家及地区的友好交往和文化互鉴。教师不仅介绍了遣唐使的派遣背景、目的和过程，还深入分析了遣唐使在文化交流中的重要作用和影响，使学生对唐朝的开放政策和文化交流有了更深刻的认识。

教学方法方面，教师采用了多种教学手段，如讲解、图片展示、视频播放等，使课堂教学生动有趣。特别是在讲解遣唐使的派遣过程和文化交流成果时，教师运用了大量的图片和文献，学生感受到了当时的历史场景和文化氛围。此外，教师还通过提问、史料研读、小组探究等方式引导学生积极参与课堂，激发了学生的学习兴趣和思考能力。

综上所述，本节课教学设计以遣唐使为例，生动展现了唐朝中外文化交流的历史画卷。教师选择了丰富的教学内容和多样的教学方法，引导学生深刻认识到了唐朝开放政策和文化交流的重要性。

（点评人：李雪）

解读图片中的历史——繁荣与开放的唐朝
——九年级 复习课

◇ 刘爽

教学分析

> 教学目标

1. 从唯物史观出发，回顾唐朝经济繁荣、开放的社会风气、民族交往和对外交往，结合史实，提高从图片等材料中获取历史信息进行阐述和说明的能力。
2. 运用古诗、图片、文字材料、视频资料等多种形式的材料创设情境，引导学生从布局图中感知盛唐经济的繁荣，学习从多种形式的历史材料中获取历史信息，理解分析唐朝繁荣与开放的社会气象，掌握论从史出的能力。
3. 通过盛唐气象以及对外交流，感受唐朝开放包容、昂扬进取的时代精神，提升民族自尊心、自信心和自豪感，加强对中华民族的认同感。

> 重点难点

重点：盛唐经济繁荣的表现
难点：感受唐朝包容开放、昂扬向上的时代风貌

一、导入新课

播放《唐宫夜宴》视频，导入本课。

二、讲授新课

（一）盛唐的经济发展

1. 世界性大都会——长安城

[教师讲述] 根据所学，长安城是一座国际性大都会。首先请同学根据历史书上《唐

朝长安城平面图》，描述长安城的布局特点。

［教师活动］教师出示图片：

材料一
《唐朝长安城平面图》

［学生活动］学生描述长安城的布局特点。
［教师讲述］在描述图片信息时，我们要注意一定的方位顺序，比如东西南北，或者先整体后局部的顺序。
［学生活动］学生根据教师引导回答问题长安城布局特点：布局严谨，以朱雀大街为中轴线，把长安城分为东西对称的两部分。城内正中自北向南依次分布宫城、皇城和郭城三个建筑群。
［教师提问］无论长安城中的是宫城、皇城又或者是丹凤门外的大明宫，都可以看出规模宏大、气势磅礴的特点。如果将明清时期的北京城与唐长安城进行对比，二者有什么共同点？
［教师活动］教师出示图片：

材料二
《明朝北京城平面图》

［学生活动］学生描述共同点：都有中轴线，并且沿中轴线对称分布。
［教师提问］无论是长安城中的宫城、皇城，还是北京城中的皇城紫禁城，都位于中轴线上。中国古代建筑群的布局体现了哪些传统思想？
［学生活动］从古代建筑布局中可以看出一脉相承的传统思想——中央集权，中正，大一统，中心，皇权至上。
［教师提问］观察《长安平面图》，结合材料思考长安城的商业有哪些特点？
［教师活动］教师出示材料：

材料三
日午击鼓三百声，而众以会。日入前七刻，击钲三百声，而众以散。

——《唐六典》

[学生活动] 学生观察思考并回答：长安城市坊分离，营业时间有限。

[教师讲述] 长安城居民时而去东市，时而去西市，于是出现了"买东西"一词。这节课我们也去长安城中的商业区逛逛。

2. 商业

[教师讲述] 请大家以小组为单位进行讨论，观察东西市的图片史料，概括唐代长安城的商业区特点。

[教师活动] 教师出示图片：

材料四
《唐长安城商业布局图》

[学生活动] 学生寻找图中信息。

[教师讲述] 特点类题目在进行概括的时候，同学们可以先针对材料中所给的信息分析共同点和不同点，然后总结概括成特点。

[学生活动] 小组讨论分析得出东西市的共同点：（1）商品种类丰富，涉及衣、食、住、行等多个方面，商业非常繁荣，同类产品一般集中分布。（2）少数民族和其他国家商人，聚集商业区，国际化。（3）东西市的中心区域都设有常平仓、市署和平准署。这些机构用来存储粮食、管控市场内物价。

[教师讲述] 唐朝时期商业如此繁荣，以后的历朝历代是否也是如此呢？请同学们结合材料，分析与唐代长安城商业区相比，北宋东京城商业区有何不同之处？

[教师活动] 教师出示图片：

材料五 《北宋东京城商业布局图》和《唐长安城商业布局图》

[学生回答] 相较于唐朝，宋朝市坊界限被打破，商业区广泛分布在城市聚集区，时空界限也被打破，宋代还出现了夜市，市民文化生活非常丰富，出现了瓦肆，政府放松了对商业的直接监管。

[教师讲述] 唐宋时期，城市不断发展，商业贸易繁荣发展。

3. 农业

[教师讲述] 韩愈曾经有首诗《出门》，描述长安城的情况。我们可以从中提取哪些有效信息？

［教师活动］教师出示古诗：

材料六
长安百万家，出门无所之。——韩愈《出门》

［学生回答］因为长安人口众多，所以出门都不知道要去哪里。

［教师讲述］那么人口众多的长安城，是什么支撑着百万家的长安城得以运转呢？我们来一起看看唐朝的农业发展如何。

［教师活动］教师出示古诗和图片：

材料七
《曲辕犁》图片、《筒车示意图》
接缕垂芳饵，连筒灌小园。——杜甫《春水》

［学生回答］出现了曲辕犁和筒车用于农业生产，可以看出农业技术的进步、新的生产工具出现，推动农业的发展，从而促进经济的发展。

4. 手工业

［教师讲述］不仅仅是农业生产技术的进步，在《唐宫夜宴》的舞蹈中，同学应该也观察到了，舞台设计中出现的骆驼文物，还有这些舞者身上的衣服颜色，其实都在向观众展现唐朝时期著名的唐三彩。

［教师活动］教师出示图片：

材料八
《唐三彩骑驼乐舞俑》《陕西扶风法门寺地宫出土的秘色瓷》

［学生活动］学生阅读欣赏，感受唐朝手工业的繁荣。

［教师讲述］唐朝时期的手工业也出现了繁荣的局面，丝织工艺中的蜀锦、陶瓷器中的秘色瓷、唐三彩皆是精品。农业和手工业的发展促进了商业的繁荣，同时促进了唐朝经济的发展。

（二）盛唐的民族交融

1. 文成公主入藏

［教师讲述］唐朝经济的繁荣发展，对周边的少数民族充满了魅力。《唐宫夜宴》舞蹈当中，这些女子手里拿着的都是什么？有笛（汉族）、钹（西亚）、琵琶（东亚）、箫（汉族）、排箫（西周）、竖箜篌（kōnghóu）（波斯）、达甫鼓（新疆）。

这些乐器中只有笛、箫和排箫是中原乐器，其他的大部分来自西域。少数民族向往唐朝，不仅仅带来了乐器、异域商品，还带来了一门婚事。

［教师活动］教师出示图片：

材料九
唐朝阎立本《步辇图》

［学生活动］学生观察图片。

［教师讲述］唐太宗由众仕女簇拥在中间，右边三人中第一个和第三个穿的衣服是相同的款式，这两个人是唐朝的典礼官和翻译官，而中间的这位穿着异域风情服饰、长相奇特的使者是禄东赞。这场婚姻给双方带来了哪些影响呢？

［教师活动］教师出示材料：

材料十
文成公主入藏时，带去了蔬菜种子、茶叶、丝绸、工艺品以及佛经、医药、历法、科学技术等方面的书籍。松赞干布为了更好地学习中原文化，派遣贵族子弟到长安学习，还请求唐朝给予蚕种，派遣掌握各种专业技能的工匠。

——统编版《中国历史·七年级下册》

［学生回答］文成公主在入藏之后带去了中原先进的生产工具和各种各样的技术，松赞干布为了学习还派遣人来长安。这说明先进的中原文化推动吐蕃地区经济和社会的发展。

［教师活动］教师出示古诗：

材料十一
自从贵主和亲后，一半胡风似汉家。——陈陶《陇西行四首·其四》

[学生活动]学生理解古诗大意和民族交融的原因：自从文成公主入藏后，少数民族的风俗习惯和汉族的逐渐相同，出现了民族交融。

2. 唐朝的民族政策

[教师讲述]其实同一时期唐朝与少数民族的交往形式并不局限于和亲，在开明的民族政策下，还有哪些民族交融的形式呢？

[教师活动]教师出示材料：

材料十二

唐太宗实行开明的民族政策，得到周边各族的拥戴，当时北方和西北地区的各族首领尊奉唐太宗为各族的"天可汗"，意即各族共同的君主。

唐朝时期，汉族和一些北方少数民族杂居、通婚，民族之间的交融进一步发展。在朝廷中，有很多重要的官职由少数民族人士担任。东北、西北、西南等地区一些少数民族建立的政权与唐王朝关系密切，如唐玄宗封渤海国首领为渤海郡王，封回纥首领为怀仁可汗，封南诏首领为云南王。唐朝还先后设置安西都护府和北庭都护府，管辖西域的天山南北地区。

——统编版《中国历史·七年级下册》

[学生回答]民族交融的形式包括任职、册封、设置机构管理等。

[教师讲述]在政策的鼓励下，少数民族受吸引来到了唐朝，出现了广泛的民族交融，但这种吸引并不仅仅局限在盛唐的民族交往方面，同样受到吸引的还有外国使者。

（三）盛唐的对外交流

唐朝的对外政策与表现

[教师讲述]《唐宫夜宴》舞蹈中，女子们手持的乐器还有一些是舶来品，出自远方。在当时，许多远方的国家纷纷来到唐朝交流或学习。

[教师活动]教师出示材料：

材料十三

出示《唐宫夜宴》舞蹈宣传图，标注出乐器信息：笛（汉族）、钹（西亚）、琵琶（东亚）、箫（汉族）、排箫（西周）、竖箜篌（kōnghóu）（波斯）、达甫鼓（新疆）。

[学生活动] 学生发现有部分乐器来自海外。

[教师讲述] 下面我们来一起看看盛唐的对外交流。以下三幅图片中，咱们可以提取到什么有效信息？

[教师活动] 教师出示图片：

材料十四
《日本奈良唐招提寺内的鉴真像》《玄奘西行求法（邮票）》《客使图》

——陕西历史博物馆官网

[学生回答] 信息包括：1.《客使图》中看出唐代有专门接待少数民族和外国使节的机构和鸿胪寺官员，有来自大秦、日本或高句丽的使节。这些使节态度恭敬，前往唐朝学习、交流。2.鉴真东渡前往日本传播文化，玄奘西行前往天竺求取佛经。

[教师讲述] 因为当时唐朝无论是政治制度、经济发展还是文学艺术都领先于世界，在开放的外交政策鼓励下，其他国家的使节都接踵而来。唐朝的对外交往从来都不是单向性的，同时期还有许多人前往海外进行交流学习。唐朝时期的对外交流是双向性的交流。

（四）盛唐的社会风气

唐诗

[教师讲述] 正是在开放包容的政治制度之下、多元文化的碰撞与渗透之下，形成了唐朝时期这种兼容并蓄、平等开放的社会风气。大诗人李白在政治上被排挤出京后，在与好友喝酒时作《将进酒·君不见》，表达出李白渴望建功立业，在盛世中成就自己的一番事业的想法。为什么李白能够有这样的感情？

[教师活动] 教师出示古诗：

材料十五
人生得意须尽欢，莫使金樽空对月。天生我材必有用，千金散尽还复来。

——李白《将进酒·君不见》

[学生回答] 李白非常自信，相信自己是有才华的人。从李白身上也能够反映出唐朝时期，人们身上所具有的昂扬进取、积极向上的精气神。

（五）参与和创新

活动策划

[教师提问] 教师出示问题：2025年的春节联欢晚会早已结束，在学习完本课后如果你有幸亲临明年的春节联欢晚会节目编排现场，请问你想添加哪些唐元素进去呢？你想要加入这些元素的原则是什么？

[学生活动] 根据自身了解，展现自己的想法。比如：1.唐朝舞台选秀节目，诗人李白"仰天大笑出门去，我辈岂是蓬蒿人"，杜甫"安得广厦千万间，大庇天下寒士俱欢颜"，王维"劝君更尽一杯酒，西出阳关无故人"。2.唐诗吟唱与舞台剧结合，表现万国来朝的场景，少数民族异域舞台和唐装妆容，展示胡旋舞、打马球等。

[教师讲述] 无论添加什么样的唐元素进去，我们都需要注重两个原则：注重历史性和艺术性结合以及可实践性。

三、课堂小结

远见卓识的政策鼓励，先进繁荣的经济发展，开明广泛的民族交往，开放包容的对外政策，兼容并蓄、昂扬进取的社会风气，使大唐王朝呈现了与众不同的盛唐气象。这一切都构成了本课所学习的主题"唐朝：繁荣与开放的时代"。无怪乎，唐朝人自信，唐朝的舞蹈让人感受到自信。我们要以唐朝的繁荣与开放为激励，传承和弘扬中华优秀传统文化，坚定文化自信，在新时代的征程中，书写属于我们的辉煌篇章，让中华文化在世界的舞台上绽放更加绚烂的光彩。

四、教学点评

本课教学设计符合教学内容实际，以学生核心素养的培育为出发点和落脚点，注重学科知识的整合发展，关注学科核心概念。

本课作为唐朝的一节专题复习课，教师从"统一多民族国家的繁盛"这一单元大概念着手，将"唐朝的繁荣与开放"作为大概念。教师通过分析教材和凝练本课大概念后，将教材内容重新进行了整合，以"唐朝的繁荣与开放"为主线，重点讲述唐朝繁荣与开放的表现。设计中通过盛唐的经济、民族、文化三个复习模块，引导学生通过对图片、地图、材料的分析，探究盛唐繁荣的表现及原因，提高学生史论结合、历史解释的能力。教师在本课的复习课设计中充分运用古诗、图片、文字材料、地图等多种形式的材料创设情境，引导学生从多种形式的历史材料中获取历史信息，理解分析唐朝繁荣与开放的社会气象，掌握论从史出的素养能力。例如"以诗证史""以图证史"的史料研习方法的运用，既调动了学生的兴趣，又培养了学生史料实证的学科核心素养。教师还精心设计了一个参与创新环节："如果你有幸亲临明年的春节联欢晚会节目编排现场，请问你想添加哪些唐元素进去呢？你想要加入这些元素的原则是什么？"这一设计很有创造性，既能展示学生的个性、发散学生的思维，也能顺利突破本课的教学重点。

（点评人：李毓）

从五胡入华到华夷一体：
三国两晋南北朝到隋唐的民族关系
——选择性必修1《国家制度与社会治理》第11课

◇ 郭瑾瑾

教学分析

> 教学目标

1. 通过图像史料和文献史料，认识三国两晋南北朝至隋唐时期民族关系的基本史实与发展趋势。
2. 分析三国两晋南北朝时期的民族交融对隋唐大一统局面的影响。
3. 挖掘三国两晋南北朝至隋唐时期各民族交往交流交融的历史内涵，增强中华民族共同体意识。

> 重点难点

重点：掌握三国两晋南北朝到隋唐时期民族交融的基本史实

难点：认识民族交融与大一统发展的内在联系；体会魏晋南北朝时期的分裂与民族交融孕育了隋唐盛世的繁荣

一、导入新课

中华民族在隋唐两代一度经历了空前繁盛的发展阶段，创造了"万国衣冠会长安"的盛唐气象。盛唐气象之出现脱胎于魏晋南北朝时期的战争与分裂。魏晋南北朝时期，在中华文化的引领下，多元族群的大碰撞最终指向重建大一统，多元族群的大迁徙也为深层的民族大融合准备了条件，促成了隋唐时期的盛世局面。今天，就让我们从民族关系角度重新理解隋唐盛世。

二、讲授新课

（一）魏晋南北朝时期：五胡入华与中华民族大交融

［教师讲述］之前的课程中，我们已经学习了三国两晋南北朝的基础史实，请同学们迅速完成学案上的朝代更迭示意图，并思考：这一时期的政权更迭呈现怎样的趋势？

［教师活动］教师出示示意图（见图1），指导学生完成。

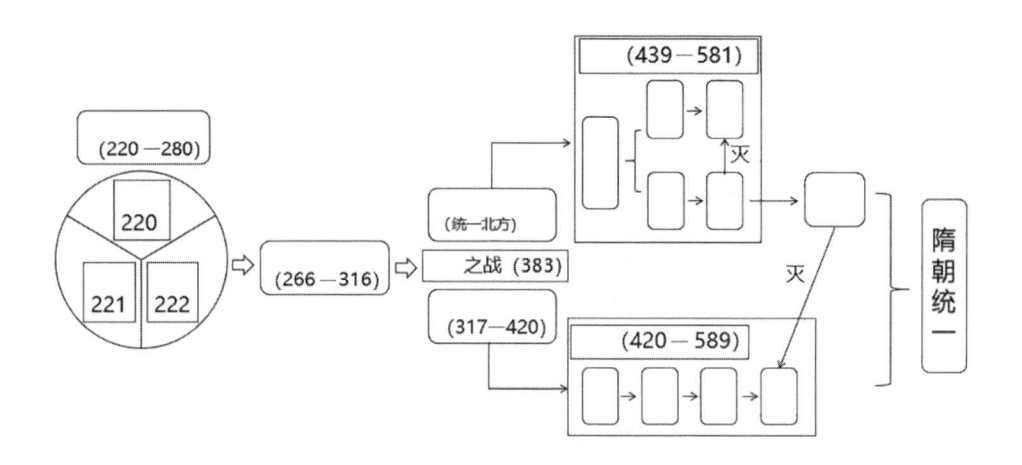

图 1　三国两晋南北朝政权更迭示意图

［学生回答］从示意图我们可以看到，从 220 年曹丕称帝到 589 年隋文帝杨坚统一中国，其间，中原大部分时间处于政治分裂、社会动荡、南北对峙的局面，但最终走向了统一。

［教师提问］三国两晋南北朝时期孕育了哪些统一的因素？

［学生回答］魏晋时期的民族迁徙促进了民族交融，北魏孝文帝改革进一步促进了民族认同，为日后北方统一南方奠定了基础。尽管国家分裂、南北对峙，南北方经济的互动与交流也从未停止。北方少数民族入主中原，促进了边疆的开发，中原汉人将先进的劳动技术、工具等带到南方，也促进了江南地区的发展，经济的发展推动国家最终走向统一。

［教师讲述］魏晋南北朝时期既是古代中国自秦汉以后首次出现较长时间割据对峙的时期，也是中国历史上第二次大规模、长时段的族群融合时期。这一时期的族群交融对历史的发展有何影响？

[教师活动]教师展示西晋末年内迁少数民族分布与北方流民南迁示意图与材料一。

材料一

魏晋南北朝时期以前，我国的民族人口分布基本上是分族聚居的格局，即汉族（华夏族）集中分布于黄河中、下游的中原地区，其他少数民族则分别集中分布在周边各个地区。经过魏晋南北朝时期的民族迁徙，各族的分布形成犬牙交错的状态。

北方少数民族进入中原后，由游牧而定居，多数从事农耕业。而自东晋南朝以来，南方的少数民族逐渐从山谷中迁出，在与汉族杂居的过程中，经济、文化和生活风俗上的差异逐渐消失。同时，由于北方少数民族的影响，中原汉族在生活习惯和习俗文化方面也在悄然变化。

魏晋以来，中原地区汉族为避战乱大批迁往辽东、河西等边疆地区和江南地区，不仅使当地的劳动人手大大增加，而且为当地人民带去了先进的生产工具和耕作技术，对于开发当地经济起到了重要作用。

——摘编自伍晓晴《魏晋南北朝民族迁徙的特点及影响》等

[学生回答]从材料可以看出，魏晋南北朝出现了大规模的人口迁徙：北方少数民族向中原地区迁徙，中原汉族向南方和边疆地区迁徙，南方少数民族由山区向平原地区迁徙。随着不同时期胡人族群大规模入迁，中原地区形成胡汉杂居，诸胡杂居的局面，北方族群的人口结构和分布格局改变了，促进了经济重心的南移和边疆地区的开发，也促进了民族间的交往交流交融和社会发展。

[教师活动]教师出示材料：

材料二

二十四史的民族史撰述，对于中国少数民族政权的认同意识做了具体反映，《史记》的"十二本纪"分别记述了五帝、夏、商、周、秦国、秦朝、项羽、刘邦、吕后、汉文帝、汉景帝和汉武帝时期的历史，由此构建起了华夏民族的政治统绪。魏晋南北朝时期，十六国政权普遍认可《史记》编排的这一政治统绪。《晋书》中的《刘元海载记》记述了匈奴人刘渊认同自己为刘汉后裔，所建政权以"汉"为号。魏晋南北朝时期，十六国政权总体来说都非常重视汲取汉族先进文明制度，统治者都非常热心儒学，如北魏孝文帝就以汉化改革著称，对儒家道统极为认同，自觉捍卫华夏道统。

——摘编自汪高鑫《中国古代少数民族政权的历史文化认同意识》

[教师提问] 孝文帝改革是魏晋南北朝时期民族交融的典型案例。同学们在初中已经学过改革的相关内容，我们该如何从民族认同的角度理解孝文帝改革，请同学们结合材料思考。

[学生回答] 孝文帝改革推动了各民族之间的政治认同、制度认同、文化认同、血缘认同等，为中华民族融入了新鲜血液，使民族认同快速增进，中华民族的整体性和向心力日渐增强。

[教师讲述] 通过这两则史料可以看出，族群交融和文化交融是中华民族此一时期发展的时代特色。匈奴、鲜卑、羯、氐等这些曾经在历史上叱咤风云的族称，在后来的历史进程中逐渐消失了，但这些族群及其文化融入中华民族之中，奠定了中华民族多元一体的特点。魏晋南北朝时期各族群的不断交融，形成了中华民族共同体的重要发展阶段。

（二）隋唐五代时期：华夷一体与中华民族空前繁盛

[教师讲述] 接下来，我们把目光转向隋唐时期。隋唐统治者都对民族关系较为重视，唐太宗还产生了"自古皆贵中华，贱夷狄，朕独爱之如一"的华夷平等思想，推动民族关系向更深层次发展。这一时期的民族关系有何发展和表现？请同学们阅读课本，并在地图上进行标记。

[教师活动] 教师出示唐朝前期疆域和边疆各族分布图。

[学生活动] 学生阅读课本，梳理隋唐时期民族关系的基本史实，填写地图。

[教师讲述] 通过这幅民族关系图，我们可以看到唐朝成功塑造了皇帝"天下共主"的权威，建立了空前繁盛的大一统王朝，将突厥、回纥、靺鞨、南诏等少数民族纳入统一的政治体内。唐朝处理民族关系的方式和特点是什么呢？

[教师活动] 教师出示材料：

材料三

自太宗平突厥，西北诸蕃及蛮夷稍稍内属，即其部落列置州县。其大者为都督府，以其首领为都督、刺史，皆得世袭。……大凡府州八百五十六，号为羁縻云。

——摘自《新唐书·地理志》

材料四

唐太宗平定突厥后，在其原地设置羁縻府州，任命该族首领为都督或刺史，世袭其职，但必须由中央任命，同时取消了少数民族首领原有的"可汗"称号。其赋税不上交中央财政，户口一般也不上报户部。该制度在突厥实施成功后，又推广到其他少数民族地区。唐政府在上述羁縻府州基础上设立都护府，代表中央行使对羁縻府州的管理权，如安西、北庭都护府管辖西域各羁縻府州。都护由汉人担任，中央任命，不能世袭。边疆的行政包括都护府、都督府、州、县四级，共约八百多个。

——摘编自韦庆远主编《中国政治制度史》等

[学生活动] 唐朝针对边疆采取了因俗而治的治理体系，任命当地首领进行羁縻统治。

[教师讲述] 所谓"羁縻"，指的是拴在牛和马鼻子上的缰绳，人类借此驾驭操纵牛马。也就是说，唐朝承认少数民族在容许范围内的自由，然而一旦超越可容许的界限时，就要受到中央王朝的强有力的制约。这种统治模式兼顾各个族群发展程度的不同和治理方式的差异，加强了中央对地方的行政管辖，促使边疆地区进入唐朝政令、法律所及范围，对内地边疆一体化治理和族群交往交流交融起到推动作用。

[教师活动] 教师出示材料：

材料五

唐袁滋题记摩崖石刻：唐贞元十年（794），德宗皇帝派遣以御史中丞袁滋为首的使团到云南册封蒙异牟寻为南诏王，经过石门关（今云南盐津豆沙关）时，摩崖刊题纪事的遗迹。唐袁滋题记摩崖石刻的内容与《新唐书》《旧唐书》《蛮书》《资治通鉴》等书记载一致。

材料六

唐鸿胪井刻石：唐玄宗先天二年（713），遣崔忻往辽东册封大祚荣汐渤海郡王。第二年（714），崔忻原路返回长安，途经都里镇（今辽宁旅顺）刻石记录此事。刻石文字共29字，分3行自上而下自右向左书写："敕持节宣劳靺羯使、鸿胪卿崔忻井两口，永为记验。开元二年五月十八日。"

材料七

青海乌兰泉沟一号墓出土鎏金银王冠：王冠镶嵌大量绿松石，装饰立凤、对狮题材，以丝织物作衬底等特征沟吐蕃时期金银器装饰的典型特征。但该冠前檐缀珍珠冕旒的做法则是中原王朝统治者所戴冠冕的特点，是其身份地位的象征。

材料八

唐陶骆驼载乐舞三彩俑：此件三彩俑表现的是流行于唐代开元（713—741）、天宝（742—756）时期的"胡部新声"，即胡汉文化融合后的新舞乐。骆驼和乐舞俑独立塑成，然后组装，复杂又严谨。

材料九

何家村窖藏出土舞马衔杯仿皮囊式银壶：此壶造型主要模仿北方游牧族群使用的皮囊壶。皮囊壶是契丹人墓葬中的常见器物，在唐长安城则非常少见。这件银壶应为金银匠为适应皇家贵族外出游猎活动，巧妙借鉴契丹人皮囊壶制作而成。

材料十

唐景龙四年（710）《论语》抄本：1969年出土于阿斯塔那古墓363号墓，长538厘米，宽27厘米，为唐景龙四年"西州高昌县宁昌乡厚风里"年仅12岁的学生卜天寿所书写，内容有《论语》《三台词》《千字文》和其他诗句等。

——以上均摘自《中华民族共同体概论》编写组编《中华民族共同体概论》

[教师活动] 请同学们阅读材料，任选其一，从民族交融角度谈谈它的史料价值。

[学生活动] 学生思考、讨论并分享答案。

[教师讲述] 通过以上分析，我们可以感受到隋唐社会以开放的胸襟对待不同族群，无论是统治集团"杂有胡族血胤"，还是基层社会"夷夏混居"，以及广泛的族群流动、迁徙、通婚、混居，无不彰显出"四海同风""无隔华夷"的交融新局面。

（三）从冲突隔阂到融合统一：统一多民族封建国家的巩固发展

[教师讲述] 从魏晋南北朝到隋唐五代，尽管对立政权互相攻伐引发的战争给天下百姓带来深重苦难和精神创伤，但各民族对中华文化的认同、对大一统的追求、对中华正统的竞逐是相同的。因此，隋唐王朝才能够成功重建中华一体的共同体。并且随着大一统国家的重建与兴盛，中原与边疆地区的政治、经济与文化联系更为紧密，各族群共荣的向心力在边疆地区凸显。

[教师活动] 教师出示材料：

材料十一

李唐一族之所以崛兴，盖取塞外野蛮精悍之血，注入中原文化颓废之躯，旧染既除，新机重启，扩大恢张，遂能别创空前之世局。

——陈寅恪《李唐氏族推测之后记》

[教师讲述] 同学们能根据本节课所学，对陈寅恪先生的这段话谈谈自己的认识吗？

[学生活动] 小组讨论，深化认知。

[教师讲述] 由此来看，三国两晋南北朝时期的族群大融合对中华民族共同体的发展起到了承上启下的作用。隋唐王朝成功地将边疆之地纳入中华一体的秩序，使更大范围的周边族群对中央王朝产生了向心力和认同感。即便是在五代十国时期，唐朝塑造的中华认同并未随着政治军事的衰败而消亡，族群融合和文化融合继续发展，唐朝的流风余韵被周边族群吸收继承，为辽宋夏金时期的中华民族进一步融聚发展奠定了深厚基础。

三、课堂小结

总之，从魏晋南北朝到隋唐时期的民族关系经历了由分裂到统一、由冲突到融合的发展过程。这一时期的民族政策、民族迁徙与融合以及文化交流等因素共同推动了中华民族多元一体格局的形成和发展。

四、教学点评

隋唐民族关系是隋唐史学习的重点。学生在初中阶段已经学习了文成公主入藏等基本史实，知道唐代开明的民族政策，初步理解了唐代民族关系的发展对唐代强盛的推动。在初中教学基础上，本课的教学设计包括三国两晋南北朝和隋唐两个历史时期，从延续与变迁的角度重点探寻隋唐民族关系发展的历史沿革，从而使学生对中华民族多元一体格局的开缔和发展有了更深刻的理解。在教学方法上，对于学生初中已经学习的内容，本课采用略讲或扩讲的方式，如略讲文成公主入藏，扩讲羁縻政策等，并在基本史实基础上，训练学生概括归纳的能力。在史料的选择上，初中教学选取的史料生动、具体，而高中课程选取的史料则更有深度和广度，双方都从培养学生核心素养入手，使学生的能力得到一步步提升。

在经过对初中教学内容的衔接后，从高中课程标准的要求出发，本课选取学术前沿中较新的研究成果，对学生进行了史料实证、历史解释等核心素养的训练和培养，还从民族迁徙、民族认同角度分析了两个阶段在中国统一多民族国家形成与发展中的贡献，并且分析了两个历史阶段之间的继承和发展关系。该课一方面体现了初中教学的成果，另一方面带有鲜明的高中特色，将二者进行了有机结合。

（点评人：左家燕）

清朝前期社会经济的发展
——《中国历史·七年级下册》第 19 课

◇ 杨青

教学分析

> 教学目标

课标要求：通过了解明清时期的经济改革和全球性经济互动，初步认识这一阶段中国经济发展的内因和外因，认识当时中国社会面临的严重危机。

1. 了解清朝前期发展经济的措施，了解农业、手工业、商业发展及人口增长的基本状况，思考和认识清朝前期社会经济发展的原因和影响。
2. 阅读、分析教材中的《相关史事》《清代开荒执照》《盛世滋生图（局部）》等史料和其他文献史料，获取清朝前期社会经济发展的原因与现象的相关历史信息。
3. 认识到社会经济的持续发展，为清朝前期统一多民族国家的巩固、发展和反对外来侵略斗争的胜利奠定了物质基础。初步了解自然环境、社会发展与人口增长的辩证关系。

> 重点难点

重点：清朝前期农业、手工业、商业发展的史实

难点：手工工场；世界历史中大航海时代带来的全球性经济互动对中国的影响

一、导入新课

教师展示《盛世滋生图（局部）》图片并简要介绍该画作：作者是乾隆年间的宫廷画家徐扬，本画创作完成于乾隆二十四年（1759），描绘了乾隆南巡时苏州的繁盛景象，纸本，全长十二米多，现收藏于辽宁省博物馆。

教师引导学生阅读画家的自书跋语：惟我国家，治化（治理教化）昌明，超轶（胜过）三代（后世儒家最推崇的夏、商、周三代），幅员之广，生齿（人口）之繁，亘古未有。臣幸遭逢之盛，图写太平，为盛世滋生图一卷……

二、讲授新课

［教师讲述］清朝前期，一般指的是1840年鸦片战争之前的清朝。本课教材内容主要讲的是顺治、康熙、雍正、乾隆时期，即1638—1799年，共100多年。

（一）农业生产的恢复和发展
1. 清朝初年的社会状况

［教师活动］教师出示材料：

材料一
（河南）自明季以来，兵火相仍（频繁，重复），郡邑丘墟，土田荆棘，户口耗减……
——（顺治年间）《河南通志》

［教师提问］史料记录了清朝顺治年间什么样的社会状况？

［学生活动］学生阅读史料，回答问题，得出结论：从明朝末年以来，战乱不已，导致土地荒芜，人口减少，社会经济遭到严重的破坏。

2. 清朝初年的统治者采取了哪些措施恢复农业生产

［教师讲述］中国历史上，每次朝代更迭，都会面临这样的社会经济状况。历史上新王朝的开国皇帝都是如何应对的呢？

［学生活动］学生总结历史规律，得出结论：轻徭薄赋，休养生息，重视发展农业。

［教师讲述］古代中国是一个农业大国，以农为本，政府要首先解决农业问题，才能带来经济的恢复。清初皇帝采取了哪些措施恢复发展农业生产？

（1）鼓励开垦荒地

［教师活动］教师出示材料：

材料二
由于明末清初长期的战乱，大量荒芜的土地无人耕种。康熙曾规定：四川"凡流寓（流落到他乡居住）愿垦荒居住者，将地亩永给为业"。雍正年间鼓励陕西无业民人去宁夏垦荒，清廷给予路费，每户按百亩永为世业。乾隆三十一年（1766）规定：山头地角新开垦土地，山地三亩以下，水地二亩以下永免升科（征收赋税）。
——选自白寿彝《中国通史》第10卷

［教师提问］清朝前期皇帝采取了哪些措施发展农业？起到什么作用？

［学生活动］学生阅读材料，概括材料内容，得出结论：1.措施：清朝皇帝重视开垦荒地，奖励政策有开垦出来的田地永远归垦荒人所有、免征赋税等。2.作用：扩大耕地面积，促进边远地区的开发，促进农业发展，稳定社会秩序。

［教师活动］教师出示图片：《清代开荒执照》配文字说明：乾隆三十三年（1768）云南布政使司（主要职责是宣达朝廷政令，征收赋税）发给所辖丽江府鲁甸人沙立目的开垦土地的执照。纵52厘米，横25厘米。国家博物馆藏品。

教师指导学生阅读该文物图片中的历史信息：发布该执照的管理衙门是云南等处承宣布政使司，发放时间是乾隆三十三年，执照上书写的内容是沙立目一家开垦干地八亩，对这块地永远免收赋税。

［教师提问］这个文物告诉了我们哪些历史信息？

［学生活动］学生阅读文物图片，回答问题，得出结论：乾隆年间，很多地方都被开垦完毕，政府鼓励开垦山头地角等边角荒地；当时农民开垦了荒地，需报居住地的官府批准，由布政使司发给开荒执照才被承认。农民在边远地区开荒，国家给予优惠政策。

（2）重视兴修水利

［教师活动］教师指导学生阅读教材并提问：请列举兴修水利的史实。

［学生活动］学生朗读教材兴修水利的内容。概括史实：治理黄河、淮河等大河以及大运河，修建许多堤坝、渠堰、海塘。

［教师活动］教师出示材料：

材料三

卢沟河水流急，夹带大量泥沙，因河水经常泛滥，人们又称其为"无定河"。康熙年间，疏浚河道，卢沟河的水患才有所缓解，康熙皇帝将治理后的无定河赐名"永定河"。乾隆时期，把江浙一带数百里海塘的土堤改成石堤，使江浙沿海免遭海潮的威胁，确保了清朝东南财赋的来源。

——选自白寿彝《中国通史》第10卷

［学生活动］学生阅读材料，了解兴修水利的实例。

3.清朝初年农业生产发展的表现

［教师活动］教师引导学生朗读教材并提问：概括清朝初年农业生产发展有哪些表现？

[学生回答] 耕地面积增加，兴修了大量水利，粮食产量提高，经济作物种植面积扩大。

（1）高产作物玉米、甘薯被广泛种植

[教师活动] 教师出示材料：

材料四

当时在南方很多地区种植双季稻，在河北有大批旱地改为水田种水稻，粮食产量有了很大的提高。原产于美洲的玉米、甘薯等高产作物，明代引入中国后，到了清代得到大面积的推广。此外，马铃薯、花生和向日葵等也在更多的地方推广。

——统编版《中国历史·七年级下册》

[教师提问] 分析上述材料中清朝粮食产量提高的原因。

[学生回答] 农业技术提高，如南方很多地方种植双季稻，北方种水稻；原产于美洲的玉米、甘薯等高产作物得到大面积推广。

[教师讲述] 1492年哥伦布发现美洲，这是欧洲人开辟新航路的重要事件。随着新航路的开辟，原产于美洲的很多作物传播到了全世界。教材中提到的玉米、甘薯、马铃薯、花生、向日葵都是原产于美洲的农作物。玉米、土豆、甘薯都是高产作物，有专家研究，中国有10%左右的土地适宜种植土豆，20%的土地适宜种植番薯，有近55%的土地适宜种植玉米。

[教师活动] 教师出示材料：

材料五

甘薯既可蒸、煮作主食，又可刨丝、切片作副食，还可制粉、酿酒、熬糖。甘薯不择地而生，高阜（土山）沙地都能获得高产，亩产数千斤，胜种五谷几倍。……玉米不仅可作主要食粮，也可酿酒、制粉。玉米的适应能力较强，山地沟壑均可种植。特别是山多田少地土较贫瘠的地区，种植更为普遍。乾隆时，湖南辰州府一带老百姓，赖玉米供半年之粮。

——白寿彝《中国通史》第10卷

[教师提问] 玉米、甘薯得到大面积推广的原因？

[学生回答] 玉米、甘薯对土地肥沃度要求较低，适合土地贫瘠的地方种植，单

产高，有多种用途。

（2）经济作物种植面积扩大

［教师活动］教师出示材料：

材料六

（江苏）太仓……每村务本种稻者，不过十分之二三，图利种棉者则有十分之七八。
——高晋《奏请海疆禾棉兼种疏》(乾隆四十年即1775年，两江总督高晋给皇帝上疏)

［教师提问］
① 高晋向皇帝反映了江苏太仓农业的什么现象？
② 农产品种植结构的变化，会带来产业结构的什么变化？

［学生回答］太仓各村种水稻的人，不过十分之二三，想要获得更大利润种棉花的人有十分之七八。棉花的广泛种植，会带动棉纺织业的发展，手工业的发展也会带动商业的发展。

［教师活动］教师出示地图《太湖流域重要城镇地图》。

［教师提问］太湖流域有哪些有利于经济发展的地理特点？

［学生活动］学生在地图上找到苏州、常州、太仓、湖州等地的位置。学生通过观察地图，得出结论：太湖流域属于长江下游的长江三角洲地区，平原为主，土壤肥沃，亚热带季风气候，温暖湿润，降水丰富，适合农业发展；河网密布，水路运输发达，有利于商业发展。

（二）手工业的发展

1. 苏湖地区农作物种植结构的变化【史料实证、历史解释、时空观念】

［教师活动］教师出示材料：

材料七

清朝以前，江南盛产稻米，养鱼业很发达，被誉为鱼米之乡，有"苏湖熟，天下足"的谚语。到了清中期，江汉平原、洞庭湖和湘江沿岸地区，普遍推广玉米、甘薯等作物的种植，粮食产量有较大的提高。当时的湖广地区成为新的商品粮基地，以至于出现了"湖广熟，天下足"（"湖广"指今天的湖南、湖北地区）的谚语。

——统编版《中国历史·七年级下册》

[教师提问]

(1) 清朝以前到清朝中期，江南粮食主产地发生了怎样的变化？

(2) "苏湖"地区在两宋时期是重要的水稻产地，为什么到了明清时期发生这样的变化？

[学生回答]

(1) 从"苏湖熟，天下足"到"湖广熟，天下足"。

(2) 明清时期，苏湖地区商品经济发达，为了追求更多的利润，当地种植水稻的数量减少，种植经济作物棉花的数量增加。

[教师讲述]"苏湖熟，天下足"是宋朝时非常有名的俗语，意思是说，苏州、湖州一带的粮食丰收了，全国人就有足够的粮食了。明清时期，江南地区的农业经济发生了结构性改变，苏湖地区的粮食种植不再占据绝大部分，棉、桑等经济作物的种植与经营逐渐占据更大的比例，推动了丝织业的迅猛发展，江南地区市镇也大量涌现，许多农民成了工商业者。

2. 手工业发展的具体表现

[教师提问] 教师指导学生阅读教材并提问：概括清朝前期手工业发展的具体表现。

[学生回答] 手工业品种繁多，产品精良；出现了比较成熟的、生产规模较大的手工业工场。

[教师活动] 教师出示史料：

材料八

城郡之东，皆习机业。织文曰缎，方空曰纱，工区各有专能。匠有常主，计日受值。有他故，则唤无主之匠代之，曰唤找。无主者，黎明立桥以待。缎工立花桥，纱工立广化寺桥。

——乾隆《苏州府志》

[教师提问] 史料反映了当时手工业生产的哪些现象？

[学生回答] 苏州城从事丝织业的人很多，丝织业有很细的分工，很多工匠有比较固定的雇主，按日结算工钱。没有固定雇主的工匠，每天黎明要去固定场所找工作。

[教师讲述] 材料中"匠有常主，计日受值"，可以看出"主"与"匠"之间的雇佣关系。这是手工工场，是一种新的经营方式。手工工场是以手工技术和雇佣工人的分工为基础，是向大机器生产的过渡形式。

（三）商业繁荣

[教师提问] 教师指导学生阅读教材，提问：概括清朝前期商业发展的表现。

[学生回答] 形成了商业网，一些农村地区发展成工商业市镇，大城市中工商业非常繁荣，形成大商帮(如晋商、徽商)。

[教师讲述]《盛世滋生图》又名《姑苏繁华图》。姑苏即苏州，是清朝江南首屈一指的繁华城市。乾隆在位60年，共6次南巡，乾隆写过很多南巡诗夸赞自己的南巡盛事，他也希望有画师能用绘画的形式记录他的南巡伟绩。在苏州出生和长大的宫廷画家徐扬投其所好，徐扬对苏州非常熟悉，据研究，画中的街景、衙署、寺院、桥梁等都与实物相符，连店铺的方位、分布也与文献记载吻合。这幅作品具有极高的史料价值，是研究18世纪中叶乾隆盛世的宝贵资料。

[教师活动] 教师展示《盛世滋生图（局部）》。

[教师提问] 以图证史，该作品中商业繁荣有哪些表现？

[学生回答] 有染坊、酒坊、烟店、船行、客寓、米行、鞋店、布店等。

钱庄有"兑换银钱"的招牌，反映了随着商业发展，货币需求量增加。

杂货店有招牌写"云贵川广各省杂货"，反映了各地商品在全国销售和商品的长途运输。

（四）人口的增长

[教师讲述] 清朝前期，人口数量增长很快，人口从清朝初年的4200多万，到乾隆末年达到3亿。

[教师提问] 清朝前期，人口快速增加的原因？

[学生回答] 经过了100多年的经济恢复和发展，社会相对安定，医学发展，等等。

[教师讲述] 但是，随着经济的发展，清朝又出现了新的问题：人口增长过快，耕地面积不可能相应增加，人均耕地面积减少，人地矛盾突出，社会压力大，这些不利于经济的持续发展。

清朝政府为什么大力推广高产作物番薯、玉米的种植？重要的原因是应对人口暴涨带来的粮食压力。

[教师活动] 教师出示材料：

材料九

人多之害，山顶已殖黍稷，江中已有洲田，川中已辟老林，苗洞已开深箐，犹不足养，天地之力穷矣。

——汪士铎《乙丙日记》（1850年）

[教师讲述]这是清朝晚期人看到的景象，这也是清朝面临的危机，人地矛盾突出，社会需要农业技术提高，也需要社会能有新的经济增长点。

三、课堂小结

[教师活动]教师出示本课知识结构图。（见图1）

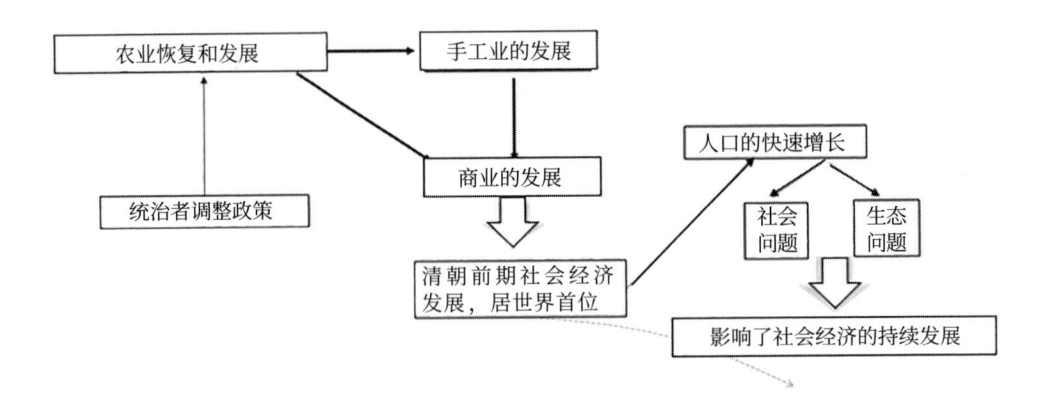

图1 板书——知识结构图

清朝前期，统治者认识到恢复经济，尤其是恢复和发展农业经济的重要性，采取了一系列发展经济的措施。在农业生产发展的基础上，手工业和商业也得到了较快的恢复与发展。随着经济的发展，国力增强，社会安定，人口数量进一步增加。社会经济的持续发展，为清朝前期统一多民族国家的巩固、发展和反对外来侵略斗争的胜利奠定了物质基础。

明朝中期到清朝初期，欧洲正处于大航海时代，在世界各地殖民侵略，西方国家在政治上已经开始了资产阶级革命，在经济上已经开始由手工工场向机器大工厂过渡，工业文明社会逐步确立起来。我们要认识到清朝前期经济的繁荣是相对的。

四、教学点评

　　本节课教学设计完整有序，课堂结构完整，密度恰当。教学重难点把握准确，教学内容主次分明；结构合理，衔接自然紧凑，教师在设计中充分利用图片和文献史料进行史料实证，把课本知识变得立体生动。教师由《盛世滋生图（局部）》导入新课，让学生初步了解康乾盛世的繁华景象，有利于激发学生的兴趣，增强学习的内驱力。

　　教学设计中全面覆盖了清朝前期农业、手工业、商业及海外贸易等各方面的经济发展，深入探讨了"康乾盛世"的经济背景、表现及局限。教师通过材料分析和讲解，培养学生概括分析能力，真正实现历史教学论从史出，史论结合，同时穿插图片和图表，增强材料形式的多样性，让教学内容更加具体、丰富。此外教师注重在传授知识的过程中，帮助学生厘清各部分内容之间的内在联系，从整体上把握知识脉络，以思维导图等方式梳理并构建知识体系，使本课的内容结构化、体系化。教师还能以旧引新，寻找新旧知识的关联和生长点，注重知识的发生发展过程，能找到教材特点及本课的疑点，并恰当处理，设疑问难，引导点拨。

　　总之，本课的教学设计有较清晰的思路和切实可行的措施，结构非常明晰，环环相扣，有落实，有测验，有反馈，有巩固，有发展，反映出教师较好的教学改革理念，使学生难理解的经济史变得生动有趣。

（点评人：李毓）

明至清中叶的经济
——高一上 第14课

◇ 冯雪

教学分析

> 教学目标

1. 通过《盛世滋生图（局部）》，学生认识明至清中叶经济领域中农业、手工业、商业的新变化，探究引起变化的历史原因，并理解这些变化会对原有社会秩序形成挑战，从而培养时空观念、历史解释素养。
2. 通过选用不同类型的史料进行分析，学生能以全面、宏观的视角看待明清社会经济发展的局限性，提高史料实证素养。
3. 基于唯物史观社会形态的演进过程，通过多重史料，引导学生探究明清时期的商品经济发展能否推动社会转型，从而提高历史解释素养，并基于世界发展大势理解明清时期中国发展的迟滞，培养家国情怀。

> 重点难点

重点：明至清中叶经济领域（农业、手工业、商业）的新变化

难点：明清时期的社会转型

一、导入新课

[教师活动] 教师展示清代徐扬所绘《盛世滋生图（局部）》，结合绘画题跋，学生直观感受乾隆时期苏州的繁华，激发学生学习兴趣。

二、讲授新课

（一）图游苏州

[教师讲述] 这节课我们借助《盛世滋生图》这幅画卷展开一次历史旅行，一同领略明清时期的苏州风情。

[教师活动] 教师规划旅行路线，引导学生图游苏州，通过生动情境，展开对图中经济现象的观察为学生认识明至清中叶经济领域的新变化埋下伏笔。

[学生活动] 学生观察画卷，发现有米行、粮食、油酒、烟店，还有布行、松江大布、云贵川广各省杂货、大宗货物、钱庄、兑换银钱等经济现象。

（二）图解苏州

[教师讲述] 这一趟短暂的苏州之旅，我们把苏州的繁华尽收眼底，发现了很多有趣的经济现象。这些现象反映的正是明至清中叶经济领域的新变化。

[教师活动] 教师补充相关材料，引导学生对于图中经济现象分类并进行解释。

材料一

明朝中期常熟一位地主谭晓，用低价购买了大片空闲的低洼沼泽地，雇用贫苦乡民加以治理。部分土地被改造为良田，收成大增。所凿水池养鱼，池上筑舍养猪，其余空地种植不同的果木蔬菜，顺带捕捉鸟类和昆虫，此类副产品运到市场，销售所得"视田之入复三倍"。

——选自统编版《中外历史纲要（上）》

[学生活动] 学生为图中经济现象分类见表1，即农业、手工业和商业，并以历史语言归纳不同类别的具体变化，随后结合初中所学及相关材料，依次分析现象背后的历史原因。

[教师活动] 教师以表格形式出示隋唐、宋元至明清商品经济发展的重要史实，比如坊市制被打破、纸币出现等现象，启发学生思考明清经济变化之"新"。

[教师讲述] 明至清中叶经济领域的新变化源于商品经济的高度繁荣，这一时期出现了突破传统自然经济以家庭为单位、自给自足的新生产模式，主要表现为手工业领域出现新的经营方式，即手工工场展开规模较大的自由雇佣劳动，这成为促进社会进步的新因素。

[教师活动] 教师出示史料：

表1 关于《盛世滋生图》中经济现象的分析

图中经济现象	历史现象	历史原因
米行、粮食、油酒、烟店、布行、松江大布、云贵川广各省杂货、大宗货物、钱庄、兑换银钱	农业：农产品商品化	新航路开辟，高产作物传入并推广；农业多种经营兴盛；经济作物广泛种植
	手工业：手工业品商品化	手工业出现新的经营方式：手工工场，使用可自由雇佣的劳动力进行生产，规模扩大
	商业：长途和大额贸易发展；货币金融机构发展	水运等交通便利；以经济功能为主的工商业市镇兴起；地域性商人群体活跃；美洲的白银大量流入并成为主要货币，促进了商业资本集聚

材料二

今边郡之民，既不知耕，又不知织……生计日蹙（困窘）……（大同）妇人出草，则穿纸裤……（苏州）方今纂组（精美的织物）日新，侈薄弥甚。

——顾炎武《日知录·纺织之利》

材料三

行于都市，列肆焜耀，冠服华阮；入其（农家）家室，朝则卤（烟囱）无烟，寒则蜎（弯曲）体不申。

——唐甄《潜书》

材料四

小民力作艰难……大小官员，复设立名色，多方征取。

——《清圣祖实录》

（嘉庆二十三年）计口授田不足一亩，竭终岁之耕，不足供二三月费，故居常敝衣藿食，朝夕拮据，寒暑不辍，纱布为务。

——《苏州府志》

[教师提问]《盛世滋生图》是我们认识明至清中叶经济的重要依据，它是什么类型的史料、有什么价值，又有什么局限性？

[学生回答] 作为图像史料优势在于生动、直观，且一定程度上反映历史真实；但单一史料进行历史问题研究是有局限性的，需要通过不同类型文献史料的补充，如私人撰述、官方记载等，才能以全面、宏观的视角认识明至清中叶经济的发展状况，

理解其局限性。在此基础上，学生归纳其局限性表现，见表2：

表2 明至清中叶经济发展的局限性

局限性	区域经济发展不平衡
	城乡贫富差距悬殊
	封建政府剥削沉重，人地矛盾突出，民众普遍贫困

（三）转型之思

[教师讲述] 明至清中叶的经济，以江南地区为典型，出现了突破自然经济的新发展，但是整体仍然处于贫困状态，区域间、城乡间发展相当不平衡。这样的社会能否走向转型？

[学生活动] 学生分析推动资本主义发展的因素，包括市场、自由劳动力、资本、政策、技术等。

[教师活动] 基于资本主义发展的因素，教师出示三组材料并组织学生围绕"商品经济的繁荣能否推动社会转型"这一问题展开讨论。

第一组

材料五

1793年，英国马戛尔尼使团以给乾隆祝寿为名出使中国。他们在中国发现了触目惊心的贫困，"在普通中国人中间，人们很难找到类似英国公民的啤酒大肚或英国农夫喜气洋洋的脸"。这些普通中国人"每次接过我们的残羹剩饭，都要千恩万谢。对我们用过的茶叶他们总是贪婪地争抢，然后煮水泡着喝"。

——阿兰·佩雷菲特《停滞的帝国》

材料六

就总体而言，这种出于市场需求、以自由雇佣关系为基础的规模化生产，在明清两朝仍然只是出现于局部范围的局部行业……商品经济的繁荣带有严重的局限性。中国古代仍以自然经济结构的自给自足为主……农民以织助耕，以副养农……始终难以成为独立的商品生产者。

——选自张帆《中国古代简史》

第二组

材料七

（货税苛征，商人难以维持营业）万历三十年户部尚书奏称：在临清关，往年伙商三十八人，皆为沿途税使抽罚折本，独存两人矣。

——《明神宗实录》

材料八

（纺织）机户不得逾百张，纳税当五十金，织造批准注册给文凭，然后敢织。

——《同治上江两县志·食货志》

材料九

（雍正）朕观四民之业，农为天下之本务，而工贾皆其末也。

——《大清会典事例》

材料十

清朝……规定由官府特许的"十三行"商人代为管理对外贸易事务。外商在广州的活动及其与中国商民的交往，都受到严格约束。民间船只出海贸易，更在严厉禁止之列。

——选自《中外历史纲要（上）》

第三组

材料十一

商游江南北……博锱铢于四方，（仅）以供吴之赋税，兼办徭役。

——顾炎武《天下郡国利病书·下》

材料十二

以（明清）徽商为代表的富商大贾，贿赂官府关卡，广结政界要人……他们或以捐纳的方式，谋一"功名"虚衔，更将希望寄托于子孙后裔"光宗耀祖"，投资科举，以摆脱"贱籍"。

——王家范《中国历史通论》

材料十三

谓治生当以末起家，以本守之，买田数顷。

——选自《澹园续集》，焦竑为南京大商人许怀泉所写的墓志铭

[学生活动]分小组讨论，基于第一组材料，学生认识到明清社会仍然是男耕女织、自给自足的传统小农经济占据压倒性优势，所以广大农民固着于土地、购买力低下，发展资本主义缺少"市场"和"自由劳动力"因素；基于第二组材料，学生认识到在

重农抑商、闭关自守作为基本国策的社会中，发展资本主义缺少"政策"因素，并结合所学，理解诸如重农抑商、闭关自守等政策的根源是明清以来日益僵化的专制统治，这阻碍着社会进步；基于第三组材料，学生认识到受限于封建政府的赋税压力和"士农工商"身份等级的传统观念，商人经商所得资金并未用于生产，因此发展资本主义缺少"资本"因素。

［教师活动］教师引导学生回顾初中所学第一次工业革命的基本史实并且向学生提问：18世纪的中国与英国分别以什么形式、什么动力在进行生产？

［学生活动］通过对比了解到：第一次工业革命期间，英国已建立工厂制度，采用蒸汽动力，进行机器生产，而中国仍以手工作坊、手工工场为主要形式，以人力进行手工劳作。由此，学生清晰理解这一时期中国在生产动力、生产方式及组织形式等方面并未出现突破，发展资本主义缺少"技术"条件。综上可知，明至清中叶商品经济的发展并未推动社会转型。

三、课堂小结

［教师提问］回到本课主题，如果仅用两个词语描述明至清中叶的经济状况，作为本课标题，你会选择什么词语？请说明理由。

［学生活动］基于本课内容，学生以"发展"和"迟滞"作为本课标题，并做出解释："发展"意为明至清中叶是农耕文明的顶峰，随着商品经济的高度繁荣，出现了不少突破传统生产模式的新现象；"迟滞"意为封建社会中根深蒂固的小农经济和僵化的专制统治成为明清时期向资本主义社会转型的最大阻碍，致使中国逐渐落后于世界。

［教师讲述］这正是课标对于本课的学习要求：既要认识明清时期社会经济的新变化，又要认识世界变化对中国的影响，认识中国社会面临的危机。尽管这一时期中国有挑战原有秩序的经济新因素在萌发，但由于种种限制，终究没能带来社会转型，随着西方国家工业革命的进程，未来的中国又将走向何方？我们在之后的学习中继续探讨。

四、教学点评

本课在《普通高中历史课程标准（2017年版2020年修订）》中的要求为：了解明清时期社会经济的重要变化，并通过了解世界的变化对中国的影响，认识中国社会面临的危机。在教师的教学设计中，体现了两个初高中贯通培养的点位：

一是明清盛世的表现和形成的原因。教师基于对七年级下册教材、九年级教材相关内容的了解，通过引导学生对《盛世滋生图（局部）》的仔细观察，联结学生在初中阶段已学知识，如"农产品商品化""长途大额贸易发展""商帮形成"等。这些知识在初中仅停留在知道即可，在高中阶段则需要进一步引导学生探讨形成的原因。因此，教师设计了"对图中经济现象分类并进行解释"的活动环节。在这一环节，学生不仅需要调动已知的中国史的相关知识，还需要将世界史与中国史的知识相结合构建起时空联系，在教师引导下通过多角度寻找历史原因，培育历史解释素养。

二是对中国明清"盛世"的辩证认识。七年级下册中仅提到了"人口增长""人地矛盾"这样表层的危机，这无法帮助学生在世界发展潮流中多角度认识明清时期盛世下暗藏的危机。因此教师利用三组共九则史料，通过学生分组探究，从政治、经济等方面发现限制明清经济进一步发展的因素，也正是这些因素致使明清时期虽然出现社会转型的因素，但并未实现社会转型。

（点评人：刘童）

中国梦——中国近代化的探索
——九年级 专题复习

◇ 李长宏

教学分析

> 教学目标
  1. 通过自制思维导图形成知识体系，进一步掌握近代化探索。
  2. 通过合作探究分析评价近代化探索，体会近代国人的爱国精神和社会责任感。
  3. 通过探究使学生认识到资本主义道路在中国不可行。
> 重点难点
  重点：近代化探索的主要内容及影响
  难点：近代化探索的地位和作用

一、导入新课

教师播放一组在近代化探索中作出重要贡献的人物图片，同时配上振奋人心的音乐，引出本课主题——中国近代化的探索。

[教师活动] 教师出示材料：

材料一

鸦片战争后，中国陷入内忧外患的黑暗境地，中国人民经历了战乱频仍、山河破碎、民不聊生的深重苦难。为了民族复兴，无数仁人志士不屈不挠、前仆后继，进行了可歌可泣的斗争，进行了各式各样的尝试，但终究未能改变旧中国的社会性质和中国人民的悲惨命运。实现中华民族伟大复兴是近代以来中华民族最伟大的梦想。

——《决胜全面建成小康社会 夺取新时代中国特色社会主义伟大胜利——在中国共产党第十九次全国代表大会上的报告》

[教师活动] 以任务驱动教学，让学生在声情并茂中重新感受中国近代化的探索，设置问题情境：近代国人是怎样探索救亡图存道路的？让学生带着疑问去学习，以此来提高学生的学习兴趣。引用习近平总书记的讲话，拉近学生与历史事件的距离，增强学生的历史使命感和社会责任感。

二、讲授新课

（一）洋务梦

[教师活动] 教师出示材料：

材料二
湖北织布局开织后，江汉关进口洋布每年减少十万多匹。中国资本能挫败洋商，这在当时曾被视为"创见之事"。

——夏东元《洋务运动史》

材料三
洋务派办民用工业，为了解决资金问题，吸收私人资本。这"商股"部分即是民族资本主义因素。从19世纪70年代开始，更有一批官僚、地主、商人，直接投资于近代民用工业，这些商办企业成为近代中国民族资本主义工商业的发端。

材料四
"我（李鸿章）办了一辈子的事，练兵也，海军也，都是纸糊的老虎，何尝能实在放手办理？不过勉强涂饰，虚有其表……"

——吴永《庚子西狩丛谈》

[教师提问] 依据材料结合所学知识，分析洋务运动的影响以及失败的原因。
[学生回答] 洋务运动创办近代工业，一定程度上抵制了西方的经济侵略，迈出了中国近代化的第一步，客观上促进了中国近代民族资本主义的产生。洋务运动学习西方的技术，对于西方的学习停留在表面，只是器物层面，这是其失败的重要原因。

[教师提问] 郑观应曾这样批判洋务运动："西人立国……育才于学堂，论政于议院……此其体也。……中国遗其体而求其用……常不相及。"郑观应的看法与洋务派有何不同？

[学生回答] 郑观应主张在学习西方技术的基础上，进一步学习西方的政治制度和教育。

（二）变法梦

[教师活动] 教师出示材料：

材料五

戊戌变法的领导人康有为和光绪，他们不是掌握实权的人物，推行的是自上而下的改革，改革初期目标就指向政治体制框架内的官僚势力，使自己陷入有着制度化、专门化和规模庞大的官僚队伍的包围之中。……戊戌变法是"宫廷里面的革命"……基本就是康有为等一群维新派知识分子和官员把建议和奏折上书到光绪，光绪觉得建议很好，很快变成诏书和谕令布告全国。对于改革过程中出现的分歧，在慈禧、光绪、守旧派、维新派之间，没有一个辩论和协商机制，大家相互猜忌，各自私下准备采取行动自保，而最后的决定权又掌握在慈禧一人手中，改革失败的风险极高，结局也是以搜捕杀害维新派人士而剧终。

——摘自袁杰、王鹏飞《戊戌变法失败的原因及其对深化改革的启示》

材料六

戊戌变法期间，光绪皇帝共计发布变法诏令184条，包括政治、经济、文化教育等各个方面。对此，时任海关总税务司的赫德指出："他们把足够的东西不顾它的胃量和消化能力，在三个月之内，都填塞给它吃了。"

——摘自［美］马士《中华帝国对外关系史》

[教师提问] 依据材料，分析戊戌变法失败的原因。

[学生回答] 戊戌变法失败的原因有：封建保守势力的抵制与破坏；维新派实力薄弱，并且只能依靠手无实权的光绪皇帝；维新变法运动群众基础薄弱。

[教师讲述] 戊戌变法在思想文化上产生了深远影响，但最终失败了，说明资产阶级改良道路在中国不可行，所以，以孙中山为首的资产阶级革命派走上了另一条道路。

（三）共和梦

[教师活动] 教师出示材料：

材料七

辛亥革命是胜利了，而不是失败了的理由如下：第一，辛亥革命已经胜利完成了它应该完成的社会历史任务……第二，辛亥革命形成的积极成果得到保留和发展，革命的敌对势力虽然千方百计想否定它、破坏它、篡改它，但始终未能得逞……第三，辛亥革命作为一场运动，它有发生、发展和终结的过程，它完成了它应该完成的历史使命后，让位于新的运动，以新的形式在前进过程中寻求发展。

——徐梁伯《辛亥革命"失败说"献疑——兼论史学与政治主导意识同构现象》

材料八

就革命性质来说，辛亥革命是资产阶级的民主革命，反帝反封建是中国民主革命的两大任务。但是辛亥革命后，帝国主义和封建势力这两座大山依然压在中国人民的头上。

——陈旭麓《近代中国社会的新陈代谢》

[教师提问] 依据材料结合所学知识，谈谈对于辛亥革命结局的认识。

[学生回答] 辛亥革命推翻了清政府，结束了中国两千多年的封建专制，建立了中华民国，颁布了中国近代第一部资产阶级成文宪法《中华民国临时约法》，推动了近代社会和文化的发展。但是，辛亥革命未能完成中国民主革命反帝反封建的两大任务，最终走向失败。

（四）文化梦

[教师活动] 教师出示材料：

材料九

我没见过他，怎么能爱他？我没有爱他，又怎么能嫁他？这简直是一件买卖，拿人去当牛马罢了。我要保全我的人格，还怎么能承认什么礼教呢？

——1919年的《新诗年选》摘录：《自觉的女子》

材料十

聚集在《新青年》周围的知识分子的重要性是很难估价的。他们的著作铸成了一代年轻学生的信仰和态度。1919年五四运动后，这些学生是政治上的主力军，并成为现代中国革命的领导者。

——美国学者莫里斯

材料十一

倡导新文化的人们对中西文化存在着明显的偏向。如常常把中西的问题视作是非的问题，甚至全盘否定中国固有的文化传统，在重新审视旧传统旧观念时也往往是批判的激情多于批判的理性。但他们代表了那个时候最进步的认识。

——陈旭麓《近代中国社会的新陈代谢》

[教师提问] 依据材料结合所学知识，谈谈新文化运动的影响。

[学生回答] 新文化运动激发了近代女子独立意识的觉醒，冲击了传统的旧礼教；新文化运动解放了人们尤其是年轻人的思想，为五四运动奠定了思想和人才的基础。新文化运动全盘否定的中国的传统文化，对中国传统文化的传承产生了一些消极作用。

[教师活动] 教师出示材料引导学生观察图1至图7及文字说明，请同学们选出其中两张并提炼一个主题，结合史实加以说明。

图1 美国人富尔顿1807年研制成功世界第一艘蒸汽机轮船"克莱蒙特"号

图2 1865年安庆内军械所中国人自己研制成功的中国第一艘木壳轮船

图3 京师同文馆课堂上的中国学生和外教。1902年同文馆并入京师大学堂

史海引航——中学历史贯通培育

图4 马克思与《共产党宣言》　　图5 孙中山与《中华民国临时约法》　　图6 梁启超与《时务报》

图7 陈独秀与《青年杂志》

——图1和图4出自统编版《世界历史·九年级上册》，其余出自统编版《中国历史·八年级上册》

［学生活动］学生讨论并回答。

三、课堂小结

［教师活动］教师出示板书结构图。（见图8）

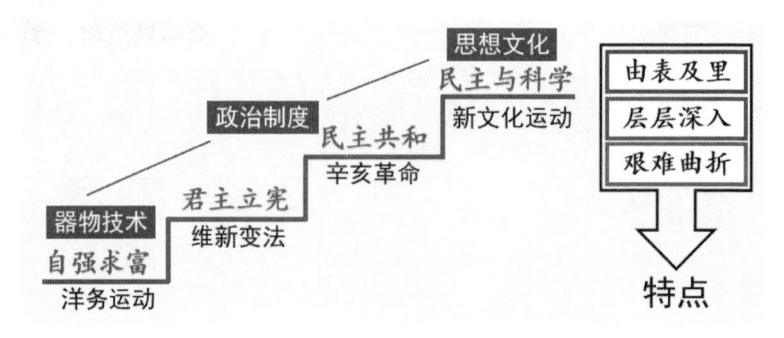

图8 中国近代化历程示意图

[教师讲述]鸦片战争后,中国面临"千年未有之变局",而中国也艰难地开启了近代化的进程,也开始了中国梦的萌发。洋务运动学习技术,戊戌变法和辛亥革命学习制度,新文化运动学习思想,仁人志士在艰难中不断探索国家的出路,由表及里,层层深入。囿于时代所限,这些运动都归于失败。但是,可喜的是,人们的眼界逐渐开阔,人们的思想逐渐获得解放,尤其是有知识、有理想的青年人在不断崛起,成为救亡图存的先锋。

四、教师点评

《中国近代化的探索》一课的教学设计,学生通过学习中国近代化探索过程,理解近代化探索的艰难曲折,体会近代国人的爱国精神和社会责任感。

这节课的教学设计根据学生年龄特点和认知特点,关注初高中在核心素养方面的贯通衔接。在教学设计中,运用近代化探索的文献资料,意在提升学生的历史解释能力和史料实证能力;使用图片、音乐、表格等资料,让学生体验感更强,学生的爱国情怀、历史价值观在教师的引导下自然而然、水到渠成。

这节课教学设计问题链设计巧妙。在教学中,教师根据每个环节的不同,用情境设问、材料设问、不断追问,环节之间也是用问题衔接,整个课堂学生的思维始终跟在老师的问题引导中,学生的专注力、思维力都得到提升。

本节课的教学设计凸显学生的主体地位。多个环节中都使用学生讨论的方式、小组探究的方式,由学生探讨交流得出问题的答案,改变了传统的以教师为中心的教学模式,培养学生自主分析问题和解决问题的能力;团队合作意识也得到了锻炼和提高。

(点评人:张绵)

国家出路的探索与列强侵略的加剧
——高一上

◇ 李昂

教学分析

> 教学目标
1. 通过重温太平天国、洋务运动的史实，认识太平天国、洋务运动对中国的影响，培养学生综合分析问题的能力，培养学生历史解释素养。
2. 通过分析洋务运动的相关史料，培养学生阅读史料、提取信息的方法；通过分组讨论，培养学生主动探究、合作交流的历史学习方法，培养学生时空观念、史料实证素养。
3. 通过洋务运动的视频和图文史料，认识地主阶级的探索，为当时的中国社会带来的近代化因素，培养学生家国情怀和唯物史观素养。

> 重点难点
重点：洋务运动失败的原因；洋务运动对中国社会的影响
难点：洋务运动对中国社会的影响；地主阶级为挽救危局所做的努力及存在的局限性

一、导入新课

[教师活动] 教师出示材料：

材料一
……无廉无耻、卖国固位、得罪天地祖宗也。

——《台湾省誓死不与贼臣俱生公启》

材料二
……清廷柱石之臣，清国唯一之政治家。

——吉田宇之柱《李鸿章》

材料三

　　我（李鸿章）办了一辈子的事，练兵也，建海军也。

——摘自吴永《庚子西狩丛谈》

　　[教师讲述] 他，是安徽人；他，是晚清重臣；他，24 岁中进士，被封肃毅侯；他，镇压太平天国、主办洋务运动、筹建北洋水师；他，叫李鸿章。有人说李鸿章无廉无耻、卖国固位，也有人说他是柱石之臣、国之栋梁，但是他却说自己办了一辈子事儿，就是练兵、建海军。真的是这样吗？今天我们就带着诸多困惑走入课堂，看一看李鸿章的一生与其背后的时代。

二、讲授新课

　　[教师活动] 教师出示材料：

材料四

　　1843 年，鸦片战争的影响尚未渗透中国大地，出生在合肥的李鸿章这一年 20 岁，意气风发地来北京参与科举考试，那一年，他写了这样一首诗：

　　丈夫只手把吴钩，意气高于百尺楼。一万年来谁著史？三千里外欲封侯！

　　定将捷足随图骥，哪有闲情逐水鸥！笑指卢沟桥畔月，几人从此到瀛洲！

——李鸿章《入都》

　　[教师提问] 青年李鸿章此时有着怎样的心态与志向？

　　[学生回答] 壮志雄心、意气报国。

　　[教师提问] 结合时代背景，分析青年李鸿章为何会有这样的心思？

　　[学生回答] 中国刚刚开始沦为半殖民地半封建社会，大多数人尚未受到时局影响，作为传统士大夫的李鸿章仍抱有古代式的家国思路。

　　[教师讲述] 时光似水，转眼间到了 19 世纪 50—70 年代，李鸿章也到了中年，此时的李鸿章已身居高位。面对内忧外患，李鸿章又是如何自处的？

[教师活动] 教师出示材料：

材料五

1865年，身为江苏巡抚、正在镇压捻军的李鸿章突然得知上海虹口有一个洋人办的铁厂，如今洋人愿意出售，但是要价极高。早就想发展中国造船业的李鸿章十分动心，但无奈经费不足。

经朝廷批准，李鸿章从海关抽调两万两银子，最终买下了铁厂，组成江南制造总局。……1867年，由于上海虹口已成为美国租界，美方在租界内立法，不允许中国人在租界内生产军火，江南制造总局于当年9月在高昌庙动用官府势力强征70亩地建设新厂房。

——摘编自陈太年《中国近代第一艘机器动力兵船》

[教师提问] 材料中反映出中国出现了什么变局？

[学生活动] 学生从"镇压捻军"这一行迹中可以分析出清王朝面临农民起义、阶级矛盾严重的问题；从"经费不足"中提炼出清王朝财政空虚；从"动用官府势力强征"中可看出清朝统治专制腐败。从这三点总结出清王朝面临多重内忧。

从"上海虹口有一个洋人办的铁厂"结合史实分析出西方列强在中国办厂，中国正遭受列强的经济侵略；从"上海虹口已成为美国租界"总结出中国正在遭受列强的政治侵略。从这两点中总结出中国面临外患。

综合可以看出，19世纪50—70年代清王朝面临内忧外患。

[教师提问] 李鸿章如何应对内忧外患的时代变局？

[学生活动] 学生从材料中"镇压捻军的李鸿章"分析出他通过镇压的方式解决农民起义问题，以图解决内患；从材料中"从海关抽调两万两银子，最终买下了铁厂"分析出李鸿章开始学习西方工业模式、创办军事工业，联系史实可以分析出李鸿章正在创办的是洋务运动中的军事工业，试图以此抵御列强的侵略、解决外患。

[教师活动] 教师出示材料：

材料六

太平天国运动虽然失败，但它沉重打击了清王朝的统治，引起政治和权力结构的变化。随着湘淮系官僚集团的崛起，中央权力下移，对此后历史的发展产生重大影响。

——统编版《中外历史纲要（上）》

[教师提问] 李鸿章此时只是江苏巡抚，结合材料五、材料六分析为什么会有这样的权力兴办洋务军事企业？

[学生活动] 学生依据材料五中"经朝廷批准……"分析出，清王朝支持李鸿章开办洋务企业；依据材料六的信息分析出太平天国运动导致清王朝权力下移，地方官员得以获得权力。

[教师过渡] 李鸿章身处时局，不断革新，企图力挽狂澜、一扫清王朝之颓势。时间来到了19世纪80年代，新的问题又出现了。

[教师活动] 教师出示材料：

材料七
顽固派抬出了封建教条，全面地反对学习"西学"……他们指责洋务派自造船炮是"虚耗国资"……

——摘编自姜铎《洋务运动研究的回顾》

材料八
士大夫囿于目前苟安而遂忘前二三十年之何以创巨而痛深，后千百年何以安内而制外？国家诸费皆可节省，惟……练习枪炮、制造兵轮之费万不可省，否则国无与立，终不得强矣。

——摘编自李鸿章《筹议制造轮船未可裁撤折》

[教师提问] 李鸿章面临什么新的问题？

[学生活动] 学生从材料七中前半句分析出，顽固派反对李鸿章学习西学；从材料七"虚耗国资"和材料八"国家诸费皆可节省"分析出清王朝当时面临财政困境。

[教师提问] 顽固派的反对是否有其道理？

[学生回答] 洋务派此时行办的皆为军事工业，无盈利项目，对国家财政造成较大负担。

[教师活动] 教师出示材料：

材料九
船炮机器之用，非铁不成，非煤不济……若能借用洋器洋法而不准洋人代办，此等日用必需之物（煤、铁），采炼得法，销路必畅，利源自开，得其余利，且可养船练兵，于富国强兵计，颇有裨益。

——摘编自李鸿章《筹议制造轮船未可裁撤折》

[教师提问] 李鸿章如何破局解困？

[学生回答] 李鸿章的破局之法为创办民用工业，以民用工业所得补贴军事工业。

[教师提问] 从材料中看，创办民用工业还有没有其他好处？

[学生回答] 创办民用工业可与洋商分利，在一定程度上抵御列强的经济侵略。

[教师活动] 教师出示材料：

材料十

西洋……学堂造就人才之道，条理精严，迥非中土所及。

——李鸿章《复郭筠仙星使》

[教师提问] 要想实现材料九中所提及的"借用洋器洋法而不准洋人代办"还需要什么？

[学生回答] 兴办近代教育。

[教师活动] 教师补充材料三：

材料三

我（李鸿章）办了一辈子的事，练兵也，建海军也，都是纸糊的老虎……如一间破屋，由裱糊匠东补西贴……

——摘自吴永《庚子西狩丛谈》

[教师讲述] 到此，李鸿章虽说他只练了兵、办了海军，但是为了兴办新式军队，他兴办了军事工业、民用工业，发展了近代教育。成就颇丰的他，为什么说自己的所作所为只是做了一名"裱糊匠"呢？真相到底是什么？

[教师活动] 教师出示材料：

材料十一

表1 部分洋务企业结局

洋务企业	结局
基隆煤矿	破产封闭
开平煤矿	被英国收购
福州船政局	停办
汉阳铁厂	沦为向国外借贷的抵押品

材料十二

1878年，清政府接管基隆煤矿，定为洋务企业，改为官办，采用机器生产。但因为经营混乱，产量大幅下降……经营者以官营老大自居，不问市场具体行情，拒绝降价销售以争取市场。最终企业亏损巨大，再也无法经营下去。

1890年，基隆煤矿拟改为官督商办，但清政府却认为："商有权而官无权，黑白颠倒"，合办之事作废。……1892年，基隆煤矿只好全部封闭。

——摘编自刘宽民《洋务运动失败的体制因素探析》

[教师提问] 洋务企业最后的结果都是如何的？以基隆煤矿为例，看看洋务企业失败的原因是什么？

[学生回答] 基隆煤矿因为经营管理混乱、官督商办、不尊重市场规律等而最终失败。

[教师活动] 教师出示材料：

材料十三

洋务派……只是引进资本主义国家新的军事和生产技术，是在封建制度的基础上修修补补，洋务运动的失败是必然的。

——统编版《中外历史纲要（上）》

材料三

我（李鸿章）办了一辈子的事，为练兵也，建海军也，都是纸糊的老虎……如一间破屋，由裱糊匠东补西贴……

若扯破……自然真相破露，不可收拾。

但裱糊匠又何能负其责?

——摘自吴永《庚子西狩丛谈》

［教师讲述］洋务派没有改变清王朝的政治制度，因而无法改变当时的局面，其失败是必然的，李鸿章作为"修修补补"的裱糊匠，自然无法完全负责。

［教师活动］教师复现材料：

材料一
……无廉无耻、卖国固位、得罪天地祖宗也。

——《台湾省誓死不与贼臣俱生公启》

材料二
……清廷柱石之臣，清国唯一之政治家。

——吉田宇之柱《李鸿章》

材料三
但裱糊匠又何能负其责?

——摘自吴永《庚子西狩丛谈》

［教师提问］如何看待分析上述评价，并通过史论结合进行阐释。
［学生活动］学生自由讨论，分析上述评价。
［教师活动］教师出示总结材料：

劳劳车马未离鞍，临事方知一死难。
三百年来伤国步，八千里外吊民残。
秋风宝剑孤臣泪，落日旌旗大将坛。
海外尘氛犹未息，诸君莫作等闲看。

——李鸿章《临终诗》

三、课堂小结

经历甲午战争、八国联军侵华、《辛丑条约》的协商，李鸿章心力交瘁，于1901年11月7日与世长辞，享寿78岁。临死前，李鸿章留下这样一首《临终诗》：一辈子有如劳碌车马从未离鞍，可生命到了终点却死不得安；三百年的国体早已重伤，八千里的国土遍地破残；秋风萧瑟之时，孤臣只能落泪；大将虽能登坛，但已落日旌旗。

李鸿章临死劝导后辈莫作等闲看，后人也未作等闲看。1901年，78岁的李鸿章成为历史，而48岁的张謇放弃功名、实业救国；44岁的康有为并不气馁、继续维新；35岁的孙中山奔波海外、筹备革命。一批批时代新人不断为国家奔走，为新的世界不断努力，这些事迹我们将在之后继续学习。

四、教学点评

《普通高中历史课程标准（2017年版2020年修订）》中对本课的要求是：认识社会各阶级为挽救危局所做的努力与存在的局限性。对比义务教育阶段的课标要求，学生对知识的学习需要从"了解"上升到"认识"层面。因此，教师通过李鸿章的一生，将个人与时代紧密结合，为学生剖析洋务运动对中国社会的影响及地主阶级为挽救危局所做的努力，并进而认识其局限性。本课在初高中核心素养的贯通培养方面主要关注了以下两点：

一是李鸿章其人其事。历经初中历史学习后，学生对李鸿章及他参与的近代重大历史事件是熟悉的，以此导入课程，拉近学生的亲近感。教师的提问"真的是这样吗？"进一步勾起学生继续学习探究的欲望，教师进一步引导学生探询李鸿章及其背后的时代，从而培养学生的时空观念和历史解释的核心素养。

二是对李鸿章的评价。初中阶段评价历史人物能做到一分为二的评价即可，而高中阶段需要对不同评价作出判断并能进行合理解释。基于此，教师在本课最后一个环节中引导学生通过史论结合对李鸿章的一生作出合理解释，这就达到了历史解释核心素养学业质量水平4的要求。

（点评人：刘童）

西欧庄园
——九年级上

◇ 辛灵

教学分析

> 教学目标

1. 了解庄园的领主与佃户、庄园法庭等重要史实，初步理解庄园制是西欧中世纪社会的基础，提高对历史问题的阐释能力。
2. 通过庄园游戏方式模拟中世纪平民皮埃尔，师生共同探讨庄园领主与佃户的生产生活状况；结合教材相关史实中庄园法庭的记录，正确理解庄园法庭的运行特点和作用。
3. 探究西欧庄园对中世纪文明进程的影响，有助于了解世界历史的演进历程。

> 重点难点

重点：庄园的领主与佃户、庄园法庭

难点：庄园法庭的职能和作用

一、导入新课

[教师活动] 我们一起进入一个游戏"西欧晨曦庄园"。在游戏中由你们做玩家扮演平民皮埃尔，这个名字在法国很普遍。游戏期间大家可以通过工作改变自身能力值。不同的选择将决定皮埃尔的将来，能不能登上人生巅峰就看大家的了。

玩家名称：皮埃尔

起始能力值：100

年龄：18 岁

技能：耕地、做面包

户籍地：法兰西圣日耳曼地区

二、讲授新课

（一）平民的安全岛
1. 庄园制的背景

[教师活动] 教师出示材料一，并提问：概括10世纪欧洲的基本状况？

材料一

约隔半个世纪，每年夏天，都有几伙维京海盗骚扰英格兰和法兰西低地部分和沿河流域。

——布莱恩·蒂尔尼、西德尼·佩因特《西欧中世纪史》

[学生活动] 从欧洲历史背景看，有海盗骚扰不太平，游戏中能力值100有可能存活下来。

[教师活动] 10世纪的西欧面临来自四面八方的威胁。东边的匈牙利人不时前来骚扰，西边的阿拉伯人侵占了大量土地。更危险的是，每年夏天都有凶悍的维京海盗劫掠英格兰和法兰西低地部分和沿河流域。在这种情况下，你会做出什么选择？

A. 抵抗侵略军，维护和平（0）

B. 举家逃亡，去没有战争的地方（0）

C. 投靠领主，失去自由，成为农奴（-50）

[学生活动] 选A，皮埃尔骁勇善战，以一敌百，但是战斗力有限，惨死前线，很遗憾失去所有能力值。

选B，皮埃尔逃亡路上遇见土匪，搏斗中被误杀，很遗憾失去所有能力值。

看来只能选C，投靠领主，失去自由，成为农奴。

[教师活动] 教师出示材料二。罗马帝国灭亡后，西欧陷入了长时间的战乱。很多农民自愿成为农奴，因为活着是首要考虑的问题，而庄园是拥有武装力量的领主建立的，在一定程度上保证了农奴的生命安全，因此庄园成为平民战乱中的安全岛。

材料二

对自由农来说，如果在战乱时期成为农奴倒也不是坏事，当维京人和其武装侵略者来袭之时，顺从庄园制度就可以获得领主的保护。失去生命还是失去自由？在这样的情况下，成为农奴甚至可以说是个更好的选择。

——朱迪斯·M.本内特、C.沃伦·霍利斯特《欧洲中世纪史》

2. 领主的契约

［教师活动］平民在战乱中无奈的选择也促进了西欧庄园制的发展。庄园的核心就是领地，说到领地、领主是从何而来？其实就是上节课讲到的封君封臣制度。当农奴归顺领主时，需要签订契约。我们一起阅读材料三，看看皮埃尔会获得什么？又要付出什么？

材料三

领主［菲拉斯·德佩］与［皮埃尔］，于城堡前树下，达成以下契约：

皮埃尔愿意全心全意为领主大人耕种土地，从溪流向东至公共林地，向北至公共草场的 50 英亩狭长地。尽力保证土地良好耕种状态，以生产足够的农产品。

按照惯例和当地规定，向领主大人交谷物收成的十分之一，水果蔬菜收成的十分之一，家畜产量的十分之一。为领主耕种土地，在领主需要时看家或充当劳动力。

领主大人承诺保护皮埃尔及家人的人身安全，不得没收个人财产，不得过度征税。需负责皮埃尔一家生病时的医疗，包括安排婚丧嫁娶。皮埃尔将世世代代为领主服务，领主需依据上述责任予以关照。如有争议可到法庭审判裁决。

——依据朱迪斯·M.本内特《欧洲中世纪史》编写

［学生回答］获得契约一份，持有此契约时，则能力值 +50。

（二）独立的王国

1. 自给自足的经济

［教师讲述］中世纪谚语说道："没有无领主的土地"，也就是说那个时候的土地都属于领主，所以西欧封建制就是庄园制。庄园里面有农宅、磨坊、草地、耕地、果园，甚至还有墓地，看来生老病死都可以在这里解决。

［教师提问］西欧庄园有什么特点？

［学生回答］自给自足，服务领主。

［教师提问］庄园是一个在领主统治下的自给自足的经济单位和政治单位。皮埃尔在庄园里又会发生什么故事呢？认识了什么人？做什么工作？

［学生活动］自由回答。（能力值 +10）

2. 庄园生产生活

［教师活动］教师出示材料四并结合教材内容，引导学生描绘皮埃尔一家日常生活。

材料四

领主佃户除了每周三天为庄园主耕种土地，还有做不完的劳役，交不完的"磨坊费、酿酒费……"等各种费用。

14世纪是人兰格伦在《农夫皮尔斯》中描述道，"我开沟挖地，按他的吩咐干活，时而播种种田，时而收割打晒"，"人人都将纺线施肥，埋头苦干"，"既为他种地，又为她饲养牲畜"。

——克里斯·威克姆《罗马帝国的遗产400—1000》

［教师提问］皮埃尔的生活比较悲惨，每天都要耕种，有做不完的劳动，交不完的各种费用。庄园领主和农奴是什么关系？

［学生回答］剥削与被剥削的关系。（能力值+10）

［教师活动］皮埃尔要改变命运努力耕种土地，开启副本游戏。游戏中呈现中国土地和西欧土地的对比界面，两个区域的土地有什么差别？

［学生回答］西欧的土地是条状，而中国的土地是块状。（能力值+10）

［教师提问］为什么？

［学生回答］地理气候不同。（能力值+10）

［教师讲述］西欧属于温带海洋性气候，全年降水较多，需要筑垄和挖沟排水，而当地日耳曼人习惯重犁深耕，耕具不容易多次转向，所以就形成条状的土地。

（三）黑暗中的微光

［教师活动］教师出示材料五：

材料五

被指控没有将牧草装上马车，被领主告上法庭。但皮埃尔坚称：他没有装草的义务，除非他们出于自愿，主动这样做。

——侯建新《资本主义起源新论》中庄园法庭案记录

［教师提问］皮埃尔坚称他没有装草的义务，这怎么办？阅读教材，同学们想一想在哪里解决这个矛盾？用什么方法解决？

［学生回答］庄园法庭领主主持，根据习惯法，惩罚多是罚金。（能力值+10）

［教师活动］请同学举手表决哪方获胜？教师出示材料六。

材料六

为此，皮埃尔查阅了有关农奴劳役的惯例，然后确认：这些茅舍农（农奴）有义务在草地上或者领主庭院中将牧草垛起，但没有义务将牧草装上马车。

——侯建新《资本主义起源新论》

材料七

佃户因为没有认真耕种领主的田地，被罚款6便士；佃户的家畜误入领主的园子，被罚款6便士；只要领主的磨坊能够磨面粉，就不得到庄园以外磨面粉，违者被罚款20先令。

无权享用公共牧场但仍在牧场内放牧的人，侵犯了全体村民的权益，判令他们从牧场牵走他们的牲畜，从此不得占用牧场，违者还要被罚款；不按规定价格卖酒的人，也要被罚款。

W. 德·T 的人向法庭申请领回自己走失的黑母牛，这头牛在领主的牲畜栏里被发现，庄园法庭经过审议将这头黑母牛归还给了他。

1272年在斯塔夫德郡的阿尔鲁斯，"法庭全体人员要求领主应召前来答复他的一个佃农，领主是否依据国王的令状对该佃农提起诉讼"，在下一次法庭上，领主因未出席法庭而被扣押财物。

——詹姆斯·W. 汤普逊《中世纪经济社会史（300—1300年）》

[教师提问] 根据材料，说明庄园法庭有什么作用？

[学生回答] 庄园法庭维护庄园公共秩序，维护领主的利益，但一定程度上也能维护农奴的利益，限制领主的特权。

[教师活动] 经过庄园法庭，皮埃尔有一次提升能力的机会，继续进入副本游戏。教师出示材料八，引导学生思考庄园法庭为何有司法权力。

材料八

庄园是自给自足的经济单位，一切生产主要是为了满足领主及其家属的生活消费。

——谢丰斋《世界中古史：公元5—15世纪的古代世界》

材料九

与古代的奴隶身份相比，农奴的地位要高些，农奴日常生活要遵守村社的习惯，他在村社有发言权。最重要的是这些习惯保证了他拥有自己土地的权力，并且可以把土地传给继承人。

——布莱恩·蒂尔尼、西德尼·佩因特《西欧中世纪史》

[教师讲述]材料八、材料九印证了之前的结论——庄园是独立王国。西欧没有像中国封建社会那样建立起强有力的中央集权，所以庄园领主权力很大，能够掌控庄园内一切事物，甚至包括司法权。

（四）麦糊庄园的未来
[教师活动]教师出示材料十：

材料十

即使中世纪（西欧）农奴的命运确实比罗马的奴隶要强得多。……但它依然是粗陋的、可怜的，为现代人所难理解。住处一般是破陋的茅棚，用糊上泥巴的枝条编成的篱笆搭成。据说，一顿好饭经常包括两道饭菜：非常像粥的麦糊和非常像麦糊的粥，这不完全是玩笑。水果几乎没听说过，蔬菜限于洋葱、韭菜、萝卜和甘蓝之类，统统煮成一种稀汤。肉食一年难得碰上几遭。

——罗伯特·E.勒纳等著，王觉非等译《西方文明史》

[教师讲述]皮埃尔在这样的麦糊庄园未来的命运会怎样？今天得分最多的皮埃尔，将为领主所信赖，被提拔为管家。后来风云变化，世事无常，领主因为奢侈无度的生活，濒临破产。你会如何选择？（不同的选择会有不同的结局）

A.忠诚领主，继续打理庄园

B.买下领主的土地，雇佣农民耕种

C.逃到城里

不同的选择有不同的结局：

A.西欧庄园9世纪兴起，11世纪遍布欧洲，14世纪走向衰落。继续打理庄园将会面临破产的风险

B.你接下来的故事将在第13课学习

C.城里会发生什么故事呢，请翻到第9课学习

[教师讲述]风云变化，世事无常，领主因为奢侈无度的生活，濒临破产。如果你是其他"皮埃尔"你会如何选择？（不同的选择会有不同的结局）

A.日子一天天过去

B.被卖给其他领主，继续种地

C.缴纳赎身费，获得人身自由

D. 逃到城里去

不同的选择有不同的结局：

A. 因为庄园衰落，你成为流浪汉

B. 如果你积累了一定资金，可能有新的结局，你接下来的故事将在第13课学习

C. 如果你是一个愿意奋斗的人，那你接下来的故事将在第13课学习

D. 城里会发生什么故事呢，请翻到第9课学习

三、课堂小结

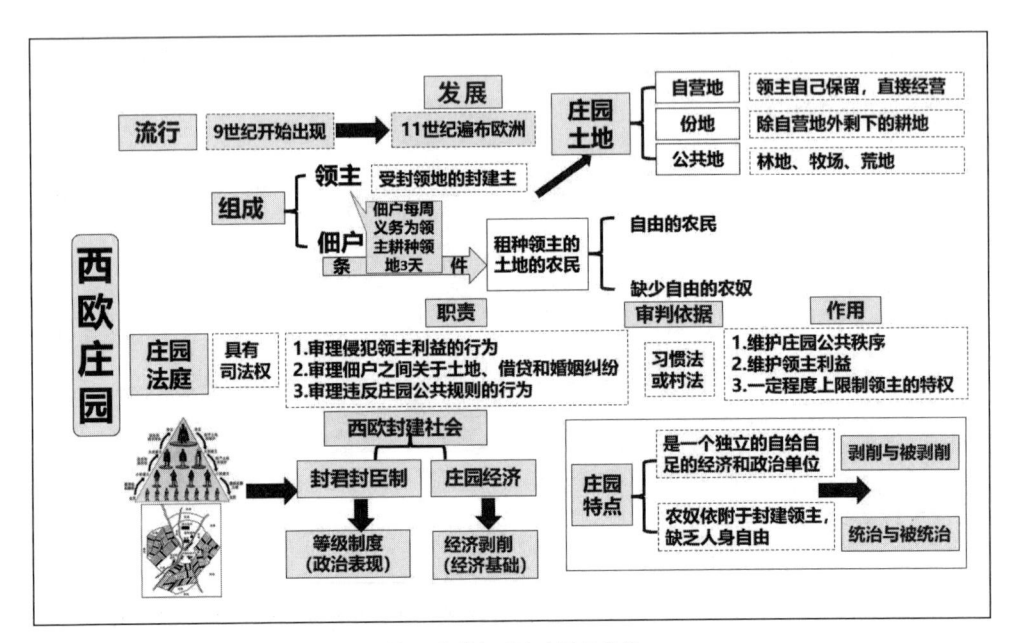

图1 中世纪西欧庄园示意图

本节课我们通过模拟游戏沉浸式地体验了中世纪欧洲庄园的生产生活。（见图1）一千个人眼中就有一千个皮埃尔，对有些人来说是麦糊庄园，对有些人来说可能就是晨曦庄园，这里也孕育着希望。下节课我们继续皮埃尔的中世纪之旅。

四、教学点评

《西欧庄园》这节课的教学设计,通过对西欧庄园经济、庄园法庭的学习探究西欧庄园对中世纪文明进程的影响,提高对历史问题的阐释能力,了解世界历史的演进历程。

这节课的教学设计充分关注初高中在核心素养方面的贯通衔接。在教学设计中,教师以课标为依据,创设情境以模拟人生的游戏方式突破核心知识点,推动学生形成更积极的学习体验。初中侧重感知历史细节,为高中学习形成理性认知打下基础。

这节课教学设计突出情境教学的作用。用游戏的情境方式,提升学生的兴趣和热情,游戏环节的设计紧扣课本知识,通过庄园游戏模拟中世纪生活,感受庄园领主与佃户的生产生活状况,学生参与度高,收获感强,教学效果突出。

(点评人:张绵)

中古时期的欧洲
——高一下

◇ 李昂

教学分析

> 教学目标

1. 通过初高中教材的对比与梳理，以西欧庄园制度为切入点，了解中古西欧的封君封臣制、庄园与农奴制度，培养史料实证、历史解释的核心素养。
2. 通过分析史料，了解中古西欧王权的加强、城市的兴起与教会势力的发展，培养历史解释、时空观念的核心素养。
3. 通过知识梳理与史料研习，了解东欧拜占庭帝国的成就与俄罗斯帝国中央集权制度的建立，培养唯物史观、史料实证的核心素养。

> 重点难点

重点：中古西欧王权的加强、城市的兴起与教会势力的发展

难点：中古西欧的封君封臣制、庄园与农奴制；中古西欧王权的加强、城市的兴起与教会势力的发展

一、导入新课

[教师导入] 教师出示材料：

材料一

"封建"一词的语源，出自《尚书》和《左传》。"封"，即分封，"建"即建邦国。分裂国土，建立诸侯及封君的小邦国，这是语词的本来语义。中国历史中典型的宗法封建制度，是在西周。秦帝国是中国历史上实行中央集权的第一帝国，它以郡县制取代了封建制。……秦汉以下的中国古代社会，是传统社会，是农业社会，是君

主制度，但并不是所谓"封建制度"。……尽管中国的历史情况与欧洲模式完全不合，历史学家却宁可置概念的混乱于不顾，也要把早已不存在"封建制"的中国古代社会定名为"封建制度"——以便使之与西方语言中的feudalism(封建主义)一词相合。

——何新《中国古代史有待重新审视》

[教师讲述]封建社会一词的概念中外不同，我们所熟知的封建概念来自西方，指的是以庄园为基础的封建制度。

二、讲授新课

（一）以庄园为基础的封建制度

[教师活动]教师出示材料：

材料二

一个典型的庄园实际上包括有七种不同类型的土地……1.领主的自留地，部分由领主的特种农奴、部分由农村的农奴来耕种；2.领主的围地，租给贱农或租户农民；3.庄园农奴的租地；4.干草地；5.森林地；6.荒地；7.教区的领地，由农奴代替教士耕种……

——摘编自汤普逊《中世纪社会经济史》

材料三

庄园自营程度很高，生产的一应环节管家均需照顾，直到为国王准备好所要消费的一切……庄园经营的目的十分明确，它只是为了满足封建主的消费所需……

——马克垚《西欧封建经济形态研究》

[教师提问]初中我们已经学习过庄园制度，庄园的特征是什么？

[学生活动]在教师的引导下，指出庄园制度下以农业为主、分工明确，以农奴为主要劳动力，自给自足。

[教师活动]教师出示材料：

材料四

在关于封建主义的词汇中，任何词汇都不会比从属于他人之"人"这个词的适用范围更广，意义更泛。在罗曼语系和日耳曼语系各种语言中，它都被用来表示人身依附关系，而且被应用于所有社会等级的个人身上……如同农奴是庄园主的"人"一样，伯爵是国王的"人"。……关于这一点，11世纪末的一件事可为例证。诺曼修女们在一份请愿书中申诉说，她们的"人"（即她们的农夫），被一位男爵挟持到他的"人"（即男爵的附庸骑士）驻守的城堡去劳动……各社会等级之间虽存在着一条鸿沟，但他所强调的是根本的共同因素：即一个人对另一个人的从属。……寻找一个保护人，或满意地成为一个保护人，这些事情在所有时代都是寻常之事。但是我们发现，除非在社会结构的其他部分正在崩溃的那些文明中，这样的事情几乎不能引起新的法律制度的产生。

由于生活状况不同而永远与其他人分离开来的一些依附者群体已经存在。这就是簇拥在包括国王本人在内的各豪强身边的私家武士群体。在当时困扰统治阶层的难题中，最迫切需要解决的不是和平时期对国家或私人地产的管理，而是获得进行战争的手段。……战争在许多世纪里将被视为每个领袖人物一生的正常的事业，也是每一个权力机关存在的理由。

——马可·布洛赫《封建社会》

[教师提问] 结合材料思考，为什么中古西欧会形成这样的制度？

[学生活动] 学生依据材料并结合教材，在初中所学知识的基础上理解中古时期西欧社会中广泛存在的人身依附关系。

[教师提问] 在这种人身依附的关系之下，形成了怎样的政治制度？

[学生活动] 学生依据材料结合教材，指出封君封臣制度，同时理解封君封臣制度是西欧人身依附关系之下衍生的政治制度。

（二）中古西欧的变化

[教师活动] 教师出示材料：

材料五

威尼斯的起源没有历史文献记载。数名历史学家引用可靠证据指出：威尼斯早期人口为罗马城市的难民，他们为了逃避日耳曼人攻击，便从临近多地逃难而来。

——博肖《威尼斯的起源》

材料六

西罗马帝国灭亡后,很多城市成为废墟。随着农业、工商业的发展,大约从9世纪末开始,西欧城市得到恢复和发展。最早的中世纪城市出现于地中海沿岸,此后逐渐向内陆深入。……至14世纪初,西欧城市城镇总量达万余座。

——武寅《简明世界历史读本》

[教师提问] 西欧的中世纪不仅仅有广泛的农奴庄园和立足于其上的封建贵族,也有一些新情况出现,这就是我们所知道的西欧城市。这些城市的居民是什么身份的人?

[学生回答] 从罗马帝国的城市逃难者、各种来源的工商业者。

[教师活动] 教师出示材料:

材料七

城市最初坐落于封建领地内,如同一个以集体名义获得封土的封臣,是封建秩序中的一个组成部分,也要受到领主的统治。城市本身的司法权有限,思想方面仍受到教会的控制。……11世纪前后,欧洲城市开始了争取自治的斗争,他们争取的权力包括:居民摆脱农奴身份成为自由人;组建审理一般案件的城市法庭;不再承担对领主的劳役,每年按固定数额向领主纳税……

——武寅《简明世界历史读本》

[教师提问] 这些城市在最初处于什么地位?之后发生了怎样的变化?

[学生回答] 城市最初受封建贵族和教会的控制,之后逐渐获得自治权。

[教师活动] 教师出示材料:

材料八

第一,颁发城市特许状是国王和封建领主维护自己的领主权的一种"迫不得已"的"行为"。封建领主为了维护其领地上的封建权力不得不依靠城市的武装力量来增强自身的军事防御并聚敛财富,颁发特许状是其一个有效途径。在许多地方,日耳曼时代的部落和村庄的民间武装已经消失,而且封建兵役的征募制度尚不稳定,因此,12世纪的封建君主、公爵、伯爵及其他大领主在很大程度上要靠城市武装力量承担保卫其领地的义务……因此,迫于这种军事防御的需要,国王和封建领主为了维护自己领地内的权力而给城市颁发特许状是非常必要而且常见的。

　　第二，西欧封建国王和领主们对金钱的渴望和追求以及城市市民对政治和经济权力分享的需要使他们之间极易达成一种妥协的关系——"赎买"出现——城市给封建主缴纳一定数额的金钱，封建主给城市颁发特许状。一方面，随着当时西欧商品经济的繁荣和集市贸易的旺盛，西欧市场上布满了来自全世界各地的奢侈品和生活必需品，面对这种情况，封建国王和领主们逐渐跳出了庄园的局限而追求更高级的生活享受，因此他们需要货币购买集市上商人长途贩运的来自于东方的奢侈品和生活必需品。此外，当时西欧封建国王和领主们相互间频繁的战争迫使他们需要大量的金钱来维持所需军费开支……另一方面，随着商业的复兴和发展，富有商业冒险精神的商人利润日益增加，他们大多数通过独立经营而致富，并积累了大量的财富和资金。为了更好地在城市里自由地进行商业贸易活动，他们反对名目繁多的封建性商品流通税以及一整套的封建枷锁，因此这就迫使他们要与封建主们谈判争取政治和经济特权。城市市民的这种强烈愿望与封建领主们对金钱的渴望和追求自然导致双方出现一种现实存在的"交易"行为——封建主给城市颁发特许状，确认城市及市民享有一定的特权，而市民在获得这些特权的同时必须给国王和封建主支付大量金钱……这样，通过赎买的方式，封建主给城市颁发了许多特许状，而城市市民由此获得了他们的政治经济权利。于是自公元一千年以后的几个世纪里，出现了"整个欧洲，从波罗的海到黑海，国王、贵族、主教和修道院院长都纷纷给他们的城市(town)颁发特许状"的局面。

——冯正好《中世纪西欧的城市特许状》

　　[教师提问] 中古西欧城市为什么要获得自治权，其成功获得自治权的依据是什么？

　　[学生回答] 城市市民因无法忍受贵族的不断盘剥，同时为自由地进行商贸活动而寻求摆脱封建束缚，因此寻求取得自治权。在争夺自治权的过程中，城市市民与渴望削弱贵族的国王形成同盟，共同对抗贵族。

　　[教师讲述] 可以看出，西欧的中古时期因为有了城市这一变量的出现，发生了新的变化，工商业的发展与王权的加强为中古西欧增加了近代化的因素。

（三）拜占庭帝国与俄罗斯

　　[教师讲述] 看完了西欧的社会情况，我们再看看东欧是怎么样的。前面的课程我们已经讲过，罗马帝国分裂后东罗马帝国并未灭亡，这个持续下来的庞大帝国对世界历史产生了怎样的影响呢？

[教师活动] 教师出示材料：

材料九
没有一个新兴的西方强国选择把统治区域内的海上势力组织起来并加以利用，拜占庭人正是以此维持其在地中海中部的版图的。

——林肯·佩恩《海洋与文明》

材料十
在法律方面，拜占庭人直接继承古罗马传统，查士丁尼一世的立法活动是其中最有典型意义的代表。他下令编纂的《罗马民法大全》是欧洲第一部完整的传世法律汇编，该法典成为此后数百年拜占庭法律的基础蓝本。

——陈志强《拜占庭文化的特征》

[教师提问] 拜占庭帝国长久延续的原因是什么？
[学生回答] 用有效的方式将海上力量组织起来，并用完善的法律统治帝国。
[教师活动] 教师出示材料：

材料十一
（任何案件）举证的责任均在原告……在存疑的情况中，应作出有利于被告的裁决。如果在没有听取另一方陈述的情况下作出决定，则不算公正。

——摘编自《罗马法民法大全翻译系列·学说汇纂、法学阶梯》

[教师讲述] 法律是一个国家统治的规则体系，作为庞大而悠久的帝国，拜占庭帝国充分完善了其法律体系，为其长治久安奠定了基础。这一部分内容我们将在高二继续学习。

[教师活动] 教师出示材料：

材料十二
在东方，大主教与君主之间并无如罗马教宗与帝王间的相争。东方教会与治理君士坦丁堡的长官保持密切的合作。这种关系非常密切，被西方教会人士和历史学家称为"皇帝兼牧首制度"，意即教会事务完全顺皇帝的管理，教会实际上成为政府的一个部门。不过东罗马帝国的历史学家驳斥这项指摘，指出皇帝不是教士且大主教有权革除其教籍（历史上，教会并无权力革除皇帝的教籍，而皇帝则多次指派宦官充任教会牧首）。

——奥斯丁·比尔《基督教发展史》

[教师提问] 拜占庭帝国还留下了什么历史遗产？

[学生回答] 东正教。

[教师提问] 东正教与西方天主教的区别是什么？为什么会产生这样的区别？

[学生回答] 东正教会依附于拜占庭帝国政权，不像西方教会那样占据独立的政治地位；原因是拜占庭帝国一直保留着强有力的中央集权政府。

[教师讲述] 可以看出，同为基督教的分支，因拜占庭帝国实行强有力的政治制度，由此发展起来的东正教也服从于政治，成为与西方天主教有着不同特点的基督教派系，对后世产生重要影响。

[教师活动] 教师出示材料：

材料十三

拜占庭的流亡者们讲述各类杰出人物的故事，从彼得拉克到薄伽丘，富有的科西莫·美第奇对拜占庭来的演讲家深感兴趣，因此出资兴建了佛罗伦萨的柏拉图学院，这些行动导致了一场文艺复兴运动……另外一些流亡者逃到俄国……他们十分欢迎这些逃亡的人民，这些国王以 Czar 自称，即"凯撒"的斯拉夫语形式——同时以（拜占庭的）双头鹰作为自己民族的象征。

——拉尔斯·布朗沃斯《拜占庭帝国》

材料十四

两个罗马倒下了，第三个站起来了，并且不会再有第四个。没人能取代您对基督的忠诚。

——致莫斯科大公瓦西里三世的颂词

[教师提问] 结合教材内容，分析俄罗斯帝国依靠什么立足？帝国的发展呈现出了怎样的特征？

[学生活动] 学生依据材料和教材内容自由讨论，得出结论，理解俄罗斯帝国与东罗马帝国的关系。

三、课堂小结

综合来看，中古时期的东欧与西欧呈现了迥然不同的特征。随着西罗马帝国的灭亡，西欧社会在罗马帝国的废墟上建立了数量众多的庄园，以农奴作为生产力来源，以封君封臣制为主要政治特征。这种政治环境为工商业的发展留出了空间，工商业依据城市而逐渐发展，孕育着近代化的因素。

东欧拜占庭帝国延续至15世纪，对整个世界都产生了深刻的影响，其直接影响了之后的俄罗斯帝国的诸多方面。

总体来看，中古的欧洲是转折期，孕育着日后影响与改变世界的诸多因素。

四、教学点评

《普通高中历史课程标准（2017年版2020年修订）》中对《中古时期的欧洲》一课的要求是认识中古时期世界各区域文明的多元面貌，而西欧的文明特征是本单元的重点和难点知识。

在义务教育阶段课标的要求中，这部分内容需要学生初步理解庄园制是西欧中世纪社会的基础。对于中世纪欧洲政治制度、王权与教权、城市、思想等方面的知识都接触很少。因此，为了能够完成初高中的贯通培养，教师通过史料的补充、问题链的设计，层层深入，将中世纪经济的变化、王权与教权的变化、思想文化的变化展现给学生，通过教材整合引导学生理解正是因为这些变化，为近代欧洲文明带来曙光，帮助学生形成唯物史观、历史解释的基本素养。

（点评人：刘童）

美国的独立
——九年级上

◇ 陈可宁

教学分析

> 教学目标

1. 通过史料分析,知道美国独立战争的背景。
2. 观察地图,利用时间轴梳理美国独立战争的进程。
3. 阅读文献原文,了解《独立宣言》的主要内容,知道《独立宣言》的影响与作用。
4. 通过"问题—解决"模式探究1787年宪法颁布的背景,进而了解1787年宪法颁布的核心内容。
5. 通过文献、图片、影像等多种类型史料,初步认识独立战争对美国的意义;通过中外历史的联系与对比,分析美国资产阶段革命的世界影响。

> 重点难点

重点:《独立宣言》和1787年宪法的主要内容

难点:美国独立战争的历史意义

一、导入新课

以美国华盛顿纪念碑上的中文记载导入新课。

米利坚合众国以为国,幅员万里,不设王侯之号,不循世及之规,公器(国家权力)付之公论,创古今未有之局,一何奇也!泰西古今人物,能不以华盛顿为称首哉!

——徐继畬《瀛寰志略》(1848年)

[教师提问] 为什么徐继畲对美国独立和华盛顿如此盛赞?

[学生回答] 因为美国没有像当时其他国家一样设立君主,国家权力能够付之公论,所以徐继畲认为美国"创古今未有之局"。华盛顿作为美国国父,也得到了徐继畲的盛赞。

[教师讲述] 美国的历史要从英国管辖的13块北美殖民地说起。美国的建立也与美国独立战争相关。这场战争究竟是怎么回事?美国为什么会与当时的其他国家建立不同的制度呢?让我们一起进入本节课的学习。

二、讲授新课

(一) 美国独立战争
1. 美国独立战争的背景
[教师活动] 教师出示材料:

材料一

1651年英国《航海条例》规定:政府指定殖民地原料产品只准许贩运到英国本土或其他英国殖民地,包括如烟草、糖、棉花、靛青等;其他国家的制造产品,不能直接运销殖民地。《条例》还规定限制殖民地生产与英国本土竞争的产品,如纺织品等。

[教师提问] 英国起初是如何对待北美殖民地的?

[学生回答] 掠夺原料,倾销商品,并限制殖民地的资本主义发展。

[教师活动] 教师出示材料:

材料二

18世纪中叶北美殖民地的资本主义经济发展日益加快了步伐……尽管它们尚处在手工工场阶段,却代表了经济发展的方向。

——吴于廑、齐世荣《世界史》

材料三

北美殖民地是由多种居民组成的,但共同的利益将他们紧密地联系在一起,形成了一个命运休戚与共的共同体——美利坚民族。

——张启安、李秀珍主编《西方文明史》

材料四

自由和平等是天赋予人的权利。英国殖民当局的高压政策，是侵犯了人民的自然权利。

——杰斐逊

[教师提问] 18世纪中叶以来，北美殖民地出现了哪些新情况？

[学生回答] 材料二说明了北美殖民地的资本主义经济进一步发展。材料三说明北美殖民地的民族意识逐步形成。材料四说明自由平等、天赋人权等资本主义思想在北美殖民地传播。

[教师活动] 教师出示材料：

材料五

1773年，（英国国会）通过了《茶税法》。法律允许东印度公司将大量茶叶存货运往殖民地，但无须像殖民地商人那样缴纳正常关税。有了免税优惠，东印度公司的茶叶售价便可以低于殖民地茶商的价格，这对后者构成巨大威胁，相当于垄断了殖民地的茶叶贸易市场。

——摘编自钱满素、张瑞华《美国通史》

[教师提问] 这则材料说明了怎样的问题？

[学生回答] 英国通过法律变相垄断殖民地的茶叶贸易，无视了北美殖民地的发展需要。

[教师提问] 这会使北美人民与英国殖民者之间的关系如何呢？

[学生回答] 这会激化两者之间的矛盾。

[教师讲述] 由此可见，英国的殖民统治阻碍北美殖民地的资本主义的发展，最终演变为战争。

[学生活动] 归纳总结美国独立战争的背景：

（1）英国的殖民统治压迫阻碍北美资本主义的发展（根本原因）

（2）北美殖民地的民族意识逐步形成

（3）自由平等、天赋人权等资本主义思想的传播

2. 美国独立战争的爆发

[教师活动] 教师讲述来克星顿的枪声和第二届大陆会议的史实。

[教师活动] 教师出示材料：

材料六
（华盛顿作为唯一身着军装的与会代表）虽然他本人认为着军装出席仅代表了他对正式会议的严肃态度和非武力抵抗不能解决目前问题的观点，但是当形势由口头抗议发展为具体行动时，他那身着军装高大挺拔的形象必然给与会者留下最深刻的印象。
——摘编自保罗·约翰逊《乔治·华盛顿传：美国国父》

[教师提问] 为什么华盛顿会当选大陆军总司令？
[学生回答] 因为华盛顿既有军事经验，也有带兵参战的意愿。

材料七
他缺少所有的装备给养，基本上没有枪支，起初仅有少量的军火，极少的军装，没有毯子和帐篷（他花了一年时间才为每个士兵配发毯子），只有很少的军费，甚至有时身无分文。华盛顿本人不领取任何报酬，仅仅上报经过谨慎计算的军费开支。
——保罗·约翰逊《乔治·华盛顿传：美国国父》

[教师提问] 从上述材料中你可以看出华盛顿具有怎样的品质？
[学生回答] 他不贪财富、信念坚定。

3.《独立宣言》的发表
[教师讲述] 在华盛顿奔赴前线的同时，第二届大陆会议仍在继续。他们就战争的未来走向展开了讨论。讨论这一问题，首先要清楚北美人民的意愿。
[教师活动] 教师出示材料：

材料八
指望和英国和解，只会使北美继续受到压迫，因为英国不会真正维护北美的利益……北美就不会有真正能够保护自己的政权。
——潘恩《常识》

[教师提问] 独立战争爆发后，北美人民的普遍态度是什么？
[学生回答] 北美人民普遍认为他们应该建立属于北美的独立政权。

[教师讲述] 因此，1776年7月4日，大陆会议通过了由杰斐逊起草的《独立宣言》，这宣告了美国的诞生。

[教师活动] 教师出示材料：

材料九

人人生而平等，他们都从他们的"造物主"那边被赋予了某些不可转让的权利，其中包括生命权、自由权和追求幸福的权利。为了保障这些权利，所以才在人们中间成立政府。而政府的正当权力，系得自被统治者的同意。如果遇有任何一种形式的政府变成是损害这些目的的，那么，人民就有权利来改变它或废除它，以建立新的政府。

——《独立宣言》

[教师提问]《独立宣言》体现了北美民众的哪些诉求？

[学生回答]（1）追求平等自由、天赋人权。（2）要求建立新的政府。

[教师讲述] 从《独立宣言》的内容和发表时间可以发现，《独立宣言》是世界上第一个以国家名义明确表明资产阶级政治要求的纲领性文献。

[教师活动] 教师出示材料：

材料十

（杰斐逊）在《独立宣言》草稿中写下的谴责奴隶贸易的文字，由于佐治亚和南卡罗来纳代表反对而被删除了，对此杰斐逊并没有进行抗争。

——王金虎《托马斯·杰斐逊反奴隶制努力的限度》

[教师提问]《独立宣言》中的天赋人权是否涵盖了所有人？

[学生回答] 没有。宣言中没有反对奴隶制，天赋人权只是为了保证资产阶级的权利。

[教师讲述]《独立宣言》虽然具有历史进步性，但仍有其局限性。

[教师活动] 教师出示材料：

材料十一

《独立宣言》既是一份反抗英政府行动中的决心书，也是发动更多人参与到反抗英政府行动中的宣传工具。对于那些签署《独立宣言》的议会代表，他们知道这是一张生死状。就像我之后所说的，我等而今务须生死与共，否则定遭个别处决。

——《富兰克林自传》

[教师提问]《独立宣言》的发表在当时产生了怎样的影响？

[学生回答]《独立宣言》的发表坚定了美国人民打赢战争的信心。

4. 美国独立战争的过程

[教师活动] 教师出示油画《华盛顿横渡特拉华河》，引导学生以图学史，再现历史情境，丰富历史细节。

[学生活动] 学生完成历史时间轴，自主探究了解美国独立战争的过程，并按照时间顺序排列。（见图1）

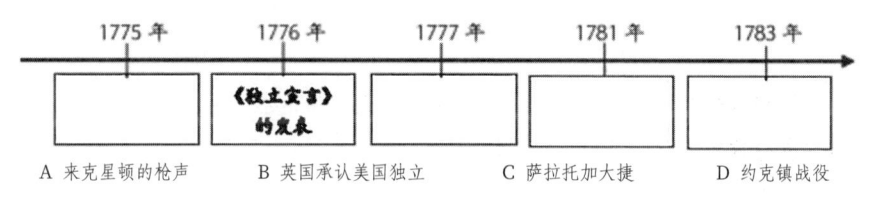

图1 美国独立战争进程示意图

5. 美国独立战争的性质与意义

[教师活动] 教师出示材料：

材料十二

漫画《美国烈马，正在掀翻它的主人》

材料十三

(美国)建国之初，政治独立为经济也赢得了独立和自由发展的机会，汉密尔顿(美国首任财政部长)的财政计划决意推动美国的工商业发展。

——钱满素、张瑞华《美国通史》

[教师提问] 美国独立战争胜利有怎样的意义？

[学生回答] 材料十二的漫画反映了美国独立战争推翻了英国的殖民统治，材料十三说明美国独立战争促进了资本主义的发展。

[教师讲述] 美国独立战争既是一场民族解放战争，又是一场资产阶级革命，具有双重性。

图 2 《美国烈马，正在掀翻它的主人》
(引自吴广伦、周义保、佘文骅《老漫画中的世界史（壹）六国崛起（17—19世纪）》)

（二）1787年宪法的颁布

1. 教学衔接

[教师讲述] 1783年独立战争胜利后，华盛顿辞去了大陆军总司令的职务，归隐回乡。然而，由于美国建立之初面临的重大困难，四年后他再次出面主持大局。

2. 1787年宪法的背景

[教师活动] 教师出示材料：

材料十四

人人生而平等，他们都从他们的"造物主"那边被赋予了某些不可转让的权利，其中包括生命权、自由权和追求幸福的权利。为了保障这些权利，所以才在人们中间成立政府。

——《独立宣言》

[教师提问]《独立宣言》表达了美国人希望成立一个什么样的政府？

[学生回答] 美国人希望成立一个能够保障人民各项权利的政府。

[教师讲述] 1781年美国通过了《邦联条例》，规定13个州组成同盟，但"各州保留其主权、自由和独立"。

[教师活动] 教师出示材料：

材料十五

在独立战争刚刚取得胜利的时候，中下层军官曾经劝进华盛顿当国王。他们的理由是担心邦联国会无法发放士兵们的欠饷，从而让退役士兵们的生活陷入困苦之中。然而事实果然如此。

——摘编自《华盛顿选集》

[教师提问] 邦联政府符合美国人民的希望吗？

[学生回答] 不符合。

[教师讲述] 面对这样的情况，在人民中颇有威望的华盛顿于1787年再度出面

新英格兰（美国东北部地区）出现的骚乱，我们商业上的不景气以及笼罩全国各地的那种普遍的低迷消沉情绪，在很大程度上归咎于最高权力机构的无权。 ——1787年，华盛顿写给友人的信 他们（反联邦党人）更多地强调各邦已经是主权独立的历史事实而不愿意将全部主权让渡给一个单一架构的统一国家。 ——陈建樾《国家的建构过程与国族的整合历程——基于美国的考察》 麦迪逊认为，组成一个好的政府的关键，是控制好权力。……可是，又怎样在"制度上"使这个"好政府"的权力，就恰到"好"处呢？在麦迪逊看来，这就是费城制宪会议要解决的问题。 ——林达《如彗星划过夜空：近距离看美国之四》	解决 ↑ ┌─────┐ │ │ └─────┘ ┌─────┐ │ │ └─────┘ ┌─────┐ │ │ └─────┘ ┌─────┐ │ │ └─────┘ ↓ 问题	我们正在迅速地濒临无政府的混乱状态……惟有一部自由的生气蓬勃的宪法，才能恢复我们尊荣的地位和成果。 ——华盛顿于1787年写给麦迪逊的信 鉴于各州的个别独立地位是与它们的合法主权是极端不相容的，而若要把各州并合成一个单一共和国则又操之过急且无法达到，所以我择取了某种中间的立场。 ——麦迪逊于1787年写给华盛顿的信 一切执政者永远都是通过人民的自由选举产生的……权力都是要善地分散到组成全国性政府的立法、行政和司法三个部门中的。因此……这个政府就决不致退化为君主政体、寡头政体、贵族政体或任何其他形式的专制政体或压制政权。 ——华盛顿·欧文《华盛顿传》

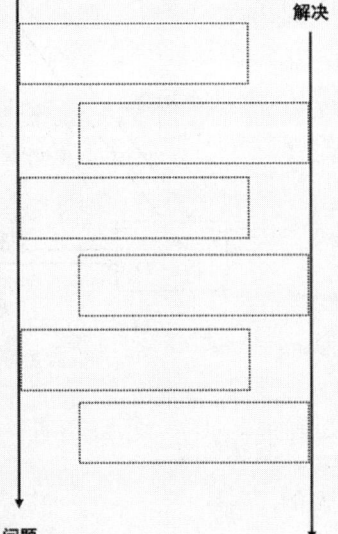

图3 "问题—解决"模式

主持大局，他仍然坚持拒绝君主制度，但是改变邦联制的确刻不容缓。

在此之前，他曾给友人写信表示，他接下来的工作是一项充满风险的事业。但是，他希望能够直中要害，并提供根治的办法。

[学生活动] 学生阅读材料，利用"问题—解决"模式（见图3）探究：此时的美国政治中有哪些问题？又应当如何解决？

[学生活动] 完成图3，并最终呈现答案，如图4。

3.1787年宪法的内容与影响

[学生活动] 学生根据探究所得的模式图并结合课案图5，自主学习，总结1787年宪法的主要内容，并分析其历史影响，完成课案内容。

学生课案参考：

1787年宪法内容：

①中央与地方的关系：_____政府拥有最高权利，_____政府拥有自治权

②政府内部权力分配：_____

③总统和国会议员由_____产生

影响：

①世界上第一部_____成文宪法

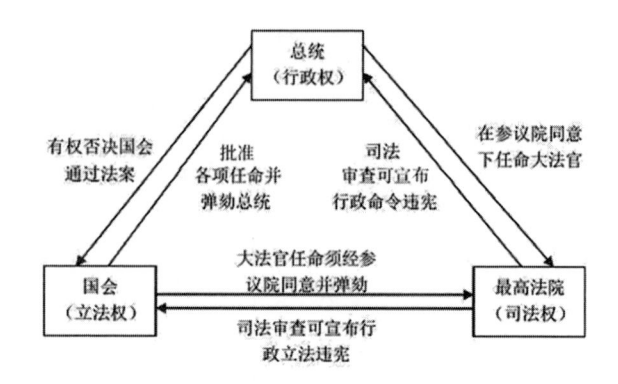

图 4 "问题—解决"模式探究结果　　　图 5 美国政府分权制衡示意图

②美国成为_____制共和国

③也对后来其他国家有影响

④仍有不足

[教师活动] 教师出示材料：

材料十六

众议员名额和直接税税额，在本联邦可包括的各州中，按照各自人口比例进行分配。各州人口数，按自由人总数加上所有其他人口（黑人奴隶）的五分之三予以确定。自由人总数包括必须服一定年限劳役的人，但不包括未被征税的印第安人。

——美国 1787 年宪法

[教师提问] 1787 年宪法有哪些不足之处？

[学生回答] 宪法允许奴隶制存在，并且不承认妇女、黑人和印第安人具有和白人男子相等的政治权利。

[教师讲述] 在 1787 年宪法确立美国为联邦制共和国后，华盛顿当选美国第一任总统，并在连任两届后主动退休，留下优秀传统。

（三）美国独立战争和 1787 年宪法对世界的意义

[教师活动] 教师出示材料：

材料十七

要学那，美利坚，离英自立。——陈天华《猛回头》

材料十八

《中华民国临时约法》规定：中华民国的主权属于全体国民；国民不分种族、阶级、宗教信仰，一律平等；国民有人身、居住、言论、出版、集会、结社、宗教信仰及请愿、考试、选举、参政等自由和权利；参议院行使立法权，国务员辅佐临时大总统行使行政权并负其责任，司法独立等。

——统编版《中国历史·八年级上册》

[教师提问] 根据这两则材料，思考美国独立战争和1787年宪法对世界的意义是什么？
[学生回答] 美国独立战争和1787年宪法对后来许多国家的政治变革产生了重要影响。

三、课堂小结

[教师活动] 教师出示材料：

材料十九

米利坚合众国以为国，幅员万里，不设王侯之号，不循世及之规，公器（国家权力）付之公论，创古今未有之局，一何奇也！泰西古今人物，能不以华盛顿为称首哉！

——徐继畬《瀛寰志略》（1848年）

[教师讲述] 美国的独立在当时具有进步性，华盛顿为美国的独立和前期发展做出了重要贡献。因此，徐继畬会有这样的盛赞，而这段用汉字写下的文字也留在了华盛顿纪念碑上。

四、教学点评

《美国的独立》这节课的教学设计，通过学习美国的独立过程及1787年宪法的制定，认识美国独立的意义和对世界的影响。

这节课的教学设计充分考虑到初三学生年龄、认知等学情，在初高中贯通衔接方面做得非常好。首先，在教学设计中，导入新课部分体现了初高中衔接：徐继畬的《瀛寰志略》是高中学习的内容，作为初中课的导入内容可以为高中学习做铺垫。其次，徐继畬对美国和华盛顿的评价带有当时的特定历史背景，即为本课所讲的美国独立战争做铺垫，也可以成为高中的时空观念素养的培养切入点。最后，独立宣言的影响、1787年宪法的背景等史料的使用，都体现了初高中在史料实证核心素养培育的贯通。

　　这节课教学设计关注培养学生核心素养。通过丰富的文献资料，提升学生的历史解释能力、史料实证能力、历史理解能力等。通过分组讨论活动，培养学生自主的分析问题和解决问题的能力，团队合作意识也得到了锻炼和提高。

　　这节课教学设计注重创设教学情境，导入部分使用纪念碑、讲解独立战争性质时使用的漫画、"问题—解决"模式探究等教学情境的创设，都起到了吸引学生兴趣，优化教学效果的作用。

（点评人：张绵）

高二上大单元大概念整合课
《美国与美国文化》

◇ 张静

教学分析

> 教学目标
> 1. 通过整合《中外历史纲要（下）》和选择性必修三教材中有关美国历史的知识点，全面理解美国与美国文化。
> 2. 从全球史的角度、政治文明的角度、多元文化的角度理解美国历史。
> 3. 结合案例分析，文本阅读等手段，培养学生分析问题、解决问题的能力。
>
> 重点难点
> 重点：美国移民文化形成的背景；认识美国1787宪法
> 难点：认识美国的移民文化

一、导入新课

在世界历史发展进程中，美国是一个重要的存在。《中外历史纲要（下）》和选择性必修3《文化交流与传播》教材中多处涉及美国历史，我们将有关美国的内容进行整合，以"美国文化"为线索，深入了解美国。

二、讲授新课

（一）近代早期美洲族群变化与文化特征对美国产生的影响
1. 近代早期美洲族群变化及文化特征

[教师提问] 阅读选择性必修3《文化交流与传播》第7课第一子目，概括近代美洲人口结构发生的变化。

[学生回答] 印第安人数量骤减，欧洲人和非洲黑人数量激增。

[教师提问] 结合所学，分析人口结构变化的原因。学生分组讨论。

1组学生探究在美洲的欧洲人口增加的原因：

[学生回答] 原因包括几方面，即15—17世纪，新航路开辟以来，随着殖民扩张，大量欧洲殖民者前往美洲拓殖；英国宗教改革中大量清教徒被驱逐前往美洲；负债或破产的欧洲人到美洲避难或开拓新生活。

2组学生探究在美洲的非洲黑人数量激增、印第安人骤减的原因：

[学生回答] 15—19世纪，欧洲、非洲、美洲之间兴起了"三角贸易"，西欧殖民者贩卖黑奴到美洲，赚取暴利；欧洲殖民者屠杀驱赶印第安人加之天花传染病导致印第安人数量大量减少，为弥补劳动力不足，殖民者从非洲将黑奴运至美洲的种植园和矿山，从事繁重的体力劳动。

[教师提问] 近代美洲人口结构的变化产生了何种影响？

[学生回答] 美洲出现了新的族群。白人、黑人、印第安人以及他们相互之间的混血后代，逐渐成为美洲大陆的主要居民。

[教师提问] 族群的变化对美洲文化产生了何种影响？请同学们阅读材料，思考：欧洲侵略者的殖民活动对美洲文化有什么影响？

材料一

西班牙人和葡萄牙人的征服带来了伊比利亚的文化概念，他们认为比土著文化优越。同样，他们也认为非洲宗教和文化比自己的低劣……印第安社会生存下来，并且在与西班牙人和葡萄牙人互动的同时，维持着相对的自治性。同样，奴隶们在学习应付他们的主人和适应新环境的同时，保持了非洲的宗教传统、信仰、习惯和语言。

——斯基德莫尔、史密斯、格林著，张森根等译《现代拉丁美洲》

材料二

整个殖民地时期，各民族集团的文化，仍然保持着发展特色。美国学者近年来的研究表明：殖民地晚期，各欧裔移民民族集团相当大程度上是自行其是。在东北部的新英格兰，强调自由、道德革新、技术发明和商业智慧的"杨基文化"非常兴盛。英吉利族裔的殖民地人民，感到自己的文化优于其他民族集团，一直努力推行同化事业。英吉利人在德国移民社区开办"慈善学校"，不仅教学生们英文读写知识，还传授英吉利人的生活习惯。

——黄兆群《熔炉下的火焰：美国的移民、民族和种族》

[学生回答]来自不同地方的各个族群有着各具特色的文化，他们共同生活在美洲，形成了新的文化认同，发展了欧洲文化主导、融合多种文化因素的新的美洲文化。

2. 英属北美殖民地的文化精神对美国的影响

[教师讲述]殖民地时期的美洲文化对后来美国产生重要影响，针对这个问题，××同学搜集到以下材料，下面请她做展示。

材料三

普利茅斯、罗得岛、康涅狄格、纽黑文等殖民地，在建立时没有获得英王的授权，但同样需要树立政治统治的权威。这类殖民地用民众契约来确立统治的合法性，缔约者同意遵守根据多数人意志制定的法律，服从共同推选的官员，从而形成政治和社会秩序。1620年移居普利茅斯的清教徒所订立的《五月花号公约》，就是这种民众契约中的第一项。19世纪的史学家乔治班克罗夫特曾满怀激情地写道，《五月花号公约》的签字，标志着"大众宪政自由的诞生"；"在五月花号的船舱里，人类恢复了自己的权利，并把政府置于'为了普遍福祉'的'平等的法律'基础之上"。@这种议论似乎过于浪漫和夸饰。

——李剑鸣《美国通史》

材料四

《印花税法》危机，在殖民地产生了爆炸性影响：它把英国人在占绝大多数的殖民地人民心目中的形象给打碎了。在此之前，由于英国距离遥远，大多数殖民地人，只是在书本和故事中知道英国，他们倾向于构筑理想化的"母国"形象。他们赞扬英国文化，为自己所继承的在美国是至高无上的辉格党人的自由思想及其"光荣的"宪法感到欢欣和自豪。……然而，现在英国在"印花税法"危机中却表明是个傲慢的英国，一个截然不同于辉格党自由传统的英国，在逼迫殖民地服从其意愿的活动中破坏它所最为珍爱的理想的托利党人的英国。

——黄兆群《熔炉下的火焰：美国的移民、民族和种族》

材料五

我们的居民中，有不少人的祖先是以不可战胜的大无畏精神推翻了西班牙独裁统治的荷兰人，或者是在反对查理一世那场令人难忘的斗争中，从刺刀的残酷迫害下寻求避难所而来到荒无人烟的美利坚的英吉利人。我们从这些祖先们身上继承了追求民权和自由的精神。

——黄兆群《熔炉下的火焰：美国的移民、民族和种族》

材料六

民众参与政治的主要方式，乃是在地方和殖民地的选举中投票。历史学家罗伯特丁金认为，随着时间的推移，选举作为使得殖民地居民能够掌握自己的命运和获取更大自治的手段，具有越来越重要的意义。

——李剑鸣《美国通史》

材料七

殖民地时期流行的政体观念为混合政体论。殖民地社会精英接受了欧洲自古以来就通行的关于君主制、贵族制和民主制的界定和区分，认为这三种政体都存在走向堕落的危险，如君主制容易变成专制，贵族制可能演化为寡头政治，民主制会导致平民专政或暴民统治，最终都导向暴政，使人民失去自由和安全。最好的办法是将三种政体的长处集合起来，使权力分散在不同的部门，掌握在不同的人手中，俾其彼此制约，相互平衡，既能保证效率和秩序，又可以防止滥用权力和侵害自由。

——李剑鸣《美国通史》

[教师提问] 发现欧洲文化对北美殖民地文化产生了哪些影响？与美国独立战争、1787年宪法有何关联？

[学生回答] 来到北美的欧洲人，部分是清教徒，他们受文艺复兴、启蒙思想影响，也受英国民主传统和宪政理念的影响，给北美带来了契约、平等、自由自治的精神，他们主张民权、权力制衡。当英国对待本土和殖民地态度不同、当英国本土和殖民地地位不同之时，他们要求摆脱英国的殖民统治。来自各大洲的移民经过长期的共同的生产生活，逐渐形成一个独立的民族——美利坚民族。民族认同和文化认同促成他们要求摆脱英国殖民统治，于是，反抗英国殖民统治的独立战争爆发了。

[教师讲述] 北美殖民地文化中，美国精神不仅引领了美国独立战争的胜利，而且影响了1787年宪法的三权分立原则和联邦制原则。

（二）全球化背景下美国移民社会的多元文化

［教师提问］美国主要移民来源和移民结构在不同的历史阶段发生了哪些变化？

［教师活动］教师出示材料：

材料八

据1790年美国第一次人口统计，当时来自欧洲的移民结构为：英格兰人占60.14%，苏格兰人占8.1%，爱尔兰人占9.5%，德意志人占8.6%，荷兰人占3.1%，法国人占2.3%，瑞典人占0.7%，西班牙人占0.8%。

1901—1920年，移民人口中，来自欧洲的占85%，来自亚洲的和来自拉丁美洲的均占4%。

1961—1970年，移民人口中，来自欧洲的占33%，来自亚洲的占13%，来自拉丁美洲的占39%。1981—1990年，移民人口中，来自欧洲的占10%，来自亚洲的占38%，来自拉丁美洲的占47%。

——摘编自余志森主编《美国多元文化研究》

［学生回答］1790年前欧洲移民中英格兰占主要地位；1901—1920年，移民主要来自欧洲；1961—1970年，移民中亚洲和拉丁美洲占比上升，欧洲下降；1981—1990年，拉丁美洲和亚洲占比上升，占绝大多数。

［教师提问］阅读选择性必修3《文化交流与传播》第8课第一目，回答出现上述情况的原因是什么？

［学生回答］在经济全球化加速发展的过程中，国际分工日益深化，生产的国际化大大加强，全球劳动力市场逐渐形成。发达地区从南欧、北非、东南亚、拉丁美洲等地吸收了大量劳动力。同时，全球劳动力市场的结构也在发生改变，20世纪50—70年代，大多数移民从事繁重的体力劳动。大约从20世纪80年代开始，随着新兴产业的发展和发达国家的产业升级，在跨国公司的作用下，发展中国家的留学生作为移民中的"知识精英"留在发达国家工作。

［学生回答］美国是一个典型的移民国家。

［教师活动］教师展示选择性必修3《文化交流与传播》第8课"问题探究"：有人说，美国是个民族的"大熔炉"；也有人说，美国是个民族"大拼盘"。

［教师讲述］"美国是个民族'大熔炉'"和"美国是个民族'大拼盘'"的观点体现了对美国多元文化的不同理解。

"美国是个民族'大熔炉'",这一观点强调了美国多元文化的融合。它认为在美国,不同的民族和文化背景的人们可以共同生活、工作和参与社会活动,通过交流和互动逐渐融合成一个新的美国社会。这种融合可以带来新的文化元素和创新,并形成独特的美国文化。

"美国是个民族'大拼盘'",这一观点强调了美国多元文化的碎片化和并存性。它认为在美国,各个民族和文化保持着自己的独特身份和传统,没有必然的融合和同化,而是各自在美国社会中发展、并存和竞争。这种并存的文化多样性使美国社会充满了不同的思维方式、价值观和行为方式。

[教师提问] 你如何理解这两种观点?从文化认同的视角谈谈你的看法。

[学生回答] 从文化认同的视角来看,这两种观点都有一定的合理性,美国确实是一个多元文化的国家,各种不同的文化背景在美国社会中得到了认同和尊重。无论是融合还是并存,这些文化共同构成了美国社会的特色和魅力。

同时,不可否认的是,美国的多元文化也面临一些挑战。不同文化的冲突、分歧和排斥现象也存在,尤其在政治、社会问题和种族关系等方面。

因此,美国需要持续努力促进文化认同、包容和相互理解,以建立一个更加和谐和共融的社会。总的来说,美国既有民族"大熔炉"的一面,也有民族"大拼盘"的一面。两种观点并非相互排斥,而是可以共存和互为补充。当下,美国需重视推动文化多元性和包容性,尊重各个文化群体的权益和贡献,以建立一个更加多元和和谐的社会。

三、课堂小结

美国是一个典型的移民国家。在不同的历史阶段,世界各地的移民不断来到北美,共同建设美利坚合众国。在这个过程中,白人驱逐、消灭北美印第安人,阻碍了印第安文化的正常发展,同时也吸收了非洲、亚洲、拉丁美洲等地的文化,形成了以欧洲文化为主流的美国移民文化。民族和文化的多样性是美国社会的显著特征,而多元文化传统也使美国社会始终存在着不同民族间的文化认同问题。

四、教学点评

本课教学设计的突出特色是围绕"美国与美国文化"这一大概念,整合《中外历史纲要(下)》和选择性必修3《文化传播与交流》教材的相关内容,以美国文化为重点内容,通过史料的分析,形成对美国文化的全面认识,并从文化层面进一步理解美国。

初中教材主要讲述美国独立战争,学生对美国的发展历史已经有了初步认识。在此基础上,本课设计没有着墨于此,而是把独立战争作为本课的重要背景知识,带领学生探讨独立战争前后美洲地区文化的发展演变,一方面把初高中知识进行了合理的衔接,另一方面又符合高中课程学习的要求。

初高中衔接既有知识的连接,也有思维的延续。本课的设计没有简单重复初中的知识,而是把初中所学作为高中高阶思维的台阶,并且应用当下流行的大概念理论,对教材进行有效整合,使散落在课本中的碎知识形成有机整体,这一做法值得推广和借鉴。另外,设计中还特别关注教材中史料的使用。课程改革以来,新教材中增加了很多栏目和相关史料,对于理解教学内容十分有益。本课设计没有舍近取远,而是充分运用教材史料,体现了新课程改革下对教材的重视。

(点评人:左家燕)

第一次工业革命的影响
——九年级上

◇ 蔡英豪

教学分析

> 教学目标
1. 了解第一次工业革命在英国的主要成就及影响。
2. 认识历史现象之间的联系。
3. 理解工业革命对人们生产、生活以及对英国和世界的影响。

> 重点难点

重点：铁路和工厂制的出现；理解第一次工业革命的影响

难点：引导学生透过历史现象观察历史规律，用唯物史观分析事件的发展变化。透过"大历史观""大概念"探究世界历史的发展进步，强化科教兴国的认知，增强学生创新奋进的精神

一、导入新课

[教师活动] 以绘画《1830 年白教堂路一景》（亨利·托马斯·阿尔肯作）为导入，对图片进行描述与总结。

[教师讲述] 激发学生探索欲，提炼对第一次工业革命后的初步印象。引导学生关注对历史现象进行描述时应指明时间，所处的时代背景并推断可能涉及的事件、国家、人物等。

二、讲授新课

（一）从利物浦到曼彻斯特的一天

1. 展示利曼铁路的开通开幕典礼

[学生活动] 通过场景设置，由学生进行开幕式场景讲述。

由学生扮演历史人物利曼铁路公司首任董事长，查尔斯·劳伦斯："未来的日子里，人们会记住今天。利物浦和曼彻斯特，不仅仅是名义上的姐妹城市，也是真正连为一体的姐妹城市。"

并出示材料：

主办方把来宾分为三六九等，新近富裕起来的中产阶层，花钱去买沿线搭建的看台上的座位……威灵顿公爵上车时，每个车厢配备的鼓号手一同奏起了《征战英雄凯旋曲》。

——萨莉·杜根、戴维·杜根《剧变：英国工业革命》

[教师提问] 为何铁路的开通会受到人们的追捧？

[学生活动] 学生提出自己的猜想及假设。

2. 探讨工业革命对英国社会的影响

[教师活动] 教师出示材料：

材料一

1838年，全国已修建铁路743公里，运载旅客540万人次。1842年，维多利亚女王首次乘坐蒸汽机车。1850年，火车的运载量是运河货船的20倍，速度是其8倍。1852—1870年间，可用铁路线路几乎翻了一番，乘客人数增加了2倍，全国三等舱增加了6倍。1871年铁路总长已达13388英里，乘客达3.222亿人次，车票收入1810万英镑……

材料二

快速的火车把新鲜的鱼运往内地，鱼和薯条便取代了猪蹄，成为劳动阶层的廉价晚餐。火车也让穷人有了旅游的可能。从工业城市到布莱克浦或卡伯勒的一日游，从伦敦到南部海滨度假地的一日游，都成为家常便饭。第一批低价旅游车票出现于1851年，当时的万国博览会吸引了大批的人。

——以上均摘自萨莉·杜根、戴维·杜根《剧变：英国工业革命》

材料三

到了产业革命时期，过去被人看不起的工匠成了技术发明的主角，得到了全社会前所未有的尊敬。许多工匠出身的人成了科学家或社会名流，如蒸汽机的发明者詹姆斯·瓦特成了博士……煤矿工人出身的斯蒂文森都成了上流社会的一员。

——任海滨《英国工业革命时期的民众观念嬗变》

材料四

利物浦—曼彻斯特铁路的开通取得了巨大成功，也产生了深远的影响，连远在美国和印度的报纸都进行了报道。

材料五

自此，斯蒂芬森几乎成了火车的代表。不仅是在英国，欧洲其他国家修建第一条铁路时往往都会专门邀请斯蒂芬森参加，向他进行技术咨询。

——以上均选自徐广厚《高铁风云录》

[学生活动]学生分组讨论，探究工业革命对英国的积极影响，并结合自己的假设形成论证。用利曼铁路的开通延伸至观察社会变局，提高史料分析及历史解释能力。

3.了解工业革命对世界的影响

[教师提问]工业革命的到来使英国迸发了巨大的生产力，深刻地改变着英国的社会，在当时，英国当局作何反应，世界又有何反应呢？

[教师活动]教师展示英国政府兴建水晶宫、举办世界博览会的图片，引导学生观察图片，请学生列举参展国家及重要机械。

[学生活动]学生对图片进行分析及解释，从而得出第一次工业革命的具体影响。

（二）工人的一天

[教师提问]工业革命的画卷铺展到这里，一切都显得过于美好，似乎刚才所谓"天堂"和"地狱"之说，有些站不住脚，现实真的如此吗？让我们回到利曼铁路开通那天，听听亲历者的回忆。

[学生活动]由学生扮演历史人物：英国女演员，范妮·肯布尔，朗读此人写于1830年，利曼铁路的开通后的日记：火车快到曼彻斯特的时候还下起了雨。等在那里希望亲眼看见火车抵达的人群中，大部分是最底层的工匠和修理工，他们本来就对政府怀有不满。载着威灵顿公爵等诸多名人的列车到达时，迎接他们的是一片嘘声和抱怨。在这些愁眉不展的人群之上，高高地架起了一台织布机，上面坐着的是一个织工。显然，他是作为代表来抗议的，抗议的是机器的发展给他们带来的不利影响。从利物浦出发时的轰轰烈烈，到抵达曼彻斯特时的冷冷清清，这是我亲身经历的反

差最大的对比。

——范妮·肯布尔《给朋友的一封信》(1830年)

[教师活动] 通过演绎，引入疑问："文中的反差是指什么？""是谁在吵闹？""他们是什么阶级？""他们为什么要吵闹？"

[教师活动] 教师出示材料：

材料组一：工厂制下的概况

从开棉、清棉、摊棉、梳棉、剥线到漂白、分梳、粗纺、轧花、细纺，这一切都是由铁牙、铁手指、铁轮子的机器完成，其所需的是源源不断的水和燃料。一天的运转所产生的动力可能与1100匹马的力量相当，这里一个人干的活60年前要200~300人来干。

——爱德华·贝恩斯《英国棉花加工史》(1835年)

材料组二：工人的工作、工资、食物及住房环境

英国的全体有钱人同时发现，妇女和儿童每天可以在工厂里做工25小时，也不会有多少死伤。这就是工业大发现。

——塞勒、叶特曼《1066及其他》

1799年至1818年间的英国工人工资严重低于生活费，当生活费需要137英镑时，实际工资却只有83英镑，生活费代表了物价，与物价上涨对应的是英国工人名义工资的上涨，这意味着英国国家已经意识到物价上涨的同时也要上涨工资，但在实际操作中，实际工资总是低于名义工资。

——门德尔逊《经济危机和周期的理论与历史》

工资较高的工人……吃得比较好。如果赚钱较少，那就只有每逢周日吃一次肉，而面包和土豆就要吃得较多些。如果赚钱更少，肉食就减少到只有切成小片夹在土豆里的一点点猪板油；赚钱再少的，那就连这一点点猪板油也没有了，只有干酪、面包、燕麦和土豆；最后在工资最低的工人中，即在爱尔兰人中，土豆就成了唯一的食物。

——郭伟峰《英国家庭作坊和工厂制度下劳工生活状况比较》

想走进贫民窟，就必须穿过有毒的臭气，这种气从一堆堆垃圾和乱七八糟的臭水沟里冒出来，有时脏水就在你脚下沉。许多院子永远照不到阳光，永远没有新鲜空气，也不知干净的雨水为何物。……八英尺见方，这就是一般房间的大小，墙和天花板积满灰尘……至于家具，你有时会看到一把破椅子，一张旧床架的残骸，或一张旧桌子的框。但更经常地是看到一些简陋的代用品，比如在砖头上架一块粗木板，一个旧盒子反扣在地上，或干脆什么也没有。

——钱乘旦《第一个工业化社会》

材料组三：一个家庭的悲剧

我看到一个爱尔兰人，躺在靠窗的床上……我坐在他床边坐了1个小时，感到他的脉搏越来越弱，1个小时后他就不行了……黄昏时我的外科助手把停在附近的霍乱病人专用车叫来。这时，房子周围聚集了一群爱尔兰人，情绪很激动，很显然，他们认为尸体越早运走越好，他家人也越早离开越好，这样我们就能封上房子，免得别人再进。

（那位寡妇和她三个孩子被带到医院后，我去吃了点东西）回来后，我发现孩子妈妈怀里的婴儿已经发病，午夜便死了……妈妈害怕起来，因为孩子除了母乳，没有吃任何东西和药物。清晨6点，我回到病房，另一个孩子也死了，之后第三个也是最大的孩子开始出现症状，没过一会就死了。白天里，妈妈也未能幸免于难。这样24小时的时间内，这一家人都没了。

——詹姆斯·凯医生病例手稿

表1 19世纪英国4次霍乱流行死亡人数统计

时间	霍乱流行造成的死亡人数
1831—1832年	英格兰和威尔士死亡20997人；苏格兰死亡9592人
1848年	英格兰和威尔士死亡72180人；苏格兰死亡7000人
1853年	共死亡62000人
1866年	共死亡14378人
材料来源：LEWISRA.EDW In Chadwick and the public health movement 1832—1854 [M]. London:Longmans，1952.	

[学生活动] 学生分组讨论，得出工业革命的消极影响。

（三）我们的一天

[教师讲述] 无论如何，英国在天堂与地狱之间，走上了当时人类历史的快车道，并在1851年向世界展示出了自己的"强大肌肉"，这时英国已经在各大洲建立了属于自己的殖民地。其中就有我们——中国。冥冥之中，中英间建立起了一种联系。

[教师活动] 教师出示材料：

(1) 出示1851年伦敦世博会开幕式的绘画。并找出中国人的身影。

(2) 出示《博物新编》中火轮机图。

[学生活动] 学生根据所学对 1851 年伦敦世博会开幕式的绘画中中国人身影做出合理解释；并解释《博物新编》中火轮机图的出现反映的第一次工业革命对中国的影响。

三、课堂小结

总体来看，第一次工业革命在塑造现代社会，推动人类进步上有着深刻的影响。它自英国起，席卷了法国、德国、美国、俄国、中国等全球主要国家；从工业起，重塑了农业、手工业、交通运输业等各领域的技术和生产方式；从经济起，更新了政府管理、城市建设、文化创造等社会生活的新焦点；从欧洲起，迭代了全球的政治经济格局。它不仅是一次工业革命，是人类生产力的大飞跃，更是一次全面的社会变革，是现代社会的第一个时代，为以后的国际变局和而今的社会发展奠定了基础。

四、教学点评

《第一次工业革命的影响》这节课的教学设计，教师通过讲授第一次工业革命的影响，让学生理解探究世界历史的发展进步，强化科教兴国的认知，增强学生创新奋进的精神。

教学设计充分关注初高中在核心素养方面的贯通衔接。在教学设计中，用利曼铁路的开通延伸至观察社会变局，渗透史料实证素养，提高史料分析能力；以图文、故事带领学生体会工业革命后人们生活的变化，强调史论结合，培养多维度分析历史现象的能力与方法，提升唯物史观和历史解释素养。

教学设计突出了学生的主体地位。在教学中，教师多次使用学生讨论的方式，由学生探讨交流得出问题的答案，改变了传统的以教师为中心的教学模式，培养学生自主的分析问题和解决问题的能力，团队合作意识也得到了锻炼和提高。

这节课的问题链的设计效果突出：以问题带动知识，将史料探究带入学生的课堂之中。随着情境的不断深入，工业革命的影响被层层剥开。问题由浅入深，由古及今，由历史表象延伸至历史规律，形成完整的逻辑链条，提升学生的历史思维。

（点评人：张绵）

影响世界的工业革命
——高一下

◇ 冯雪

教学分析

> 教学目标
1. 通过探究陶器品牌韦奇伍德兴起的历史条件，全面认识工业革命在英国兴起的背景。
2. 通过地图和时间轴整体把握工业革命的进程，建立准确的时空尺度，明确两次工业革命的成就及差异。
3. 通过研读不同来源、不同形式的史料，分析工业革命引起的生产力与生产关系的深刻变化，多角度深入思考工业革命对人类社会生活及资本主义世界体系的深远意义，提高历史解释的能力。
4. 通过韦奇伍德的兴衰历程，理解英国在工业革命期间世界地位的起伏，从中吸取经验教训，感悟顺应时代潮流、积极创新的重要性。

> 重点难点
重点：工业革命的背景和影响
难点：工业革命的影响

一、导入新课

[教师活动] 以英国陶器品牌韦奇伍德导入，教师介绍创始人韦奇伍德不仅是"英国陶瓷之父"，更被评价为"工业革命的伟大领袖之一"。

二、讲授新课

（一）奏响先声——工业革命的背景

[教师提问] 任何一个人的成功，都离不开时代的成就。1759 年韦奇伍德创立了自己的陶瓷品牌，他为什么能取得成功？18 世纪的英国为他提供了哪些有利条件？

[教师活动] 教师出示材料：

材料一

1730 年，韦奇伍德出生于伦敦西北部斯塔福德郡（英国的陶器生产中心）的伯斯勒姆村的一个陶工世家中。陶器的生产和贸易是他家乡人的主要职业。随着圈地运动的深入展开，丧失土地的英国农民日益增多。伯斯勒姆村有 1000 多人，大约三分之二不再从事农业生产，比 30 年前多 50%。

韦奇伍德出生前后几十年间，陶器制造的原材料、浇铸工艺、烧制方法都有了重要发展。"活铸"提供了更多的陶形；石膏模具解决了黏土干燥、无法烧制的难题；陶工们试验了烧制和上釉的新方法。陶器的质量、数量都有了提高，种类也有所增加。

18 世纪早期，有几个雇佣工人的作坊屈指可数，而 1762 年年底，韦奇伍德的陶瓷工场已经有六个工作间，五个炉子，雇佣了 16 个帮工。在这家工场中，陶器制作工序被分割开来，如拌土、制坯、上釉、烧窑、上彩等，每个工人只负责其中一道工序，以前的制陶工匠不复存在。

英国消费社会的形成极大促进了陶瓷产业的发展。茶、咖啡和巧克力，从远东和新大陆引进的消费品，如暴风雨一样席卷英国。经计算推测，17 世纪末到 18 世纪末的 100 年间人均大约购买五个茶杯。此外，随着美洲殖民地越来越全面地融入大西洋的商业体系，茶叶也几乎成为一般人生活中的一种必需品。伯斯勒姆制造的各式陶器，通过利物浦等出口到美洲、西印度殖民地和欧洲其他地区。

这一时期，地方性科学社团也开始繁荣起来。1765 年，学术俱乐部月光派成立，大多数成员都参加实验，研究活动范围广泛，涉及天文学、化学、热学、蒸汽动力、教育以及运输等。其中，瓦特致力于改进蒸汽机，韦奇伍德发明了高温计（可用来测量窑温），为工艺技术的改进做出了卓越的贡献。

——摘编自《现代资本主义》《月光社的历史及其影响》《味的世界史》《美国历史：理想与现实》等

材料二

光荣革命后，英国建立了一个合适的政治制度，这个制度保证社会有宽松、平和的环境，让人们追求个人的目标，最大程度地发挥创造能力。

——钱承旦《英国通史》

材料三

到 1700 年，英国发展了一套有效的所有权法，用专利法保护知识的私有权。

——刘益东、高璐、李斌《科技革命与英国现代化》

[学生活动] 学生分析材料，分别从劳动力、资本、技术、市场、政治等角度总结韦奇伍德的兴起条件，具体内容如表1所示：

表1 韦奇伍德的兴起条件

政治	政策研究 政策支持
资本	圈地运动殖民扩张促进资本原始积累
市场	新航路开辟，海外贸易的繁荣，殖民扩张带来广阔的国内外市场
劳动力	圈地运动提供自由劳动力
技术	手工工场积累经验
	英国是欧洲的科学技术中心之一

[教师讲述] 韦奇伍德的兴起在当时并非独一无二，有这五大要素的推动，不少企业如雨后春笋般发展了起来，这背后折射的便是工业革命兴起于英国的背景。

（二）时代旋律——工业革命的进程

[教师讲述] 工业革命，是由一系列技术变革引起的从手工劳动转向机器生产的重大飞跃。自18世纪60年代至20世纪初，先后发生了第一次工业革命和第二次工业革命。两次工业革命成就非凡。

[学生活动] 基于初中所学内容及教材，自主学习完成表2。

[教师活动] 教师讲授表格内容，帮助学生理解技术革新的基本逻辑，辨析两次工业革命的特点。

表 2 两次工业革命的基本知识

	第一次工业革命	第二次工业革命
时间	__世纪__年代至__世纪中期	__世纪中后期至__世纪初
成就	开始标志： 哈格里夫斯发明_____	_____的广泛开发和应用 _____的创制和应用
	1771年，阿克莱特开办_____	新兴工业：_____
	动力技术：_____	动力技术：_____
	交通工具：_____	交通工具：_____
特点	技术发明多来源于_____	_____与生产紧密结合
	首先发生在____，扩展到其他国家	在主要____国家同时发生，其中_____最为突出

（三）回响激荡——工业革命的影响

[教师讲述] 正是由于工业革命，人类社会才得以由农业文明迈向工业文明，进入新的发展高峰。

[教师提问] 工业革命在经济、政治上的影响？

[教师活动] 教师出示材料：

学生分组从其他角度思考工业革命的影响，小组一讨论材料四、五，小组二讨论材料六、七，小组三讨论材料八、九。

材料四

18世纪晚期，多数新发明的机器对于家庭生产来说都太大、太昂贵了，而工厂里有企业家和工程师为大规模生产建造复杂的机器，因此集中生产成为必然。

工业化的机器和厂房是非常昂贵的投资，需要大规模的企业组织。生产者以商人为导向组织大型企业。

19世纪后期，一些大型企业为了保护投资，不仅追求在资本市场上胜过竞争对手，还要一起消除竞争。企业组成联合体来限制市场，或者在行业中建立垄断。例如，美国的石油生产商约翰．D.洛克菲勒通过标准石油公司和托拉斯统治的工业帝国几乎控制了全美国所有的石油开采、加工、精炼、销售和配运。

——杰里·本特利、赫伯特·齐格勒《新全球史：文明的传承与交流》

材料五

当机械化终于出现的时候，人口增加正以明显的速度加快着。曼彻斯特在1790年有五万居民；1801年有九万五千居民。

与此同时，城市的面貌也改变了。……在1786年，人们仅看到一个烟囱，十五年后，曼彻斯特约有五十个纱厂，大多数都拥有蒸汽机。那些赶忙建筑起来的、太小而不够人口居住的工人棚屋绵延在纱厂的周围，几乎把旧城围绕起来。在它们又黑又湿的小巷里流行着地方性的热病。相反地，设有商店的中心区域已经美化了，那里开辟了宽阔的街道，两边有很高的砖砌的房屋。最后，在城市最外面东南方，不久也建筑起一些四周围有花园的漂亮别墅，那里住着新的贵族，棉业富豪。……可以肯定的是，人口的增加主要是迁移的结果。许多工人是从邻近诸郡来的，是被棉纺工业中较高的工资吸引来的。

……罗奇代尔、伯里、布莱克本、普利斯顿、威根、斯托克波特、阿什顿、斯泰利布里奇等地的情形也是一样，在这块瘠土的各点上，是同类的种子在萌发，在几年之内长出大量的城市。

——保尔·芒图《十八世纪产业革命》

材料六

18世纪末，"茶叶、糖、啤酒和牛奶"等项，原本仅限于中上层社会消费，现在也出现在平常人家的生活之中了。

随着生活改善，一些原本仅供上流社会享用、鉴赏的高雅艺术，在市场作用的推动下，也开始走近普通大众。1759年大英博物馆开始免费对公众开放……各地纷纷建立剧场，到该世纪末，音乐会、音乐节等，也为普通人所欣赏或参与。

报纸也开始越来越多地成为普通人的读物。在当时，人们把报纸与文明程度联系在一起，约翰逊博士甚至说："凡是没有出版物的地方，知识便得不到广泛传播，那里的民众也必定是野蛮或不开化的。在我们国家，知识通过报纸而在人们中间广泛传播。"

一些新运动形式开始吸引观众。板球深受民众欢迎，一场肯特对汉普郡的板球赛吸引了观众2万人……赛马起初属于王室和贵族，但18世纪以来，许多城镇都举办自己的赛马会，重要赛事甚至开始成为全国性事件。

18世纪后期，一些新形式的初等教育开始出现，由私人创办的"妇女学校"和"普通私立学校"最具代表性。其教学内容大多比较实用,适合中产家庭孩子们的就业需要。

——钱承旦《英国通史》

材料七

1848年英国颁布了第一部改善工业城镇环境的《公共卫生法》,1878年通过了《公共卫生条例》,基本上建立起了完整的水资源污染防治的法律体系。1875年、1882年和1885年,英国相继颁布了三部《工人阶级住房法》,以解决工人阶级的住房和居住环境问题。

——李宏图《英国工业革命时期的环境污染和治理》

材料八

表3 1650—1990年的世界人口变化

	欧洲	美国和加拿大	拉丁美洲	大洋洲	非洲	亚洲	总计（百万）
1650年	100	1	12	2	100	330	545
1750年	140	1	11	2	95	479	728
1850年	266	26	33	2	95	749	1171
1900年	401	81	63	6	120	937	1608
1950年	572	166	164	13	219	1368	2502
1990年	787	276	448	27	642	3113	5293

	欧洲	美国和加拿大	拉丁美洲	大洋洲	非洲	亚洲	总计（%）
1650年	18.3	0.2	2.2	0.4	18.3	60.6	100
1750年	19.2	0.1	1.5	0.3	13.1	65.8	100
1850年	22.7	2.3	2.8	0.2	8.16	3.9	100
1900年	24.9	5.1	3.9	0.4	7.4	58.3	100
1950年	23.0	6.7	6.3	0.5	8.8	54.7	100
1990年	15.0	5.0	8.5	0.5	12.0	59.0	100

——斯塔夫里阿诺斯《全球通史》

材料九

19世纪末的经济发展,再加上海洋运输和铁路上的交通革命,培植出一种真正的世界经济。……欧洲通过其资本、工业及军事能力而在19世纪末统治了世界经济。

——杰克逊·J.斯皮瓦格尔《西方文明简史》

[学生活动] 学生分组讨论，结合材料，分别从生产力、阶级关系、生产组织形式、社会生活以及资本主义世界体系等角度总结工业革命的影响，具体内容见表4：

表4 工业革命的不同影响

生产力	生产力迅速发展	
阶级关系	工业资产阶级与工业无产阶级	
生产组织形式	由工厂制到垄断组织	
社会生活	城市化	世纪人口增加
	生活水平改善，休闲娱乐和群众体育兴起，文化素养提高，妇女受教育机会更多	
	环境污染，贫富分化	社会立法
资本主义世界体系	以西欧为中心的世界市场最终形成	

（四）时代与个人——韦奇伍德的兴与衰

[教师提问] 让我们的目光再次从时代回到个人，韦奇伍德在两次工业革命间又有怎样的表现？

[教师活动] 教师出示材料：

材料十

韦奇伍德与第一次工业革命

韦奇伍德为他的陶器工厂装备了最新的机械旋床，并且安装了一台蒸汽发动机为陶器抛光。在这家工厂中，陶器制作工序被分割开来，如拌土、制坯、上釉、烧窑、上彩等，每个工人只负责其中一道工序，以前的制陶工匠不复存在；车间的排列也是按照生产流程的顺序，减少了工人额外的运动或货物不必要的搬动。

为训练工人的守时习惯，韦奇伍德在制陶厂中首创计时系统，即用打铃来召集工人。按照规定，早晨5:45打铃起床，准备上班；8:30打铃吃早餐；9:00打铃上班；如此循环。为监督工人守时，韦奇伍德还专门雇佣一名监工，"工人进厂后为他们分配任务，对那些准时上班者给予鼓励，让他们知道自己的守时已得到关注；对于那些超过预定时间的迟到者则予以提醒，如果屡次迟到并累计到一定次数，将停发工资"。

——摘编自钱乘旦《英国通史》、托马斯·K.麦格劳《现代资本主义》

材料十一

韦奇伍德与第二次工业革命

约书亚（创始人）之后的五代工厂管理者都是韦奇伍德家族的成员……公司主管青黄不接……产品质量下降，公司财政恶化，家族管理十分松弛，销售额再未有突破。

——托马斯·K.麦格劳《现代资本主义》

材料十二

英国由工业发展带来的巨额利润并没有用于国内工业的更新换代，而是大量投资殖民地以获取巨额利润。

——钱乘旦《英国通史》

材料十三

现有市场仍能获得丰厚的利润，工厂主不愿意耗费巨资进行固定资产更新和追逐先进技术，只愿意在陈旧的工厂设备上修修补补。

——邓久根、贾根良《英国因何丧失了第二次工业革命的领先地位》

［学生活动］学生概括材料，认识韦奇伍德因抓住第一次工业革命的机遇而走在时代前列，因忽视技术革新，错过第二次工业革命的机遇而没落。

三、课堂小结

［教师讲述］以韦奇伍德的成功与没落为典型案例，本课依次探讨了工业革命的背景、进程和影响。它这一路的兴与衰同样引人深思，个体如何才能在时代浪潮中立于不败之地？请谈谈你的看法。

［学生活动］结合本课所学展开思考，得出结论：抓住时代机遇，注重科技创新是应对时代冲击的重要方法。

四、教学点评

　　工业革命是初高中教材的重点内容。初中教材仅从政治和经济两个角度对 18 世纪的英国作了简单介绍，重点讲解工业革命的成就。在此基础上，高中课程的设计突出对背景的多角度扩展，略讲内容，重点分析工业革命的影响。课程设计很好地贯彻了初高中衔接的理念，以初中的知识内容作为高中学习的铺垫，结合高中课程要求，从深度、宽度和高度上进行了挖掘。初中课程大多为形象性语言，对工业革命的介绍比较生动、具体。高中课程则通过补充相应史料，引导学生多角度、多层次地剖析史料，形成全面看待问题的思维，提升史论结合的历史解释能力。学生不仅要认识工业革命的不同影响，更要深入探究影响背后的逻辑联系，从唯物史观的高度理解生产力飞跃引起的生产关系、社会结构、社会生活等一系列变化，从而更加理性、全面地认识工业革命。

　　本课设计以韦奇伍德的兴与衰贯穿始终，以案例教学的形式折射英国在两次工业革命期间地位的起伏，角度新颖。引导学生深入理解个体发展与时代发展的密切关系，教师通过开放性问题引导学生立足于当今，反思历史获得启示，强化责任意识，培养家国情怀。

（点评人：左家燕）

凡尔赛—华盛顿体系下的西方世界
——九年级 专题复习

◇ 卢玉娟

教学分析

> 教学目标

1. 掌握凡尔赛—华盛顿体系的建立、1929—1933年经济危机（罗斯福新政、法西斯的专政）、反法西斯的斗争的相关史实。
2. 通过观察图片，培养学生提取和运用图片信息的能力。通过阅读罗斯福新政的材料，培养学生分析、概括历史现象的能力。
3. 通过概括巴黎和会和华盛顿会议上对中国主权侵犯内容，激发学生的爱国之心和历史责任感。

> 重点难点

重点：1929—1933年资本主义世界的经济危机及罗斯福新政
难点：理解凡尔赛—华盛顿体系下的各种矛盾

一、导入新课

凡尔赛—华盛顿体系既是"一战"这一帝国主义战争对资本主义国家影响的产物，又左右着20世纪世界政治发展的趋势，也为20世纪20年代资本主义经济的恢复发展创造了相对稳定的和平环境。今天我们就来重温一下凡尔赛—华盛顿体系的相关内容，以加深对这部分知识的掌握与理解。

二、讲授新课

（一）凡尔赛—华盛顿体系的建立

［教师提问］对于这一体系的建立，我们先来一起想一想：第一次世界大战后，帝国主义列强通过哪两次会议，确立了战后资本主义世界的新秩序？在这两次会议中又分别签署了什么条约？

［学生回答］巴黎和会和华盛顿会议。巴黎和会主要签署了《凡尔赛条约》；华盛顿会议主要签署了《美英法意日五国关于限制海军军备条约》和《九国公约》。

［教师提问］在这两次会议中，分别签署了一些条约，请大家想一想这当中涉及对中国主权侵犯的内容有什么？

［学生回答］德国在山东的全部权益转让给日本，引发五四运动。

［教师讲述］凡尔赛—华盛顿体系的建立是由凡尔赛体系和华盛顿体系这两大体系构成，凡尔赛体系是由1919年召开的巴黎和会签署的对德《凡尔赛条约》以及对奥、保、匈、土等条约一起构成的。

［教师提问］这一体系确立了帝国主义在哪些地方的新秩序？

［学生回答］欧洲、西亚和非洲的统治秩序。

［教师讲述］华盛顿体系是由1921年召开的华盛顿会议签署的主要有《限制海军军备条约》和《九国公约》等条约一起构成的。

［教师提问］大家再想一想这一体系确立了帝国主义在哪里的新秩序？

［学生回答］东亚、太平洋地区的统治新秩序。

［教师讲述］通过这两次会议，帝国主义列强建立了"凡尔赛—华盛顿体系"。这一体系暂时调整了帝国主义国家之间的关系，使资本主义国家出现了"繁荣"的景象，然而这种繁荣却被一些突然袭来的社会现象打破，它是什么呢？

（二）1929—1933年经济危机

［教师活动］教师出示图1至图4，提问：大家还记得这几张图片吗？它们共同反映了什么社会现象？

［学生活动］学生描述。图2上面写着"世界上最高的生活水平""美国独一无二"，这反映的是1929—1933年世界经济危机。

［教师讲述］这组图片反映了1929—1933年在美国首先出现的的世界性经济大危机，通过这些图片我们可以看出它使广大人民群众饥寒交迫，流离失所，致使美

图1 黑色星期四时的华尔街（引自人教版《历史与社会·九年级上册》第三单元第一课：经济危机下的资本主义世界）

图2 美国人领取救济（引自人教版高中《历史必修2》第17课：空前严重的资本主义世界经济危机）

图3 一家人的住处（引自岳麓版高中：《历史必修Ⅱ》第15课：大萧条与罗斯福新政）

图4 在排队领取土豆等救济食品的人们（引自由TASCHEN出版的一本书《New York | 纽约城市印象》，纪实影社2023年8月9日发布）

国政局出现不稳。

[教师提问] 同学们是否还记得这场经济危机有什么特点？

[学生活动] 学生从波及范围广、持续时间长、破坏性大几方面作答。

[教师活动] 教师出示材料：

材料一

美国的经济繁荣主要表现在汽车、电气设备、建筑等新兴工业发展迅速。小汽车进入家庭，收音机、洗衣机、电冰箱等成为日常生活用品。大规模工业生产的发展，使包括妇女在内就业增加，促进了大城市发展，摩天大楼拔地而起。从1919—1929年，美国的工业生产率提高了40%，农业生产率提高了26%。

——武寅《简明世界历史读本》

材料二

到1924年，美国掌握的黄金总额已达世界黄金储存量的1/2，控制了国际金融市场，世界金融中心由伦敦移到纽约。美国由战前的债务国变成了债权国，被称为世界金元帝国。当时的美国新兴产业迅猛发展，收音机、电冰箱、吸尘器等新产品开始进入大众家庭，汽车也不再是富人才能买得起的奢侈品。

——刘胜军《柯立芝与胡佛：从大繁荣到大萧条的距离》

[教师提问] 上述材料揭示美国经济状况如何？

[学生回答] 美国经济空前"繁荣"：①经济空前繁荣，新兴产业迅猛发展；

②新产品开始进入大众家庭；③汽车也不再是富人才能买得起的奢侈品。

过渡：但这样的繁荣是真正的繁荣吗？

[教师活动] 教师出示材料：

材料三

据统计，到 1930 年为止，60%—70% 的汽车销售量、80%—90% 的家具、75% 的洗碗机等消费都是由分期付款信贷提供资金的。

——摘编自刘日红、李强《金融危机难以根本改变美国消费模式》

材料四

清洁工停下了手中的活，两眼紧盯着自动报价机……一个能说会道的股市评论员正在讲述一个打杂工在股市里赚了 20 多万、一名护士用病人给的小费赚了 3 万。一种普遍高涨的情绪把越来越多的迷糊人拉进了投资市场中……寡妇、工厂的工人、擦鞋匠和招待。甚至那些并不十分渴望进入股市的人都冒险把他们全部积蓄投入到股票中，以获取转眼可得的财富。

——艾伦《仅仅是昨天：从大繁荣到大萧条》

[教师提问] 上述材料分别反映出美国怎样的社会问题？你认为美国经济大危机爆发的原因有哪些？

[教师讲述] 从材料中我们可以看到一方面生产力发展导致生产过剩，另一方面贫富差距大，美国劳动人民实际消费力较低，于是商家通过分期付款、银行信贷、股票投机活动刺激了市场的虚假"繁荣"。

我们来归纳经济危机爆发的原因：

1. 根本原因：资本主义制度的基本矛盾，即生产社会化和生产资料私人占有之间的矛盾。

2. 直接原因：股票投机活动猖獗。

3. 具体原因：生产力不断提高，但购买力不足，导致生产相对过剩。

[教师提问] 面对此现状，西方几个主要资本主义国家寻找不同的道路来摆脱危机，我们以美、德、意、日为例，来看看他们都寻找了什么出路？

[学生活动] 学生阅读材料回答。

（三）罗斯福新政

[教师讲述] 美国是通过罗斯福新政度过了经济危机。

[教师活动] 教师出示材料：

材料五

它（罗斯福新政）大体具有三方面的内容：一是恢复陷入空前严重的经济；二是救济大规模失业者和贫民，三是革除垄断资本主义的某些弊病。

——刘绪贻《富兰克林·D.罗斯福时代 1929—1945》

[教师提问] 结合所学知识按材料五指出的三个方面请学生归纳罗斯福新政的内容。

[学生活动] 学生从恢复经济、救济贫民和革除弊病三个角度进行回答。

[教师讲述]

恢复经济：恢复银行的信用，让农民缩减耕地面积和屠宰大批牲畜，由政府付款补偿。

救济贫民：新建许多公共工程，包括筑路、架桥、植树、兴建水利工程等。

革除弊病：通过国家工业复兴法。

[教师活动] 教师出示图5、图6。

[教师提问] 两幅图片反映了罗斯福总统上台以后针对当时的社会情况采取了怎样的措施？实施这一措施的直接目的是什么？

[学生回答] 新建了许多公共工程，为了减少庞大的失业队伍，刺激消费和生产。

图5 田纳西水利工程中的水坝（引自人教统编版《世界历史·九年级下册》）

图6 罗斯福新政时期政府雇佣的工人在修路 [引自《美国历史系列132：罗斯福新政（下）》]

[教师讲述]通过我们对罗斯福新政内容的复习，同学们一定会对罗斯福这个人物有了更多了解与认识，那我们一起来看看下面这个观点：有人认为罗斯福是20世纪美国一位伟大的改革家，他在一定程度上挽救了现代资本主义国家。你同意这种观点吗？请谈谈你的认识。

[学生回答]我同意此观点。1929—1933年世界经济危机爆发，主要资本主义国家面临严重的经济危机和政治危机。罗斯福实行"新政"，加强国家对经济的干预和指导，使得资本主义统治得到巩固，挽救了整个资本主义制度。

（四）法西斯的专政及反法西斯的斗争

[教师提问]德、意、日是选择了建立法西斯专政的道路来摆脱危机的。我们再一起回忆一下德、意、日分别是怎样走上法西斯道路的？

[学生回答]德国希特勒上台组织纳粹党，意大利墨索里尼组织法西斯党，日本推行军国主义。

[教师讲述]德、意、日法西斯的独裁统治，是人类历史上极端黑暗的一页，在20世纪人类文明获得飞速发展的同时，为什么会产生极端反文明、反人道的法西斯暴政，并肆虐世界，这也是值得我们反思的。

[教师讲述]有专政必然有反抗，反法西斯斗争情况又是怎样的呢？在1935年共产国际提出"建立反法西斯统一战线的任务"的方针指导下，埃塞俄比亚组织抗击意大利的斗争，但由于英法纵容意大利，结果埃塞俄比亚被并入意大利；而西班牙反法西斯人民阵线虽然在大选中获胜，但由于法西斯的武装叛乱和各国态度，西班牙民族革命战争最终失败。

三、课堂小结

华盛顿会议是巴黎和会的继续，在这两个会议的基础上，战后国际秩序得以重建，形成了"凡尔赛—华盛顿体系"。凡尔赛—华盛顿体系一定程度调整了帝国主义国家的矛盾，创设了相对和平的国际环境，20世纪20年代资本主义经济获得了高速发展。然而，1929—1933年的经济危机却打击了美国，罗斯福放弃了美国自由放任政策，采取国家干预经济的办法度过危机。为了应对危机，德、意、日却走上了法西斯的道路，对外进行侵略扩张。

四、教学点评

本课是一节初三历史专题复习课。从本课的历史线索来看，它处于两次世界大战之间。本课的学习既能促使学生对第一次世界大战知识的巩固，也可以帮助学生认识到第二次世界大战的背景。第一次世界大战后国际体系是学生前期未曾单独学习过的知识，对于初中学生，国际关系史有难度，但九年级学生已经具备了初步的分析、归纳和自学能力，所以在本课的设计中教师充分发挥学生自主学习的特点，以步步深入的问题启发学生，调动学习积极性，从而进一步提高学生的分析、归纳的能力。

本课教学设计按照教材内容编排以及课标的要求展开。九年级学生有了一定的历史知识掌握，对历史事件、历史现象的分析理解能力日渐增强。他们的自我意识增强，由于认知不全，容易对问题的认识产生偏差，因此教师在教学中立足学生核心素养发展，充分发挥历史课程的育人功能，注重学生自主探究的学习活动，注重史料的阅读与研习。教师的主体作用在课堂教学中能很好地体现，师生积极互动，提高了课堂教学的效率，落实核心素养。

（点评人：李毓）

第一次世界大战后的国际秩序：
凡尔赛—华盛顿体系
——《中外历史纲要（下）》第14课

◇ 郭瑾瑾

教学分析

> 教学目标
> 1. 研究文献史料和图像史料，剖析凡尔赛—华盛顿体系的主要内容，提高概括、提取历史信息的能力。
> 2. 辩证认识凡尔赛—华盛顿体系，形成合理的历史解释，培养在一定历史时空条件下多角度评价历史现象的思维方法。
> 3. 透过凡尔赛—华盛顿体系，归纳对国际秩序的一般性认识，提升认识历史问题的深度，树立正确的世界观、历史观。
>
> 重点难点
> 重点：凡尔赛—华盛顿体系的主要内容及其体现的战后国际新秩序；凡尔赛—华盛顿体系的历史进步性与历史局限性
> 难点：凡尔赛—华盛顿体系的历史进步性与历史局限性

一、导入新课

[教师讲述] 上节课我们学习了两次世界大战，今天我们将关注战争带来的影响——两次世界大战后建立的国际秩序。什么是国际秩序？国际秩序是处理国际社会问题的机制、准则和行为规范，通常包括国际规则、国际协议、国际惯例和国际组织等。这节课我们一起来学习第一次世界大战后建立了怎样的国际秩序？

二、讲授新课

（一）构建凡尔赛—华盛顿体系——谋求和平
1. 巴黎和会

［教师讲述］经过长达四年半的毁灭性战争，第一次世界大战终于走向结束。1919 年 1 月 18 日，重新安排战后秩序的巴黎和会在法国凡尔赛宫召开，各主要大国为维护本国利益展开了激烈较量。会议的主要议案有：处理战败国的问题、建立国际联盟的问题、山东主权的处理问题等。站在中国立场，我们对第三个议题尤为关切。接下来，我们进行一场模拟巴黎和会的活动，请五位同学分别扮演五国的代表，就处理山东主权这一议案，为我们再现巴黎和会上的交锋。

［学生活动］模拟巴黎和会，学生展示巴黎和会上有关山东主权问题的交锋，思考各国在山东问题上的不同立场、处理结果及原因。

［教师讲述］通过同学们的精彩表演，我们可以感受到巴黎和会上必然充满着激烈的较量和彼此妥协。请同学们回忆刚才的情景，想一想，五个国家关于此议案有哪些立场？最终的结果如何？

［学生回答］中国坚持收回山东主权，日本强烈反对，英法支持日本，美国则没有明确的立场。最终，列强决定把战前德国在山东的权益交给日本。

［教师讲述］中国虽为战胜国，却因为实力弱小，争不到该有的权益。条约的内容引发中国人民极大的不满，在国内掀起了轰轰烈烈的五四爱国运动。在全国人民的反帝爱国斗争推动下，中国代表拒绝在条约上签字。

2. 凡尔赛—华盛顿体系主要内容

［教师讲述］关于山东主权的较量只是战后国际秩序之争的缩影。请同学们完成表格，梳理凡尔赛—华盛顿体系的主要内容。

［教师活动］教师展示表格。（见表1）

［学生活动］学生完成表格，梳理基础知识。

［教师讲述］从表格中，我们可以看到巴黎和会惩治了战败国德国，承认民族自决和民族独立，还建立了第一个由主权国家组成的世界性国际组织——国际联盟。此后，召开华盛顿会议又解决了帝国主义国家在亚太地区的一系列矛盾。通过巴黎和会和华盛顿会议，列强在全球范围内建立了帝国主义的国际新秩序——凡尔赛—华盛顿体系。我们该如何认识这个新秩序呢？

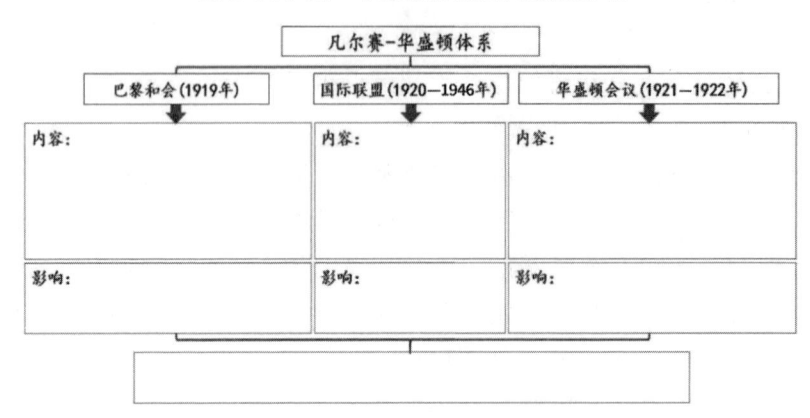

表1 凡尔赛—华盛顿体系的内容及影响

```
                    凡尔赛-华盛顿体系
         ┌──────────────┼──────────────┐
    巴黎和会(1919年)  国际联盟(1920—1946年)  华盛顿会议(1921—1922年)
    内容：           内容：           内容：


    影响：           影响：           影响：
```

（二）剖析凡尔赛—华盛顿体系——和平？休战！

1. 探究凡尔赛—华盛顿体系的影响

[教师活动] 教师出示一战前后欧洲国家地图。

[教师提问] 对比两张地图，战后欧洲的版图发生了哪些变化？

[学生回答] 奥匈帝国解体，奥地利、匈牙利、捷克斯洛伐克等国家独立；沙俄解体，第一个社会主义国家苏维埃俄国建立，原隶属于沙俄的波兰复国，爱沙尼亚、拉脱维亚、立陶宛独立；德国的领土缩小。

[教师讲述] 从地图的演变，我们可以看到，列强重新划分了欧洲的领土，改变了战前欧洲的格局，确立起战后在欧洲地区的国际秩序。

[教师活动] 教师放大两幅地图中的德国部分。

[教师讲述] 关于对德国的处理，我们再仔细观察两幅地图。其中，德国东部一块狭长的领土划分给复国的波兰，德国被分裂成东西两部分，东普鲁士成为德国的飞地；东普鲁士西部的但泽被开辟为自由市，由国际联盟管辖。西南部，阿尔萨斯洛林重新划给法国，富庶的萨尔矿区也交由法国托管。列强还规定德国在莱茵河以东50千米内不得设防。请大家结合这幅地图和《凡尔赛条约》的主要内容，说一说你如何看待《凡尔赛条约》对德国的处理？

[学生回答] 条约对德国的处理非常苛刻，引发了人民的不满，埋下了更大的隐患。

[教师讲述]《凡尔赛条约》签订后，法国和德国国内出现了完全不同的画面。法国巴黎的人民手挽手在大街上庆祝来之不易的和平，而德国的复仇主义者却喊出了打倒《凡尔赛条约》的口号。由此可以看到，条约虽然惩治了战争的发起国德国，

但也埋下了一定的隐患。条约引发德国复仇情绪，成为第二次世界大战的诱因。

[教师活动] 教师出示材料。（见表2）

表2 华盛顿会议中签订的主要条约及内容

条约	内容
《关于太平洋区域岛屿属地和领地的条约》（简称《四国条约》）	美、英、日、法四国彼此协商解决它们在该地区的争端并废止英日同盟
《英美法意日五国关于限制海军军备条约》（简称《五国海军条约》）	五国主力舰总吨位限额为英美各52.5万吨，日本31.5万吨（即5∶5∶3的比率）
《解决山东悬案条约》	中国收回山东主权和胶济铁路利权，日本仍在山东保留不少权益
《九国关于中国事件应适用各原则及政策之条约》（简称《九国公约》）	列强确认并同意把"门户开放""机会均等"作为共同侵略中国的基本原则

——摘编自王桧林主编《中国现代史》

[教师提问] 巴黎和会结束后，很多问题仍没有解决，尤其是亚太地区的矛盾愈演愈烈。在此背景下，华盛顿会议召开，并缔结一系列条约。请大家阅读表2，想一想，谁是华盛顿体系的最大获益者？你为什么这么认为？

[学生回答] 美国是最大获益者。通过这些条约，美国获得了与英国对等的海上实力，并获得侵略中国资格。

[教师讲述] 我们可以看到，美国已经崛起，它开始挑战欧洲的霸主地位，促使以欧洲为中心的国际格局发生转变。

[教师活动] 教师展示国际联盟会徽、简介等。

[教师讲述] 凡尔赛—华盛顿体系还有一个重要的成果，就是诞生了第一个由主权国家组成的世界性国际组织——国际联盟。这个组织是在美国总统威尔逊的主张下成立的，它的宗旨是促进国际合作与实现世界和平与安全。然而，这个组织能够行使它的权利，维护和平吗？

[教师活动] 教师出示材料：

材料一

1922年	国际联盟签发南森护照给予无国籍难民，该护照得到52个国家的承认
1932年2月2日	国际联盟组织日内瓦裁军会议
1935年6月	在国际联盟和周边国家的调停下，玻利维亚和巴拉圭双方实现停火

——摘编自齐世荣主编《世界通史资料选辑·现代部分》

材料二

国际联盟决定都必须经过全体投票同意才能通过。盟约第16款，它授权联盟对不顺从的国家实行经济或军事制裁。但实质上，是否有违约行为以及是否要采取制裁行动，却仍然有待每个会员国来决定。

——罗伯特·杰克逊等《国际关系学理论与方法》

材料三

关于委任统治的规定：实行此项原则之最妥善方法莫如以此种人民之保佐委诸资源上、经验上或地理上足以承担此项责任而亦乐于接受之各先进国，该国即以受任统治之资格为联盟施行此项保佐。

——王铁崖、田如萱编《国际法资料选编》(《国际联盟盟约》第二十二条)

材料四

各主要战胜国都力图使自己的方案体现在盟约之中。美国主张允许德国和小国加入国际联盟，指望它们由于在经济上依赖美国而采取追随美国的政策，并要求由国际联盟管理德国的前殖民地和前奥斯曼帝国的领地，以对抗英法独占殖民地的政策，达到美国利用这一国际组织谋求世界领导权的目的。

——摘编自吴于廑、齐世荣《世界史（现代史编）》

[学生回答] 国际联盟反映了人们对和平的追求与向往，通过国际协商的方式解决争端，是国际法的进步。然而，国际联盟也有很多局限。例如，它无法阻挡日本等法西斯国家扩张的步伐，美国未加入，苏俄被排除在外，也使国际联盟缺乏普遍性和权威性，无法维护和平。

2. 分析凡尔赛—华盛顿体系的进步性与局限性

［教师讲述］我们刚才对凡尔赛—华盛顿体系进行了深入分析。现在，请同学们将所学内容进行分类，哪些内容体现了进步性，它又有哪些局限？

［学生活动］回顾所学，完成分类，辩证认识凡尔赛—华盛顿体系。

［教师讲述］凡尔赛—华盛顿体系建设的初衷是为了维护和平，也确实在一定时期内维护了和平。这个新秩序的出现，是世界历史的进步。然而，凡尔赛—华盛顿体系内部存在着深刻的矛盾。随着国际形势的发展，这些矛盾不断激化，为第二次世界大战埋下祸根，崩溃必不可免。正因此，法国元帅福煦预言："这不是和平，这是20年的休战！"

（三）反思凡尔赛—华盛顿体系——思考与启示
深化认识国际秩序

［教师讲述］关于凡尔赛—华盛顿体系，相信同学们已经有了比较全面的认识。凡尔赛—华盛顿体系是人类历史上建立的众多国际秩序之一。为什么要建立国际秩序，我们要如何认识国际秩序呢？

［教师活动］出示思考角度：

问题1：国际秩序建立的目的是什么？

问题2：影响国际秩序的因素有哪些？

问题3：如何辩证认识国际秩序？

问题4：如何推动建立更为公正合理的国际秩序？

［学生活动］学生思考并回答问题，各抒己见。

［教师讲述］同学们的分享都很有价值，总的来说，国际秩序是国家和国际集团的利益、实力和对外政策相对作用的统一。它虽然具有相对的稳定性，但是会依据国际形势的变化处于不断的调整之中。第二次世界大战之后，又出现了新的国际秩序——雅尔塔体系。这又是怎样的国际秩序，让我们下节课再继续学习。

三、课堂小结

国际秩序是国家和国际集团的利益、实力和对外政策相对作用的统一。它虽然具有相对的稳定性，但是会依据国际形势的变化处于不断的调整之中。我们学习战争的历史，探究国际秩序的产生与崩溃，就是要不断从中吸取教训、寻求启迪。

四、教学点评

  初中教材介绍了第一次世界大战后的凡尔赛—华盛顿体系，包括相关条约和影响。通过初中阶段的学习，学生对这一国际体系已经有了初步认知。因此，本课的教学设计参考初中内容，主要从四个方面进行了衔接。首先，本课采用了一些灵活、生动的教学手段，如排演课本剧，不仅提升了学生的学习兴趣，也符合学生从初中刚刚过渡到高一的学情实际。其次，对于学生熟悉的条约内容，高中采用表格的方式带领学生梳理，唤起学生回忆，落实基础知识。再次，在初中学习的基础上，补充多元史料，带领学生深层次、多角度探究凡尔赛—华盛顿体系的影响。最后，通过凡尔赛—华盛顿体系，带领学生认识国际秩序，从具体的国际体系上升到对国际关系的规律性认识，提升了学生的高阶思维。

  本课设计符合学生实际情况，既有问题链引领思考，也有示意图进行总结，并且选择合适的材料提升学生分析史料，进行历史解释的能力。整节课的设计，体现了初中学习的成果，有基础，也有高度，实现了初高中的有效衔接。

（点评人：左家燕）

罗斯福新政
——九年级下

◇ 吴元英

教学分析

> 教学目标

1. 知道1929—1933年经济危机，了解罗斯福新政，学会史料实证、历史解释的方法；初步理解国家干预经济政策及其影响，学会从唯物史观出发，客观辩证地评价历史事物。
2. 学生通过阅读史料、图片、教材，提取有效信息，培养历史综合分析能力；通过分析相关图片和统计资料，多角度探究经济危机爆发的原因及其影响，概括1929—1933年资本主义世界经济危机的特点和对美国的影响；通过视频和逐条分析罗斯福新政措施的内容及作用，养成描述历史事物，得出初步历史结论的能力。通过角色扮演探究新政影响，养成准确描述历史事物的能力。
3. 使学生认识到罗斯福新政是美国历史上一次富有创新意义和深远影响的重要改革，但不能从根本上消除经济危机。从学生熟悉的人物罗斯福入手，设置历史情境，用民心贯穿始终，带着学生去探究，既培养学生的人文情怀，又锻炼学生的学科素养。通过对罗斯福身残志坚经历的了解，培养学生勇于奋斗、敢于拼搏的精神。

> 重点难点

重点：经济大危机、罗斯福新政及其影响

难点：理解国家干预经济的政策及影响

一、导入新课

[教师活动] 教师出示70周年国庆大典的图片，请同学用几个词来说一说自己对70周年国庆大典最深切的体会。

[学生活动] 同学们各抒己见。

[教师活动] 在学生回答后，总结说明：70周年国庆大典向世界展示了中国改革开放所取得的巨大成就。人类历史上古今中外都有很多重大的改革，如北魏孝文帝改革、彼得一世的改革等。今天这节课我们要学习的一次改革，是"把美国从危机的深渊中解救出来"的一次重要改革——罗斯福新政。

二、讲授新课

（一）从繁荣到危机

1. 柯立芝繁荣

[教师提问] 请同学们说一说你所知道的罗斯福。

[学生活动] 同学们各抒己见。

[教师提问] 请观察图1，说一说他的性格、品质。

[学生活动] 罗斯福身残志坚、勇于奋斗、敢于拼搏，睿智、勇敢，有责任感。

[教师讲述] 同学们说得很好，他是一位勇敢、自信、坚强而又充满智慧的人，也正因为如此，他才能在经济危机的打击下，美国资本主义制度经受严峻考验的时候参加竞选并当选为总统，还领导美国人民克服困难，度过危机。罗斯福就职前经历了美国从繁荣走向危机。

图1 坐在轮椅上的小罗斯福（引自人民出版社《话说世界》）

[教师活动] 教师出示材料：

材料一

美国经济的繁荣主要体现在工业生产的发展。1929年美国拥有汽车2600多万辆，平均不到5个人就有一辆汽车……电熨斗、洗衣机、电冰箱、收音机等已普及进入寻常百姓家。1929年，美国的国民生产总值首次突破千亿大关，达到1031亿。

——齐世荣主编《世界史·现代史编》上卷

［教师提问］如何概括美国经济繁荣的表现？

［学生回答］汽车和家用电器的普及说明美国很繁荣。

［教师提问］但是美国存在购买力不足的情况，企业生产的产品为了卖出去，厂家会想哪些办法？

［学生回答］打折、降价、买一赠一等。房子、汽车这类比较值钱产品可能会让大家借贷消费。

［教师讲述］借贷刺激消费，这样大家买不起的汽车、冰箱、洗衣机都能买了，市场更繁荣了，可未来的消费能力就更弱了，生产与消费的矛盾就更尖锐，所以这些办法没有从根本上解决矛盾，矛盾依旧存在。

［教师提问］观察图2，大家有什么发现？

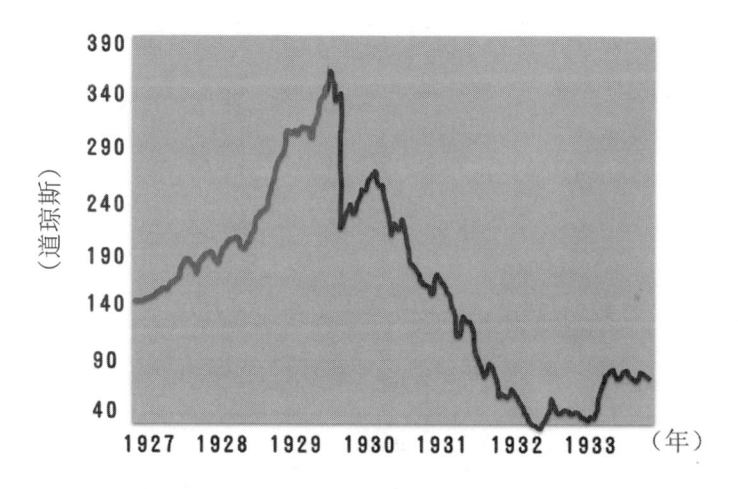

图2 1929年道琼斯崩盘走势图（引自约翰·肯尼斯·加而布雷斯 *The Great Crash* 1929）

［学生活动］股市一路飙升，大家肯定都愿意购买股票，这样能赚更多的钱。

［教师讲述］股票是企业融资的手段，股市的繁荣，为企业提供了资金，所以企业进一步扩大生产，市场上商品越来越多，而人们认为此时炒股稳赚不赔，所以热衷于炒股，将大量的钱投入股票市场，用于消费的资金有限，导致市场购买力不足，也就使得生产与消费的矛盾更加突出。直到突然有一天纽约的股市狂跌，全面引爆这场经济大危机。

2. 经济大危机

[教师讲述] 1929 年 10 月 24 日美国纽约股市暴跌，道琼斯指数就从之前的一路上扬，急转直下，一路下跌，一天之内 1300 万股被疯狂抛售，最后连股票报价机都报不出股票的价格，比如美国无线电公司的股价由原来的 500 美元变为 3 美元。这一天人们很难估计具体损失，很多人顷刻破产，负债如山，当天就有人以死抵债。这一天被称为"黑色星期四"。然而这只是一个开端，股市的崩溃像多米诺骨牌的第一张牌倒下一样引发了连锁反应，引发了全面危机。当时的一首民谣"华尔街发出信号，美国往地狱冲"，就说明这次危机对美国的巨大破坏性影响。这次危机确实来势凶猛，股市狂跌很快引发工厂倒闭、工人失业、银行倒闭，工农业生产大量下降、外贸缩减，不仅波及各个行业，而且从美国开始，蔓延到整个资本主义国家，范围之广、破坏性之大，前所未有。1825 年世界最早的经济危机发生在英国，此后就像感冒一样，在资本主义世界每过一段时间就会发作，然后很快治愈。然而这一次，人们用大萧条、大恐怖来形容它。

[学生活动] 倾听了解经济危机的爆发。

[教师活动] 教师出示材料。（见表 1）

[教师提问] 请同学们分析这次经济危机有什么特点？

表 1　1929—1933 年主要资本主义国家的经济危机情况表

	美国	德国	英国	法国	日本	世界
工业下降	46.2%	40.6%	28.4%	16.5%	8.4%	1/3
外贸缩减	70%	69.1%	50%	48%	50%	2/3
失业人数	1700万	600万	近300万	85万	300万	近3000万

——凯瑟琳·马什《大萧条：1929—1931》

[学生回答] 时间长、范围广、破坏性大等。

[教师活动] 教师出示图 3。

[教师提问] 从图中大家发现了什么问题？

[学生活动] 学生分析，并提出问题：资本家为什么不把牛奶救济穷人，而要倒掉？

[教师活动] 教师引导学生讨论并回答。

图 3 农民把牛奶倒进河里
(引自《芝加哥论坛报》2020 年 10 月 15 日)

[教师讲述] 同学们说得非常好，是为了稳定物价，厂商将牛奶运到城里需要运费，还可能卖不了，对于资本家来说，这太亏了。如果救济穷人了，另一部分牛奶价格就会降低甚至卖不掉。

[教师提问] 经济危机危害如此之大，当时的美国政府怎么不想办法解决？

[教师活动] 教师出示材料：

材料二

美国政府应尽量减少对企业的约束，作好企业的守夜人就行了；经济应该绝对自由化，每位美国公民不要等待救济，要靠个人奋斗。

——威廉·曼彻斯特《光荣与梦想》

[教师提问] 美国胡佛政府的态度是什么？

[学生活动] 学生分析回答。

[教师讲述] 美国胡佛政府为什么对经济危机采取自由放任政策？主要是因为美国是资本主义国家，企业、银行都是私人产业，根据美国法律，私有财产神圣不可侵犯。

美国政府采用传统办法：国家不干预经济（自由放任）结果使国家情况进一步恶化。

[教师活动] 教师出示材料：

材料三
我们应该组织起来，像苏联人民那样建立社会主义政府，杀死你们这帮魔鬼。

——一名美国工人（1932美联社报道）

材料四
"饥饿总统"拿不出一点办法，我们希望像意大利那样建立法西斯。

——一名美国资本家（1932美联社报道）

[学生活动] 经济危机引发严重的政治危机，美国人不相信政府也不看好资本主义制度了。

[教师讲述] 就在美国情况无比严峻时，正好赶上美国历史上的总统大选，主张新政的罗斯福当选了。罗斯福上台后，采取了一系列措施，这些措施统称为"新政"。

（二）罗斯福新政

1. 整顿金融

[教师提问] 罗斯福为什么首先要选择整顿金融？

[教师讲述] 就在罗斯福宣誓就职的前一天，全国已经有32个州的银行全部关闭，整个金融系统瘫痪，信用已经崩溃，人们手拿支票，却无法兑现。面对这样的问题，罗斯福决定首先整顿金融系统？为什么？金融系统就像人体的血液系统一样，只有心脏工作才能把血液从动脉流出，从静脉流入，人体的其他器官才能正常工作，金融系统也是一样的，只有银行工作，资金才能运转，经济才能活起来。可现在人们对银行失去信心，不敢把钱存进银行，而且对政府也失去信心。怎么重拾人们的信心，让资金运转起来，让经济活起来，是罗斯福政府首先要攻破的难点和重点。罗斯福采用了别具一格的做法，发表炉边谈话。

[教师活动] 教师出示材料：

材料五
有一个因素要比货币更为重要，比黄金更宝贵，这就是人民的信心。执行我们的计划，其成功的要素就是信心和勇气。你们大家一定要有信念，一定不要听信谣言和妄加猜测而惊慌失措，我们要团结起来战胜恐惧。

——富兰克林·罗斯福《罗斯福炉边谈话》

［教师提问］阅读材料，你能感受到罗斯福要传递出什么信息？

［学生活动］学生倾听并阅读材料回答问题。

［教师讲述］为什么用炉边谈话的形式？因为亲切，据统计至少有6000万人听了这次谈话。不仅如此，罗斯福还下令全国银行休业四天，政府整顿银行。政府还通过"紧急银行法令"，由政府提供30亿美元的贷款，帮助大银行恢复信用；对于小额客户，政府成立"联邦储蓄保险公司"，保障小额存款的安全，也就是如果银行不幸再倒闭了，存进银行的钱由政府补贴。大家想一想：这样的做法，人民会怎么想？

［学生回答］人民就会把钱存进银行。

［教师活动］教师出示图4。

［教师讲述］大家看当时的一幅漫画，钱袋上的英文是信任的意思，房子上的英文是美国政府和储蓄，不是写的银行，说明人们存钱是对政府的信任。有了人民的信任，金融业开始正常运行，为工农业生产恢复提供了保障，而罗斯福也开始了大刀阔斧的改革。

图4 confidence 信任、信赖（引自富兰克林·罗斯福《罗斯福炉边谈话》）

［教师活动］引导学生看视频，了解改革的举措。

［教师提问］改革有哪些举措？说一说自己印象最深刻的举措？

［学生活动］学生看视频直观感受新政，并回答问题。

［教师讲述］大家对以工代赈印象深刻，哪位同学说一说什么叫以工代赈？目的是什么？为什么不直接救济而要给他工作？如果你是当时的失业青年，面对直接救济和以工代赈，你会有什么样的选择？

［学生活动］各抒己见。

2. 以工代赈

［教师讲述］1933年年初，美国失业人数猛增到1700万，面对如此庞大的失业队伍，只救济失业者不能解决根本问题，必须要给他们提供就业机会，于是政府出台了《联邦紧急救助法》。以工代赈，就是用工作来代替救济的办法，解决失业问题。图6是当时的一幅宣传画，上面的题目谁能来翻译一下？这样说的目的是什么？

［学生活动］学生观察图5回答。

［教师活动］教师出示材料：

材料六

民间资源保护队吸收18—25岁的失业青年，从事诸如造林、防火、防洪、筑路等工作，每月工资30美元。一直到1939年，先后吸收了150万青年，开辟了数百万英亩的国有林区和公园等。

到二战前，罗斯福政府支出180亿美元，修建1000多座机场，12000多个运动场，800座校舍和医院，当时全美国工赈机关总计雇佣人员占全国劳动力的一半。

——威廉·曼彻斯特《光荣与梦想》

图5 用工作报答美国（引自统编版《世界历史·九年级（上册）》）

［教师提问］以工代赈的影响是什么？

［学生活动］学生讨论并回答以工代赈的影响。

［教师讲述］在以工代赈措施下，最为成功的公共工程，就是田纳西水利工程。以工代赈通过政府兴办公共工程，不仅为失业工人提供了就业机会，而且刺激消费和生产，工人有工作就有工资就会消费就刺激生产，同时公共工程本身修建需要很多材料如钢铁、木材、水泥等，所以就盘活了这些企业，促进生产的恢复与发展。比如当时民间资源保护队吸收18—25岁的失业青年，从事诸如造林、防火、防洪、筑路等工作，每月工资30美元，还规定30美元工资25美元要寄回家，这让哪些人很高兴？

［学生活动］他们的母亲、妻子、孩子，所以罗斯福的这个政策很得民心。

3. 调整工业

［教师讲述］作为发达的工业国，罗斯福新政的核心是调整工业。为了防止盲目竞争，政府通过《全国工业复兴法》，并且建立了全国工业复兴署，对企业的生产规模、产品价格、销售市场、工人的最低工资、最高工时都做出相应的规定。

［教师提问］"规定工人的最低工资、最高工时"，美国总统照顾了谁的利益？

［学生回答］照顾普通人民的利益。

［教师讲述］企业是资本家的私有财产，怎么经营、怎么销售、怎么雇佣工人，本来是资本家个人说了算，现在通过《全国工业复兴法》，政府要对企业的生产规模、产品价格、销售市场、工人的最低工资、最高工时等做出相应的规定，这种方式就是政府对企业的干预。

［教师讲述］为了让各个企业遵纪守法，政府还施行蓝鹰运动，对于遵守该法的企业悬挂蓝鹰标志，对其产品贴蓝鹰标志。同时政府还规定如果发现企业有违规行为，政府有权吊销他的执照。政策实行几周之后，有250万雇主与政府签署了法规。

［教师提问］政府干预企业生产，企业为什么还愿意与政府签署法规？

［学生回答］规范了企业行为，有效防止企业之间的盲目竞争，能够使企业生存下来，而不是破产。

［教师提问］蓝鹰运动对挽救严重的工业危机起了什么作用？

［学生回答］学生讨论并回答蓝鹰运动的作用。

［教师讲述］蓝鹰标志是一种荣誉，能引导资本家遵纪守法，引导消费者维护自己的合法权益。这种导向作用，有利于工业生产的恢复与发展。

4. 调整农业

［教师讲述］城市中要对工业生产进行政府的指导，农村中同样也需要，"新政"的第三项措施就是调整农业生产。为了节省资源，政府对于那些自愿限制种植面积和牲畜头数的农民发放津贴进行补贴，目的就是要保持农产品的生产和消费之间的平衡，稳定农产品的价格。

5. 发展社会福利

［教师讲述］罗斯福政府还通过《社会保障法》，政府对老人、盲人和受抚养的儿童和残疾人进行救济，并对失业者进行补助，这些措施除了保障了社会最底层人们的基本生活外，也让人们感受到政府的温暖，不仅缓和了社会矛盾，而且使人们更加信任政府。

（三）罗斯福新政的影响

［教师提问］了解了罗斯福新政的内容，那么新政到底"新"在哪里呢？大家回看罗斯福新政的主要内容进行思考，同时寻找新政内容的共同点。

［学生活动］学生讨论回答都是通过法律去整顿或者调节，说明国家是通过立法干预经济。

[教师提问]"新政"会不会有效？我们来看图6。

[学生活动]1935年与1933年相比国民收入明显增长了。

[教师提问]现在分小组进行角色扮演：假如你是当时的企业主、工人、农民，请谈谈你在新政前后生活的变化？

[学生活动]学生参与小组活动，讨论罗斯福新政影响。

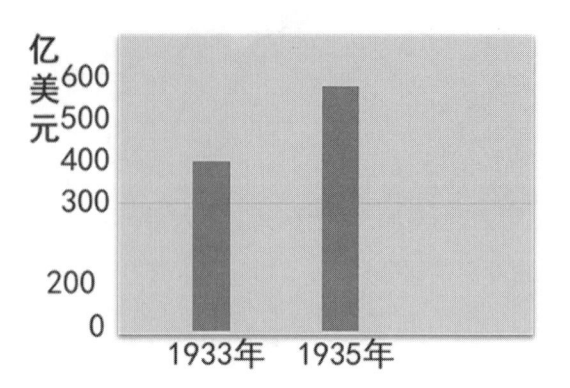

图6 美国国民收入增长示意图（引自约翰·肯尼斯·加而布雷斯 *The Great Crash* 1929）

[教师讲述]罗斯福新政使得人民的生活好转，经济得到恢复发展，也避免了激烈的社会动荡，社会逐渐安定，平稳度过了经济危机。罗斯福开创了资本主义国家干预经济的先例，为其他西方国家解决危机提供了经验和借鉴。但同时罗斯福也拒绝了任何彻底的革命计划。

所以罗斯福新政是在维护资本主义制度前提下所作出的政策调整。新政不改变资本主义制度，因此只能遏制当时危机，而不可能从根本上消除危机。所以说罗斯福新政治标不治本。但是罗斯福新政为资本主义国家干预经济生活提供了先例，成为今天许多发达国家和发展中国家制定政策、法规的依据，这说明现代资本主义制度具有自我调节和改良的功能。因此这位坐在轮椅上的美国总统，是继华盛顿、林肯之后最受美国和世界公众欢迎的美国总统。

三、课堂小结

[教师提问]对应我们今天的改革，想一想罗斯福新政能给我们今天的改革带来哪些启示？

[学生活动]改革要立足国情，与时俱进、关注民生。

[教师讲述]我们还要学习罗斯福身残志坚、爱国为民、迎难而上、乐观自信的改革创新精神。

四、教学点评

　　《罗斯福新政》这一课的教学设计，学生通过学习1929年经济危机和罗斯福新政，认识到罗斯福新政是美国历史上一次富有创新意义和深远影响的重要改革，通过对罗斯福身残志坚经历的了解，培养学生勇于奋斗、敢于拼搏的精神。

　　这节课的教学设计根据学生年龄特点和认知特点，关注初高中在核心素养方面的贯通衔接。在教学设计中，罗斯福新政的背景，使用文献资料的节选，意在提升学生的历史解释能力和史料实证能力；通过视频和逐条分析罗斯福新政措施的内容及作用，养成描述历史事物，得出初步历史结论的能力，通过角色扮演探究新政影响，培养历史解释的核心素养。学生历史价值观在教师的引导下自然而然、水到渠成，为高中形成理性认识打下基础。

（点评人：张绵）

第二次世界大战与战后国际秩序的形成
——高一下

◇ 李昆

教学分析

> 教学目标
> 1. 分析第二次世界大战爆发的历史根源及罗斯福新政出台的社会背景，培养学生运用唯物史观分析历史问题的能力。
> 2. 构建二战及战后国际秩序形成的时间线，明确重要事件的时间节点和地理空间分布，增强学生的时空观念。
> 3. 探究战后国际秩序的建立原因、过程及影响，提升历史解释素养。
> 4. 培养学生的国际视野和全球意识，认识到国际合作对于维护世界和平与发展的重要性。
>
> 重点难点
> 重点：第二次世界大战对国际格局的影响及战后国际秩序的建立
> 难点：雅尔塔体系的形成与评价

一、导入新课

［教师活动］播放俄罗斯举办活动纪念"卫国战争胜利"75周年新闻视频。
［学生活动］观看新闻视频，初步了解本课的学习内容。

二、讲授新课

（一）第二次世界大战因何而起

1. 凡尔赛—华盛顿体系的不稳定性

[教师讲述] 我们在之前的课程中学习过一战后建立的国际秩序，称之为"凡尔赛—华盛顿体系"，如果这个体系非常稳定，每个国家都履行体系的规定，世界应该维持长久的和平，但事实上，这个体系却非常不稳定。我们来看看是怎么回事。

[教师活动] 教师出示材料一并设问：凡尔赛—华盛顿体系造成了哪些矛盾？

材料一

第二次世界大战的起因与1919—1920年和平条约的失败相关。那些条约制造出的问题与解决的问题几乎一样多。和平缔造者们屈从于战胜国兼并别国领土和建立附属国的要求，从而播下了仇恨和冲突的新种子。

在30年代那个时候，无论德国、意大利、日本，它们一概不满意这些条件，它们是"修改主义"的国家或不满意的国家。这些国家在1919年订立过一项条约，然而在十二年之后，它们不愿意实施了。

——帕尔默《世界现代史》

[学生活动] 学生回顾所学知识，从战胜国之间、战胜国与战败国、殖民者与殖民地之间等角度分析凡尔赛—华盛顿体系造成的矛盾。

2. 经济大危机

[教师活动] 出示材料二并设问：丘吉尔所说的历史事件是什么？其特点是什么？大家回顾初中所学，为何出现了这一历史事件？

材料二

美国的华美外观终于尽毁。1929年至1932年，在股票市场崩盘后，紧随其后的就是物价暴跌和随之发生的生产紧缩，因此导致了大面积的失业，混乱的经济生活带来的结果是全球性的。

——丘吉尔《第二次世界大战回忆录》

[学生活动] 学生回顾初中所学知识，从直接原因、根本原因等方面分析经济大

危机的原因；从波及范围、危机规模、延续时间等方面总结经济大危机的特点。

[教师提问] 请大家回忆初中所学内容，列举罗斯福新政是如何应对经济大危机的？

[学生活动] 学生回顾初中所学知识，从整顿银行与金融系统、复兴工业、调整农业政策、建立社会保障体系等方面回顾罗斯福新政的内容。

[教师活动] 教师出示材料三并设问：罗斯福新政的措施能够根本上消除经济危机吗？

材料三

资本主义制度就像一棵出现枯枝烂叶的树一样，激进分子说："把它砍倒。"保守分子说："不要动它。"我则采取折中的办法："让我们把它修剪一下，这样我们既不会失去老树干，也不会失去新枝。"

——陈明《相信进步——罗斯福与新政》

[学生活动] 学生阅读材料，理解罗斯福新政的实质是在维护资本主义制度的前提下，对生产关系的局部调整。因为资本主义制度的存在，生产资料私人占有制就不会变，资本主义基本矛盾必然存在。

3.法西斯主义诞生与发展

[教师讲述] 法西斯原指中间插着一把斧头的"束棒"，为古罗马执法官吏的权力标志。法西斯国家是极端民族与大国沙文及军国主义的结合体，崇尚无条件服从于一个国家、一个民族，以团结铸造力量作为信条。法西斯国家由国家以军事或准军事的方式全面控制社会，政治统治对人的非政治生活无孔不入，社会彻底政治化。那么法西斯主义有什么典型的特点呢？

[教师活动] 教师出示材料：

材料四

二战前法西斯主义的发展

1922年，墨索里尼建立法西斯政权

1931年，九一八事变，日本侵占中国东北

1933年，希特勒建立法西斯独裁统治

1935年，意大利入侵埃塞俄比亚

1936年，日本建立军事法西斯专政

1936年，德意结成轴心国

1938年，德国吞并奥地利

希特勒曾经说过，只有"当一国（种族上最优秀的那一国）取得了完全而无可争辩的霸权时"，世界和平才会到来。

——格哈特·温伯格《希特勒德国的对外政策》（上编）

[学生活动] 学生根据材料，分析法西斯主义的主要特征包括：极端民族主义、对内恐怖独裁、对外侵略扩张等。

4. 绥靖政策

[教师讲述] 绥靖政策指对侵略姑息纵容，以牺牲别国为代价，同侵略者妥协的政策。

[教师活动] 教师出示材料五并提问：英法为何采取绥靖政策？

材料五 英法尽管同为第一次世界大战的主要战胜国，但其经济地位和军事地位都因战争受到了巨大的削弱……这种状况使英法统治集团中的部分人士不敢同德、日、意的侵略扩张政策进行针锋相对的斗争，而是试图通过满足侵略者部分贪欲的方法来维持自己的既得利益。

还有20世纪30年代经济危机使英法两国政局动荡，内阁更替频繁，很难指望政府在法西斯进攻面前实行一种坚定和连续的外交政策。英法资产阶级对社会主义苏联的本能仇恨。对弱小国家的固有蔑视……在一个时期内，希特勒竭力造成一种似乎唯有共产国际、唯有苏联才是德国敌人的假象，英法集团相信了这一点。

——刘德斌主编《国际关系史》

[学生活动] 学生根据材料，分析英、法两国采取绥靖政策的原因包括综合国力的衰弱；经济危机、政治动荡；对社会主义的仇视等。

[教师讲述] 与此同时，美国采取中立政策，苏联与德国签订《苏德互不侵犯条约》，这些大国的姑息纵容助长了法西斯的侵略气焰，推动了二战的爆发。

（二）第二次世界大战的过程

[教师提问] 请同学们阅读教材第二目内容，根据学案上提供的表格，梳理二战的过程。

[学生活动] 学生阅读教材，完成二战过程表格，熟悉二战史实。

[教师活动] 教师出示材料六并提问：你认为应以哪一年作为二战的起点？理由是什么？

材料六
关于第二次世界大战起点的各种观点：
1931 年九一八事变
1937 年七七事变
1939 年德国进攻波兰
1940 年德国进攻西欧
1941 年 6 月德国进攻苏联
1941 年 12 月日本偷袭美国珍珠港

[学生活动] 学生结合所学知识进行小组讨论，自主选择二战起点标志，并陈述理由。

（三）战后国际秩序的形成
1. 雅尔塔体系

[教师讲述] 第二次世界大战中后期，反法西斯同盟国的首脑相继在开罗、德黑兰、雅尔塔和波茨坦等地召开会议，缔结了一系列条约和协定，建立了战后国际秩序，史称"雅尔塔体系"。

[教师活动] 教师出示材料七并提问：结合材料，对比凡尔赛—华盛顿体系，你如何评价雅尔塔体系？

材料七
与凡尔赛—华盛顿体系相比，雅尔塔体系同样打上了大国强权政治、划分势力范围的烙印。雅尔塔会议充满了美苏相互妥协、共同主宰世界的气氛，几乎每项协定都包含美苏争夺势力范围的因素。……由凡尔赛—华盛顿体系到雅尔塔体系，展开了国际政治中不断增长的民主化趋势。……雅尔塔体系中包含美苏不同社会制度国家，它在处理战败国、策划战后和平秩序方面……展示了国际社会和国际秩序走向更加民主化的前景。

——陈从阳《凡尔赛—华盛顿体系与雅尔塔体系比较研究》

[学生活动] 学生阅读材料全面评价雅尔塔体系。学生分析得出雅尔塔体系以建立和维持战后的世界和平为主要目标，提倡不同社会制度国家之间的共处与合作；是大国相互妥协的产物，带有明显的强权政治色彩，严重损害了一些国家的利益；奠定战后国际格局从欧洲中心走向美苏两极格局的基础等。

2. 联合国

[教师讲述] 教师简述联合国的建立过程。

[教师提问] 一战后建立的国际联盟和二战后建立的联合国都是主权国家参与的国际组织，他们之间有何异同？

[学生活动] 学生根据教材内容及之前所学，比较联合国和国际联盟的异同。（学生可从背景、性质、局限、决议原则、成员构成、宗旨等方面进行比较）

（四）第二次世界大战对人类文明发展的教训和启示

[教师提问] 今天我们一起学习了第二次世界大战的相关史实，你认为二战对人类文明发展的教训和启示有哪些？

[学生活动] 学生回顾所学，可从合作共赢、和平发展、公平公正的国际秩序、国家干预经济等方面回答。

三、课堂小结

第二次世界大战已经过去 70 多年，战争的硝烟早已消逝在时间的长河中。但法西斯摧残人类的种种罪行依然历历在目，战争留下的累累创伤依然无法彻底抹平，这值得人类警醒，更值得我们反思。前事不忘，后事之师，忘记过去就等于背叛。我们在纪念战争胜利，悼念战争中牺牲的将士和罹难民众的同时，更应该团结一致，共同警惕法西斯主义的死灰复燃，避免战争悲剧的重演。让我们永远将人类的这段血与泪的历史铭记于心，以史为鉴，面向未来，远离战争，珍爱和平，为实现中华民族的伟大复兴而努力奋斗！

四、教学点评

  高中历史课程中，第二次世界大战与战后国际秩序的形成是与初中历史教学内容紧密衔接的，它不仅是对初中所学知识的深化，也是对高中历史新课标的拓展。教师主要从以下几个方面注重初高中的贯通培养。首先，初中学生更多停留在对大危机表面现象的直观感知，高中教师在引导学生复习现象的基础上进一步去总结其特点和剖析更深层次的原因。其次，关于罗斯福新政，初中注重具体政策的识记，高中教师通过出示史料并设问，引导学生分析罗斯福新政的措施能够从根本上消除经济危机吗？进而帮助学生理解罗斯福新政的实质是在维护资本主义制度的前提下对生产关系的局部调整，凸显了高中更加注重学生理性思维能力的培养，以及对历史问题的系统性理解和深入分析。再次，二战的具体过程初中学生已经熟识，不是高中的核心内容，所以教师出示了二战过程图，通过设计有关二战起点的不同观点并说明理由的讨论题，培养学生历史解释的能力。最后，在对战后雅尔塔体系这一内容的讲授中，在初中内容的基础上，更加注重引导学生进行评价和对整个国际格局内涵的理解上。

  在初高中贯通培养的教学中，教师采用提问法、活动探究法、图表概括法等方式，帮助学生理解知识，同时围绕重难点设计问题，促进学生积极讨论。初高中衔接阶段的学生，通常保留了初中时期积极活跃的学习状态，但对知识的掌握还不够系统，对问题的认识也缺乏深度。因此，高中教学需要加强学生辩证分析、探索、解决问题的历史意识，以及透过现象看本质的思维能力。

（点评人：滕加平）

实践篇
阅读课程案例

中学历史教学贯通培养，不仅是针对初高中不同学段历史教材本身的教学内容设计，还包括历史阅读课程，学生通过历史史料阅读提升有效获取和处理信息的能力，这是历史学科的必备素养之一，也是史学研究的基础。因此，历史教研组在不同学段依据历史课程标准和学生的能力水平，划分为不同的历史阅读课程模块，在教师的指导下，学生发现问题、查找并阅读不同类型的史料，最终收获新知，学生从知识的被动接受者真正转变为知识的学习者、研究者。以下是不同学段阅读课程的案例介绍。

七年级文物阅读课程活动设计

◇ 梁啸天

本项文物阅读活动以核心素养为导向，立足初一学生学情，旨在引导学生真实地感知历史，激发其对历史学习的兴趣和动力。通过文物阅读课程，学生能够有计划性、有目的性、有针对性地参观历史遗址遗迹、博物馆、纪念馆、展览馆等历史文化资源。在了解中国文明辉煌成就和中华优秀传统文化的同时，教师针对具体文物提出相关历史问题。在老师的指导下，学生查阅相关文献资料，解决问题，进而形成新的历史认识。在此过程中，学生逐渐认识馆藏文物的史料价值，知道中国古代遗留至今的各类史料是了解和认识中国历史的证据，并结合语文、地理、艺术等课程的学习，尝试运用史料说明历史问题。

一、活动准备

参观与历史相关的博物馆或展览馆。选择一件自己感兴趣的文物，选择合适的角度为其拍摄精美照片。参考馆内介绍或讲解员的讲解词，以笔记的形式整理文物信息，形成文物资料卡，初步了解所选文物。

1. 教师讲解参观博物馆的基本方法

（1）建议遵照博物馆内路线图指引，按顺序进行参观。

（2）关注展览的"前言"部分，明确展览的主题和线索。

（3）参观过程中，在整体浏览展品的同时，选择感兴趣的文物结合解说词重点观看。时刻把握展品和展览主题之间的关系，思考文物如此排列、摆放是为了说明什么问题。文物作为史料能够帮助我们了解哪方面的史实。

2. 教师引导学生选择目标文物

目标文物的选择应该遵从三方面要点：

（1）自己感兴趣。

（2）有探究的价值。是某一时代的代表性文物，凸显了时代特点。史料价值充分，能够观照的历史问题较多。

（3）文物的相关资料比较充分，有足够的材料解决我们提出的问题。

二、问题提出：结合自己整理的文物信息，提出具体问题

教师引导学生由浅入深提出问题。

1. 提出的问题可以首先针对文物本身，例如对文物的形制、式样或纹路产生好奇

学生可以继续追问：文物为何会有此种独特的形制、式样或纹路？这样的设计是否体现了不同时代、朝代的风格、特色？什么样的时代背景会孕育出如此的风格、特色？由此，学生可以结合相关文献，探究文物的美学、艺术价值。

2. 教师向学生提出以下问题，帮助其圈定文献阅读的范围

（1）结合所学，思考所选文物作为史料能够解释、印证、补充课上所学的哪些结论性知识。

（2）除课本知识外，此项文物还能够解决哪些历史问题，而哪些问题是你比较感兴趣的。

三、文献阅读：在老师的指导下阅读相关文献的相关段落，解决问题

1. 了解作者信息

主要关注学术背景：毕业院校、本科及研究生所学专业、为哪个机构或高校的学者、主要研究领域等。作者的学术背景对其所持有的观点具有深刻影响，从而能够判断他的论述是否值得采信，是否能够较为权威地解决我们的问题。

2. 阅读过程中注意分层，把握文字的逻辑性

圈画关键词：用不同颜色或不同标记区分性地标出史实和结论。

四、完成文物阅读报告

附录1：

文物阅读报告

班级：初一（17）班　　姓名：李欣宇

文物名称	三彩载乐骆驼俑	馆藏信息	陕西省历史博物馆

文物简介：骆驼站在长方形底座上，引颈长嘶，驼背上的驮架为一平台，铺有色彩斑斓的毛毯，共有八名乐手。其中七名男乐手身着汉服，手持胡人不同乐器，面朝外盘腿坐着演奏，中间有一站立女子正在歌唱，显然这是一个流动演出团。唐代艺术家用浪漫的手法将舞台设置在驼背上，可谓匠心独具。唐代的开放，迎来了世界各地的人们，他们带来的各种奇珍异宝，让唐代人爱不释手；带来的异域音乐和舞蹈，使唐朝人喜不自禁。能歌善舞的各国艺人在唐代首都长安这个大舞台上，尽情演绎着人们对太平盛世的赞美和对美好生活的追求。这件载乐骆驼俑表现了一个以驼代步、歌唱而来的巡回乐团，有主唱、有伴奏，骆驼背上放置一平台。一般人坐在高高的骆驼背上都有点心惊肉跳，而这七个人却围着圈坐在平台边沿上演奏，个个神态坦然，全神贯注，沉浸在美妙的音乐中，达到了忘我的境界。尤其是那位唱歌的女子，你看她梳着唐朝妇女典型的发型，身穿高束腰的长裙，线条流畅，头向上扬，右臂动作优美，神态优雅、自信，骆驼在走，她却站在乐队中间婉转歌唱，显然已是唱到了动情之处。整件作品中人物形象个个生动鲜活，连骆驼也显得沉稳有加，好似踏着乐步徐徐行进。西安地区出土的大量唐代表现乐舞艺术的陶俑与众多的文献资料一起，为我们再现了那个伟大时代震撼人心的乐舞之声。它穿越时空，久久回荡在历史的各个角落里。直到今天，当我们看着这个驼背上的乐队时，耳边又似乎回响起了盛唐时期那优美的歌声和动人的旋律

提出的问题：
1. 人物当时可能在演奏什么音乐？这种音乐有什么特点？
2. 从作品能看出当时怎样的文化特点？
3. 唐朝乐人的身份地位是怎样的？
4. 唐朝的开放带来了哪些音乐舞蹈？

参考文献

爱德华·谢弗：《唐代的外来文明》，吴玉贵译，西安：陕西师范大学出版社，2005年版

冯文慈：《中外音乐交流史：先秦—清末》，北京：人民音乐出版社，2013年版

文献摘录

史实：

1. 在所有那些由异族政权贡献给唐朝的，社会地位不易确定而又具有专门技能的人当中，最常见和最有影响的是乐人（包括器乐演奏者、歌唱者和舞蹈者）以及由他们带来的乐器与乐调。

2. 在唐代，西域诸国处于唐朝政权的控制之下，所以西域音乐也可以说是被唐朝"俘获"来的，而到了后来，唐政府便要求西域诸国将音乐作为"土贡"贡献给朝廷。

3. 龟兹乐工演奏的乐器也备受唐朝人的赞赏。龟兹乐器中最重要的一种是龟兹四弦曲项琵琶，唐代流行音乐的二十八调就是建立在四弦曲项琵琶的技法和曲式的基础上的，而且二十八调的旋律也是由此而发展起来。觱篥与横笛在龟兹乐器中也占有相当重要的地位，所以这两种乐器在唐朝也很流行。但是在所有的龟兹乐器中，唐朝人最喜欢的是一种形制很小，涂了漆的"羯鼓"。

4. 西凉乐是龟兹乐与传统中国音乐的奇妙的混合物。它是用龟兹琵琶和古典的石磬这样极不协调的乐器来进行演奏的。

时期（公元）	隋 开皇初 (581—)	隋 大业中 (605—618)	唐 武德初 (618—)	唐 贞观十六年 (642)	传入中原年代（公元）和所属朝代
总称	七部乐	九部乐	九部乐	十部乐	
			燕乐	燕乐	
分部	清商伎	清商	清商乐	清商乐	
	*龟兹伎	*龟兹乐	*龟兹乐	*龟兹乐	382，前秦
	*国伎	*西凉乐	*西凉乐	*西凉乐	386—399，后凉
		疏勒乐	疏勒乐	*疏勒乐	436，北魏
				*高昌乐	534—556，西魏
	**天竺伎	**天竺乐	**天竺乐	**天竺乐	346—353，前凉
	安国伎	*安国乐	*康国乐	*康国乐	436，北周
				*安国乐	568，北周
	+高丽伎	+高丽乐	+高丽乐	+高丽乐	436，北魏
	文康伎	礼毕			

结论：

1. "音乐"这个词在这里必定包括了曲式、乐曲以及演奏者和他们使用的乐器等内容在内。

2. 在所有西域音乐文化中，龟兹音乐对唐朝音乐的影响最大，远远超出了其他音乐。

3. 西凉乐是龟兹乐与传统中国音乐的奇妙的混合物。

4. 在这些具有特殊才能的奴隶当中，地位最低的是作为横笛演奏者在贵族中备受宠爱的孩童。

5. 在音乐奴隶中，地位最高的是那些已经成年的音乐大师。

6. 龟兹乐在西域乐部中水平最高。龟兹乐对中原地区的影响也最大，特别是在鼓乐方面。

7. 西凉乐在隋唐时期的乐部中占有十分重要的地位。

8. 西域音乐歌舞在陆续传入中原地区的过程中，尤其是北朝、隋、唐时期，许多身怀艺能的乐伎——音乐歌舞艺人，相继而来。他们上至供奉帝王和贵胄，在教坊和府邸待召，名重一时；下至闯荡市廛，在酒肆以歌舞侑饮，被称作胡姬；也有的或由于年长色衰，或由于烽火战乱，离开宫廷在江湖卖艺；——总之，他们都为中外之间和民族

续表

5. 教坊里的那些天才的乐工、歌伎以及舞伎的社会地位与官伎——最高贵的一种艺伎——的社会地位很相似。 6. 第二种是较天竺乐稍晚进入中原地区的龟兹乐。 7. 由于龟兹乐的东传，并且和汉族音乐汇合交融，结果在中国西北地区形成了一种兼有胡汉两种音乐特点的音乐品种，史称西凉乐。 8. 按照惯例，他们表演的舞蹈被分成"软舞"和"健舞"两大类。 9. 唐朝的健舞中，有三首舞蹈是相当有名的，而"胡腾舞"就是其中之一。 10. "柘枝舞"。 11. 在所有这些来自西域的年轻舞伎中，最受唐朝人喜欢的是"胡旋女"	之间的音乐文化交流做出了历史性的贡献。他们的社会地位不高，大多早已湮没无闻，只有很少数借助史籍的记载或是文人的诗作等，才使得今人对他们的生平或技艺略知一二。 9. 在演艺者中间，有许多人是被远国绝域的君主作为礼物送给唐朝君主的；属于这类的演艺者及其音乐，大都在唐朝的编年史中记载了下来。但是当时也有许多慕名而来的自由的音乐家。后一类人及其音乐虽然没能够像龟兹和康国的音乐那样，汇入唐朝官方的音乐之中，但是他们的音乐在唐朝民间社会里却十分流行

解决问题的关键词句：
1. 社会地位不易确定而又具有专门技能的人当中，最常见和最有影响的是乐人（包括器乐演奏者、歌唱者和舞蹈者）以及由他们带来的乐器与乐调。
2. 在所有西域音乐文化中，龟兹音乐对唐朝音乐的影响最大，远远超出了其他音乐。
3. 西凉乐是龟兹乐与传统中国音乐的奇妙的混合物。
4. 龟兹乐在西域乐部中水平最高。龟兹乐对中原地区的影响也最大，特别是在鼓乐方面。
5. 西凉乐在隋唐时期的乐部中占有十分重要的地位。
6. 中外之间和民族之间的音乐文化交流。
7. 社会地位不高。
8. 许多慕名而来的自由的音乐家。
9. 他们的音乐在唐朝民间社会里却十分流行。
10. 中国西北地区形成了一种兼有胡汉两种音乐特点的音乐品种，史称西凉乐

续表

阅读报告：

　　唐朝最为出名的两种音乐分别是龟兹乐和西凉乐，龟兹乐对唐朝音乐的影响最大，而西凉乐是龟兹乐与传统中国音乐的奇妙混合物。龟兹乐在西域乐部中水平最高，对中原地区的影响也最大，特别是在鼓乐方面。而西凉乐在隋唐时期的乐谱中占有十分重要的地位。龟兹乐的乐器中较为重要的有四弦曲项琵琶、横笛等，而西凉乐则用琵琶和石磬等这样极不协调的乐器来演奏。由此可以看出，作品中人物所演奏的可能是龟兹乐或西凉乐，而西凉乐的可能性更大。因为作品中人物使用了笙、琵琶、排箫、拍板、箜篌、笛、箫演奏曲子。其中，琵琶、笛等乐器是龟兹乐的代表性乐器，而笙、箫等是传统中国乐器。从中体现了中外之间和民族之间的音乐文化交流。

　　唐朝时，根据乐人来到唐朝的方式，以及他们的才艺高低，他们的社会地位也相应地不同，且不易确定。由异族政权贡献给唐朝的乐人，由于属于朝廷的"土贡"，因此即使备受宠幸，身份地位也并不高。而其余许多慕名而来的自由的音乐家，在民间却有一定的身份地位。此外，已经成年的音乐大师有着更受人推崇的身份地位。

　　唐朝时出现了十部乐——燕乐、清商乐、龟兹乐、西凉乐、疏勒乐、高昌乐、天竺乐、安国乐、康国乐、高丽乐，其中七部都由西域传入。还出现了软舞、健舞两种形式的舞蹈，其中又以胡腾舞、柘枝舞、胡旋舞最为流行

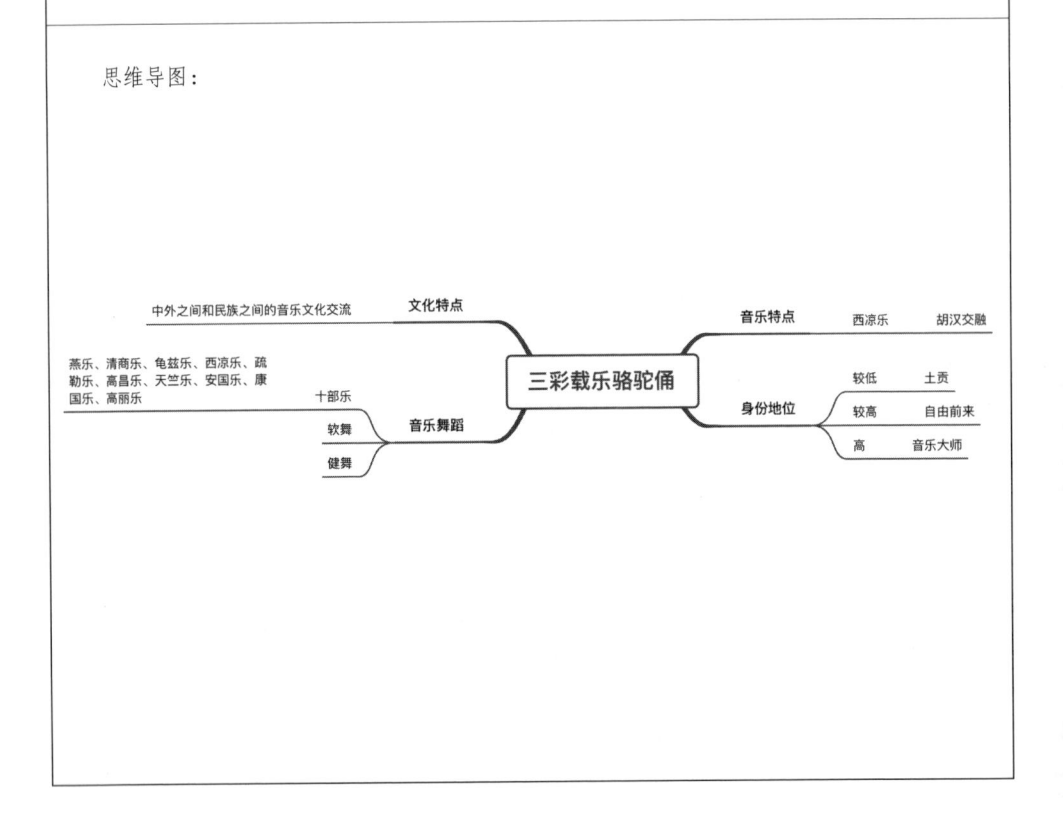

思维导图：

```
                                          文化特点 ── 中外之间和民族之间的音乐文化交流
                                                       音乐特点 ── 西凉乐 ── 胡汉交融
                    ┌─ 三彩载乐骆驼俑 ─┐
  燕乐、清商乐、龟兹乐、西凉乐、疏                       身份地位 ── 较低 ── 土贡
  勒乐、高昌乐、天竺乐、安国乐、康                                 ── 较高 ── 自由前来
  国乐、高丽乐 ── 十部乐                                         ── 高   ── 音乐大师
                   软舞 ── 音乐舞蹈
                   健舞
```

附录2：

文物阅读报告

班级：初一（17）班　　姓名：张艺馨

文物名称	霁青釉金彩海晏河清尊	馆藏信息	中国国家博物馆

文物简介：瓷尊施霁青色釉，肩颈间贴一对白色展翅剪尾燕子为耳。霁青色象征核心"河清"，燕子与"晏"谐音。蕴含着"海晏河清，四海承平"之意。乾隆时期粉彩瓷器的生产工艺达到了高峰，此件瓷尊即为明证。

据研究，海晏河清尊是由景德镇御窑为圆明园海晏堂专门烧制的陈列品。海晏堂是圆明园西洋楼最大的宫殿，唐人郑锡在《日中有王字赋》中有"河青海晏，时和岁丰"之说，意指黄河水流澄清，大海风平浪静，后用以颂扬天下太平之意。"海晏堂"之名应取意于此。1860年，英法联军劫掠焚毁圆明园，海晏堂亦沦为废墟。但幸运的是，海晏堂内陈列的两件瓷尊被保留了下来，此为其中一件

提出的问题：
1. 在瓶口的两只燕子有何寓意？
2. 整个器具又是为了什么而烧制？
3. 霁青釉金彩海晏河清尊见证了圆明园及当时中国怎样的历史？
4. 这件器具与20世纪初慈禧修建的"海晏堂"有何联系？

参考文献

李侃：《中国近代史(第四版)》，北京：中华书局，2014年版

张润平：《海晏河清燕耳尊：清王朝由盛转衰的见证》，《中国纪检监察》2018年第14期

文献摘录

史实：	结论：
1.这对海晏河清燕耳尊，霁蓝色釉象征河清，"晏"谐音"燕"，双燕施白色釉，其雕塑造型蓬勃展翅、飞舞轻盈、尾剪春风	1."晏"谐音"燕"，双燕施白色釉，其雕塑造型蓬勃展翅、飞舞轻盈、尾剪春风，象征吉祥

续表

2.海晏堂建成后，乾隆皇帝非常高兴。他下旨，命令景德镇御窑厂烧制两件瓷尊，摆放于海晏堂内。为了与海晏堂这座建筑相配，乾隆皇帝还亲自参与了瓷尊的设计，并派督窑官前往景德镇亲自督造。在乾隆皇帝五十大寿之日，由景德镇御窑厂进献给他，乾隆大悦。 3.存放于海晏堂的海晏河清燕耳尊并没有为大清王朝带来四海升平的好运。1860年，英法联军入侵中国。咸丰皇帝以到承德木兰围场打猎为由，仓皇逃往热河。圆明园里收藏的百万余件文物或被抢劫，或被砸毁，或随着英法联军放的大火葬身火海。然而，海晏堂里陈放的这对海晏河清燕耳尊，却奇迹般保存下来。 1860年9月18日，英法联军进攻张家湾，清军顽强抵抗，伤亡很大，通州陷落。21日，清军与敌军在八里桥激战，"奋不顾身，齐声大大呼杀贼，进如山倒"。主帅僧格林沁等撤退反奔，致使全军动摇，而遭败绩。 4.20世纪初，慈禧太后不顾国库空虚，在仪鸾殿旧址上，耗费白银500多万两，修建了与乾隆时期的圆明园海晏堂极其类似的两层洋楼，取名"海晏堂"，专作接见、宴请外国女宾之所。同时，劫后余生的海晏河清燕耳尊也被移至此堂	故这对海晏河清燕耳尊寓意海晏河清，表达出四海承平、繁荣盛世的愿望。 2.海晏堂建成后，乾隆皇帝非常高兴，命令景德镇御窑厂烧制两件瓷尊，摆放于海晏堂内。 3.圆明园里收藏的百万余件文物或被抢劫，或被砸毁，或随着英法联军放的大火葬身火海。然而，海晏堂里陈放的这对海晏河清燕耳尊，却奇迹般保存下来。 圆明园在惨遭侵略军大肆劫掠后，又被纵火焚毁。 经过第二次鸦片战争和《天津条约》《北京条约》的签订，中国丧失了更多的主权，中国社会半殖民地地位进一步加深，中国人民的苦难更加深重了。 4.20世纪初，慈禧太后在仪鸾殿旧址上，修建了与乾隆时期的圆明园海晏堂极其类似的两层洋楼，取名"海晏堂"，专作接见、宴请外国女宾之所。同时，劫后余生的海晏河清燕耳尊也被移至此堂

解决问题的关键词句：
1.其雕塑造型蓬勃展翅、飞舞轻盈、尾剪春风，象征吉祥。表达出四海承平、繁荣盛世的愿望。
2.命令景德镇御窑厂烧制两件瓷尊，摆放于海晏堂内。
3.圆明园里收藏的百万余件文物或被抢劫，或被砸毁，或随着英法联军放的大火葬身火海。
4.中国社会半殖民地地位进一步加深，中国人民的苦难更加深重了。
5.同时，劫后余生的海晏河清燕耳尊也被移至此堂

阅读报告：
　　在霁青釉金彩海晏河清尊上，两只燕子是白釉色瓷，雕塑造型生动活泼，这两只燕子好像正要展翅高飞，象征着吉祥。"海燕"谐音"海晏"，寄托着乾隆皇帝"海晏河清"的梦想。
　　这整个瓷器其实是为了圆明园海晏堂的建成而烧制的。
　　霁青釉金彩海晏河清尊是清王朝由盛转衰的见证。当时英、法政府不满足《天津

续表

条约》的种种特权。蓄意利用换约之际挑起战争，清政府对条约也很不满意。于是在1859年6月，英国公使和法国公使到达上海，他们想要加紧北上。6月20日，美国公使、英国公使与法国公使各率一支军队到达大沽口外。清政府对他们进行了要求，但英、法公使断然拒绝了清政府的安排，英国舰队司令认为他们会稳操胜券，并向京城挺进。1859年6月24日晚，侵略军炸断拦河大铁链两根，拔毁河上铁戗。25日，英法联军袭击大沽口炮台，清军在僧格林沁的指挥下沉着应战。清军胜利。但清政府在大沽获胜后，幻想与英法罢兵言和。8月12日，侵略军向新河、军粮城发起进攻。僧格林沁的蒙古骑兵虽然英勇反击，但侵略军的炮火猛烈，14日，塘沽失陷。21日，侵略军进攻大沽北岸炮台，清军与侵略军战斗到晚上，炮台失守。僧格林沁在皇帝的谕示下，当晚将防守官兵全部撤走。大沽陷落。24日，侵略军占领天津。清政府官员到天津议和，谈判中，英、法提出，除须全部接受《天津条约》外，还要求增开天津为通商口岸，增加赔款以及各带兵千人进京换约等。9月初，英法联军从天津向北京进犯。9月18日，英法联军进攻张家湾，21日清军与敌军在八里桥激战。22日，咸丰皇帝带领后妃和一批官员仓皇逃往热河。10月初，侵略军占领了圆明园。圆明园里收藏的百余件文物，或被抢夺，或被砸毁。或随着英法联军放的大火葬身火海。然而海晏堂里盛放着的这对霁青釉金彩海晏河清尊却奇迹般地被保留了下来，这可以说是不幸中的万幸。10月13日，英法联军占领安定门，控制了北京城。由于英法联军扬言要炮轰北京城，清政府于10月24日、25日交换了《天津条约》批准书，并签订了中英中法的《北京条约》。《北京条约》承认了《天津条约》完全有效而且又要求割让许多国土并赔偿英法军费各增至800万两。这使中国社会半殖民地地位进一步加深，中国人民苦难更加深重。这也是中华民族最屈辱的一段时间。而霁青釉金彩海晏河清尊，见证了清王朝由盛转衰，也见证了这一段历史，见证了中华民族最屈辱的时刻。

在20世纪初，慈禧太后不顾国库空虚，耗费白银500多万两，修建了与乾隆时期圆明园海晏堂极其相似的两层洋楼，取名"海晏堂"。劫后余生的霁青釉金彩海晏河清尊也被移至海晏堂。我认为，虽然这两处建筑都取名为海晏堂，可是它们存在的时代不同，乾隆时期的海晏堂正是大清王朝歌舞升平、繁荣景象的见证，而慈禧太后所修建的海晏堂是在乱世之中不顾国库空虚而修建的

思维导图：

时代	乾隆时期烧制，放置海晏堂。在圆明园被毁时奇迹般保留下来。后移至海晏堂	寓意	海晏河清，四海升平，繁荣盛世 吉祥
霁青釉金彩海晏河清尊			
器型	通体施霁蓝釉，呈宝石般深蓝色，颈部凸雕莲瓣纹、莲实和连珠纹，并施以粉彩；腹部颈肩部金彩绘缠枝牡丹纹、蕉叶纹和如意云纹；颈肩部堆贴对称白釉海燕形双耳，器里施白釉	历史	是清王朝由盛转衰的见证，见证了圆明园的毁灭

七年级历史纪录片
《何以中国》阅读课程活动设计

◇ 张月帅

一、设计理念

  党的十八大以来，党中央高度重视历史教育工作。作为一名一线历史教育工作者，在新中考背景下，虽然历史学科不参加中考考查，但是按照《义务教育历史课程标准（2022年版）》要求，应在日常的历史教学中把历史教材的内容与学科素养相结合，不断总结教法规律，使历史学科发挥立德树人的应有作用。基于上述背景，我把（七年级上册）中国古代史从史前时期到秦汉时期即第一单元到第三单元做了知识结构的整合，以中华文明的起源与发展为主线，以学生观看基于考古学为基础的纪录片《何以中国》为手段，通过三个探究问题层层推进，使学生通过本课以中华文明发展的视角感受"文化自信"，因为"文化自信"的本质一定是建立在5000多年文明传承基础上的文化自信。

二、学情分析

  七年级上学期的历史课程，学生按照历史发展的时序学习了从史前时期到魏晋南北朝的历史知识，但是并没有系统梳理中华文明从起源到发展的线索，且课堂中更多的是教师讲授、学生被动接受学习的情况。寒假前，上海东方卫视播出了以"中华文明探源工程"和考古学为基础的8集纪录片《何以中国》，寒假期间布置了班级学生进行了观看，并且让学生观看后写每集纪录片的知识结构。开学后教师对学生写的知识结构进行了批改，大多数学生主要写了纪录片介绍的考古发现或者一些人物和历史事件，并没有从整体上思考中华文明的起源与发展。这节探究课就是要把学生已有的学习成果进行整合，解决学生观看纪录片过程中的困惑与质疑，为学生提供一种新的历史学习方式。

三、具体实施

活动准备：教师将学生分成 8 个学习小组，并将《何以中国》8 集的视频发给所有同学，每个小组同学必须选择 1 集共同进行观看，其他集根据小组同学情况选择性观看。初步了解每集所述主要内容。

1. 教师提出观看纪录片的要求和方法（时间 2 周）

（1）学生在观看纪录片后要根据主要内容撰写知识结构，知识结构包括每集的主题、介绍的主要人物、地点和历史文物以及本集所讲述内容之间的内在联系（可小组讨论并形成初步结果）。

（2）把纪录片中所讲述的内容跟自己本学期所学知识做联系，如教材中第几单元第几课中提到相关内容。

（3）对纪录片提到的内容不了解的可以提出自己的问题（要有理有据），同时可以通过教师提供的书籍或者博物馆官网等资料，初步找到问题的答案。

2. 教师收集各组成员撰写成果以及组织召开成果分享会

两周后，教师收集学生观看纪录片的初步成果并按照组召开第一次成果分享会(共 8 次)。分享内容是各组组员每位同学都发言，讲自己的成果做汇报，其他组员倾听并认真记录他人分享的优点和问题。教师对每位同学的成果进行点评，并提出探究问题，从中华文明不断完善和发展的角度，给学生思维提升。同时给学生讲述初步的史料研究的方法，多给予学生鼓励。学生带着讨论成果再次观看视频并修改知识结构，小组成员内部进行二次讨论，并推举出一位同学作为本组代表，将意见整合向全体同学做汇报。

3. 教师组织召开二次成果分享会，小组之间进行汇报

由于大多数小组只深入看了 1 集，对于其他集的内容并不了解，这次的分享会主要由每个组派一位同学结合自己的知识结构讲解本集的主要内容，另外两位同学做补充，教师最后进行点评总结提升。通过这一次的交流，各组同学都已经了解了相关内容，为本节课的学生呈现部分做准备。

4. 主要成果

基于以上准备过程开展探究课程，题目为《何以中国——从中华文明的起源到统一多民族国家的建立和巩固》，共探讨三个问题：一是从考古中寻找文明起源；二是中国概念的初步形成；三是华夏观念的形成以及民族融合。

第一个探究问题重要的是了解中国境内文明起源主要在三大河流域，那么三大河流域的文明有什么交集呢？在第三集《星斗》中有介绍，学生通过制作PPT对三大流域文明的联系进行讲解展示。对于第二个探究问题，中国概念的形成要了解中国最早的位置在哪儿，其中第五集《择中》中关于二里头遗址的介绍做了很好的诠释。学生也是通过制作PPT对二里头遗址做介绍，尤其对二里头遗址这个夏王朝万邦朝夏的原因做介绍，使学生理解夏礼的作用。对于第三个探究问题，华夏观念的形成以冕服为代表请一组同学介绍第七集《家国》中关于周礼的内容，除了内容以外学生介绍周礼与分封制和宗法制的关系，为华夏观念的形成做铺垫。同时请最后一组同学介绍第八集《天下》的内容，主要通过实物史料介绍战国时期华夏认同观念形成的考古史实，为后面的秦汉大一统的形成奠定思想基础和政治基础。

(1)《星斗》一集学生汇报成果

大家好，我是应卓伦，我是蒋旭洋。今天由我们组来给大家分享《何以中国》第三集《星斗》。其实在刚开始看这部纪录片的时候，我也有很多疑问。为什么这一集叫"星斗"呢？在观看完影片之后，与同组同学进行讨论和与老师进行交流后，我们找到了答案，我们先来了解一下这集影片的主要内容。

我想跟大家分享一下这部纪录片中的一个小故事。这个故事有两个主人公，分别是来自西坡的西坡青年和来自凌家滩的凌家滩青年。西坡青年在好奇心的驱使下，来到了热情好客的大汶口。PPT图上的凌家滩与红山都是以玉为美的地方，凌家滩青年的父辈们曾经就想去红山看一看，现在这位青年就完成了他们的心愿，一路向北，踏上了去往红山的旅程。

非常有缘分的是，两位主人公就在大汶口相遇了。三个族群之间便展开了频繁的文化交流，其中包括手工业的文化、农业的文化，等等。正是因为这样的交流，仰韶文化才得以传播。我们来看一下这张图，这就是仰韶文化在当时的传播范围。这个深色的圆圈就是传播的中心，而西坡青年所在的家乡就在这个地方。周围的两层浅色圆圈就是它传播的范围。我们可以看到这个范围是非常广的，到了如今的华北平原、黄河流域，乃至南方的长江中下游平原。正是因为有着像凌家滩青年与西坡青年之间这样人与人信息的传递才导致了仰韶文化的传播。

大家有没有想过，为什么会有这样一个故事呢？这个故事从何而来呢？其实这个故事并不是凭空想象出来的，而是来源于考古学家通过考古发现的实物史料。那么下面就有请蒋旭洋同学来为大家介绍一些实物史料。

前面应卓伦同学为大家详细讲解了仰韶文化的传播，大家有没有想过为什么会有影片中的传播呢？那么接下来由我来为大家通过一些实物史料，更进一步了解几个部落之间频繁的交流。

首先，我们来看一看这两张照片，分别是南北方不同的农业种植照片。这两大农业区域孕育了独特的文化与文明，同时又相互联系、相互影响。这些农田的存在，证明了当时人们已经能够吃得饱穿得暖，开始有余力发展装饰品和信仰等精神层面的追求。只有在物质生活得到满足的情况下，各个部落之间才能得以频繁交流。

其次，我们来看七张图片，分别是西坡、红山、大汶口的陶器。这些陶器都为彩陶制品。这就表明这些部落之间并非独立存在，而是通过人与人之间的频繁交流，使得彩陶文化以人力传播的方式形成了各具特色而根源一体的文化体系。

再次，看一组照片是关于大汶口和凌家滩的器物上刻有代表信仰的八角星纹样。这种相同的纹样出现在不同部落、地区的器物上，表明了当时文化交流的广泛存在。这种交流不仅促进了文化的繁荣，也为后来的中华文明多元一体格局的形成奠定了基础。

最后，我们来看两张关于玉器的照片。考古学家推测图上的玉人姿势可能是在进行祈祷活动，并且这些玉人的姿势非常相似。这也证明了当时的信仰文化已经开始在不同地区之间传播并形成了共同的文化特征。这种信仰文化的传播对于后来中华文明的精神世界构建产生了深远的影响。

星斗原意指天上的星星互相联系，而在这部纪录片中，"星斗"被赋予了更深的隐喻意义——它象征着各个部落之间频繁的交往和紧密的联系。正如著名考古学家苏秉琦所说，中华文明的起源不是一支蜡烛，一枝独秀，而是像那满天璀璨星斗般散落在中华大地上，它们之间通过不断的交流，共同谱写了中华文明多元一体的辉煌篇章。

谢谢聆听！

(2)《天下》一集的汇报成果

大家好！我是刘沁铭，今天我为大家分享的是《何以中国》第八集——《天下》的心得体会。在演讲开始之前，我问大家一个问题，为什么这集叫"天下"？它主要讲述的是什么呢？天下即天下交融，这集主要讲述的是天下交融的过程、内容。接下来跟随我的脚步，了解一下中国古代的民族融合。

第一部分：秦与戎的交融。位于甘肃张家川的马家塬战国墓地，体现了秦与戎的文化交融。请看左图：引人注目的是，墓中随葬的大量马车，完全按照中原样式打造，却装饰了游牧民族风格的金银铜铁饰件（雄鹿、猛虎和野山羊等）。丰富的装饰充满了异族文化的张扬之美，规整连续的排列又体现了华夏文化的律动。在另一幅图片中随葬的还有些青铜器，在戎族的地盘上却出现了象征着中原文化的青铜器，可以体现出秦国对戎人的控制和影响力；同样，在秦国领土上也发掘出胡服骑射造型的银箔饰品。秦与戎，这对曾经战场上的敌手，至此打开了交流的通道。

第二部分：中山国与中原文化的融合。中山国是由少数民族鲜虞所缔建，在春秋时仍被视为与中原有别的族群，至战国时已和中原文化融合。请看下面中山王墓出土的"铜方壶"上刻的文字。这段话体现了哪个学派的思想？（答：儒家）。众所周知，儒家发源于中原却被刻在铜方壶上，这就是佐证之一。佐证之二就是墓中的虎噬鹿器座、四龙四凤方案等青铜器，这就是虎噬鹿器座，在北方的虎鹿饰主题中巧妙融入了中原的龙凤饰主题。此外，从墓葬风格、礼器样式、器物铭文等，都可以看出中山国遵循周人礼制，中山国也铸造了一套铜礼器组合。这都体现了民族交融。

第三部分：越文化与中原文化的融合。越灭吴后，成为长江下游的强国，也汇入了华夏秩序的大潮。鸿山越墓出土的成套编钟和编磬有一个与众不同的特点："以越地的制瓷工艺，模仿青铜礼乐器型"，这就是越文化接触并融会华夏礼制的写照。

最后，我简单小结一下。随着时间的推移，四方与中原渐为一体，更为边远的族群，也逐渐进入时人的视野，"天下远近，小大若一"的理想将随着民族融合、国家统一的进程逐渐成为现实。我的演讲到此结束，感谢大家的聆听！

5. 课后思考

通过本课的讲述，学生在课下多次观看考古证实的纪录片，并撰写知识结构，学生在教师指导下修订、研讨、制作课件，演讲，这是学生进行历史阅读学习的一个案例，在这一过程中提升了学生历史学科素养并初步培养了学生历史学习的方法。

阅读，传承红色理想
——初二学生社团"红色先锋"历史阅读课程

◇ 杨青

初二上学期，某班两名男生李傲涵、谢雨辰向学校团支部申请组建学生社团"红色先锋"，按照学校的规定，学生必须自己找到老师负责指导，社团才能组建，应这两位同学的邀请，本人出任了该社团的指导老师。

一、"红色先锋"学生社团的组建和活动计划

1. "红色先锋"学生社团的组建

关于"红色先锋"社团组建的一个小故事：

我问社长李傲涵同学："为什么想要组建这个社团？为什么喜欢共产主义运动历史？"

他回答说："热爱不需要理由，不需要用言语表达出来。老师，这不是我说的，这是马克思说的！"

隔天他拿来了一本书《马克思恩格斯箴言》（中西书局，2018年出版），他翻开其中一页给我看：

> 最深厚的感情是最难以用言语表达的。
> ——马克思致南尼达·菲力浦斯（1861年4月13日）

发起组建"红色先锋"学生社团的这两位学生都热爱历史学科的学习，阅读了不少课外书，喜欢共产主义运动历史。他们组建"红色先锋"社团的初步设想是和热爱中国共产党历史和国际共产主义运动历史的同学们一起交流学习成果和心得。"最深厚的感情是最难以用言语表达的"，他们认为对共产主义思想的热爱是理所当然的，

不需要理由的，也难以用言语表达的。他们设计的社团招新广告语是"加入我们，只因红色信仰无需理由"。

2. "红色先锋"学生社团的活动计划（见表1、表2）

表1 社团基本情况及时间安排

社团学习内容	本社团学习和介绍国际共产主义运动和中国共产党历史上的革命先锋、重大历史事件，以此加深对马克思主义思想、共产主义运动、中国共产党历史的了解
社团申请	向学校德育处提出申请
社团招新	2023年10月13日
社团成员	招新结束后，成员共16人（男生14人，女生2人），其中初二年级12人，初一年级2人，高一年级2人。
活动时间	每周二下午16:30—17:30为学校统一的学生社团活动时间
活动形式	主题讲解（每次由一人主讲）、讨论、读书交流等
社团展示	2024年4月10日，参加学校一年一度的"青春江湖"学生社团风采展示日活动，要求提前设计社团介绍展板、印章（全校同学们参观各社团时有集章打卡的活动）的电子稿，交德育处统一印制

表2 每次社团活动的基本环节

环节	主要内容	时长安排与具体内容
环节1	主讲人讲解	约20分钟。社长主要负责讲国际共产主义运动，副社长主要负责讲中国共产党历史。欢迎社员也加入主讲人行列
环节2	观看相关视频	约15分钟
环节3	讨论、读书分享	约10分钟。全体成员积极发言

二、社团成员的阅读书单

"红色先锋"社团的成员都是热爱历史学习的学生，每个人都读过不少课外书。文学作品方面，有学生读过大部头的《战争与和平》《百年孤独》。史学著作方面，《史记》

是很多同学阅读过的经典著作，因为年龄的原因，他们一般读的是文白对照版本的。有的同学在小学阶段就读完了文白对照的《史记》和《资治通鉴》1—6册（全套24本），还有的同学有文白对照版的"二十四史"，已经从《史记》读到了《晋书》。

同学们还阅读了很多与本社团活动内容相关的中外共产主义运动的书籍。国际共产主义运动方面：有个别同学已经浅浅阅读过经典《共产党宣言》《资本论》《国家与革命》、《斯大林》、《铁托传奇》、切·格瓦拉的《古巴革命战争回忆录》等。中国革命方面：社团里有好几个同学读《毛泽东选集》；同学们都读过初中语文教材推荐的课外书《红星照耀中国》，还有不少同学读过金一南的《苦难辉煌》，这两本书都讲述了红军长征的历史。

三、社团活动实施过程

在每周一次社团活动时，学生做主题演讲，同学们认真制作课件，并在讲课时设计了小问题，让同伴回答互动，还通过短视频拓展自己讲课的内容。主题演讲结束后，学生还会分享本节课的一本参考书的读书心得。（见表3）

表3 "红色先锋"社团主题演讲实施列表

内容\讲次	主题	主讲人	主要参考书目、视频	主讲人寄语
第1讲	"红色先锋"社团介绍	谢雨辰 李傲涵	《马克思恩格斯箴言》（中西书局·2018年）电影《列宁在十月》《建党伟业》《建国大业》等片段	在选择职业时，我们应该遵循的主要指针，是人类的幸福和我们自身的完美（出自马克思《青年在选择职业时的考虑》1835年8月12日）
第2讲	十月革命	李傲涵	列宁《国家与革命》，姚海《俄国革命·苏联史第一卷》（人民出版社·2013年）电影《列宁在十月》片段	十月革命是人类历史上第一次胜利的社会主义革命，开辟了人类探索社会主义道路的新时代，使马克思列宁主义开始传遍世界

续表

内容\讲次	主题	主讲人	主要参考书目、视频	主讲人寄语
第3讲	斯大林	李傲涵	《斯大林》（京华出版社·2005年）	美国人恐惧苏联的根本原因，是苏联拥有一个足以彻底摧毁西方世界的意识形态。共产主义的意识形态，才是苏联的核心竞争力
第4讲	《实践论》读书交流	李傲涵 常灏瑞	《毛泽东选集》	只有人们的社会实践，才是人们对于外界认识的真理性的标准
第5讲	切·格瓦拉与古巴革命	李傲涵	切·格瓦拉《古巴革命战争回忆录》（上海译文出版社·2020年）	切·格瓦拉："我们走后，他们会给你们修学校和医院，会提高你们的工资，这不是因为他们良心发现，也不是因为他们变成了好人，而是因为我们来过。"
第6讲	C919的发展历程	傅祺宁	黄庆桥、王培丞、田锋《翱翔：中国大飞机在崛起》（上海交通大学出版社·2023年）央视《开讲啦·大国之翼 翱翔天际》（主讲人程不时，新中国第一代飞机设计师）	研制生产大型飞机是一个国家综合国力和航空工业研制生产能力的综合体现，能带动一整条产业链的整体进步，具有巨大的经济价值和战略意义
第7讲	百年铁路，沧桑巨变	葛锦傲	钱吉奎《百年铁路》中国铁路出版社有限公司·2022年 北京卫视《党旗耀京华·毛泽东号》	新中国的铁路建设史是一部铁心跟党走的光荣奋斗史

四、学生成果

1. 学生撰写读后感

批判的武器不能代替武器的批判
——《红星照耀中国》读后感
作者：李傲涵

  书中四渡赤水是中央红军在长征途中，为争取战略主动，在贵州、四川、云南边境地区，成功进行的一次高度灵活机动的战略性战役，纵观长征整条路线这样的例子比比皆是。在毛泽东、周恩来的领导下，中央红军采取高度机动的运动战方针，粉碎了蒋介石围歼红军于川黔滇的企图，导演了一幕精彩绝伦、威武雄壮的话剧，展现了中国共产党领导人高超的军事指挥艺术。

  长征激励了世界各国无产阶级与共产党，证明了用毛泽东思想武装起来的人民解放军是一支训练有素的、有战斗力的、完全可以依赖和依靠的、强大的武装力量。中国革命在长征中取得了重要的发展和成长，高举着红旗前进，大胆地向前迈进，无情地消灭敌人，告诉全世界共产主义的革命是永远不可征服的。

  中国共产党在早期的失败中吸取了经验，明白了"批判的武器不能代替武器的批判，物质力量只能用物质力量来摧毁"（马克思《黑格尔法哲学批判》导言，1844年），如果要将中国人民从"三座大山"的压迫中解放出来，就必须创造出一支有革命信仰的军队

2. 学生撰写并分享主题讲课

主题：十月革命　　主讲人：李傲涵
参考文献
列宁：《国家与革命》，中共中央马克思、恩格斯、列宁、斯大林著作编译局译，北京：人民出版社，2015年版
姚海：《俄国革命·苏联史第一卷》，北京：人民出版社，2013年版

相关人物

1. 弗拉基米尔·伊里奇·列宁（1870—1924），无产阶级革命家、政治家、理论家、思想家。1917年11月领导俄国十月革命取得成功，推翻资产阶级临时政府。1918—1920年，领导全国人民击退14个资本主义国家的武装干涉和国内反动阶级的叛乱。列宁是世界上第一个社会主义国家的缔造者，也是世界上第一个无产阶级执政党的创建者。他成功领导了俄国十月社会主义革命，使社会主义由科学理论转变为伟大实践。列宁主义作为马克思主义在帝国主义和无产阶级革命时代的新发展和新成果，开辟了马克思主义民族化之路。列宁被全世界共产主义者普遍认同为"国际无产阶级革命的伟大导师和精神领袖"，是20世纪最有影响力的人物之一。

2. 约瑟夫·维萨里奥诺维奇·斯大林（1879—1953），苏联无产阶级革命家、政治家、军事家，苏联大元帅，苏联党和国家最高领导人（1924—1953）。斯大林领导全党和全国人民实现了社会主义工业化和农业集体化，使苏联成为重工业和军事大国。第二次世界大战中他领导苏联红军，与盟军协力击败轴心国，取得了苏联卫国战争的胜利。对20世纪的苏联和世界影响深远。

俄国革命的背景

一个因现代化进程引起的矛盾特别尖锐的社会，比一个明显停滞的社会更加有利于革命形势的发展。

1. 历史长期因素：16世纪，俄国为了夺取波罗的海的出海口，为了成为欧洲大国，俄国不断与其他国家发生冲突，由此产生的军事和经济需要，迫使它承认欧洲文化的优越并开始学习西方。

1861年，亚历山大二世实行的农奴制改革具有划时代意义：俄国农民获得了人身解放，成了享有权利的公民，但改革很不彻底。

2. 国内短期因素：19世纪末20世纪初，俄国进入了充满危机的现代化阶段。随着工业革命的大体完成，要求废除等级制度，实现平等自由和社会公正的呼声日益强烈。

3. 布尔什维克的宣传工作：布尔什维克成功的主要原因首先在于其富有成效的宣传和组织工作，它的口号贴近工人的情绪，使每次罢工在其参与者眼中都是朝光明未来前进的一步

十月革命

第一次世界大战激化了既有矛盾，在战争影响下发生的一系列事件把俄国引向1917年十月革命。

俄国参加一战后，在爱国主义情绪高涨的情况下，只有布尔什维克党团认为战争是掠夺性的、帝国主义的，号召以国内战争结束它。

一战中，较有战斗力的近卫军哥萨克和基层军官遭受巨大损失，沙皇政权已经失去了自己的主要支柱——军队。1917年二月革命，沙皇政权迅速土崩瓦解。

战争武装了人民，大量人口直接获得了武器，代表全俄最贫困最受压迫的数百万农民、工人、士兵已经成了力量最大的群体。谁可以获得他们的支持，谁就可以获得最终的胜利。

谁？列宁与布尔什维克

1917年十月革命经过简述

1.选票还是步枪？（1917年）
四月危机：布尔什维克与资产阶级临时政府在战争问题上发生分歧。
六月危机：布尔什维克、孟什维克与俄国社会主义革命党彻底决裂。
七月事件：资产阶级临时政府向示威游行的群众开枪，布尔什维克蒙受巨大损失。
八月政变：混乱加剧。
2.丢掉幻想，武装斗争!
10月21日，彼得格勒卫戍部队加入革命。
10月23日，彼得要塞部队站到起义的一边。
10月25日，士兵和工人赤卫队占领市内一系列重要据点。晚上9点40分，"阿芙乐尔号"巡洋舰发出了向冬宫开火的信号，军舰舰首火炮进行了空弹射击，声音比实弹射击还要响。
10月26日凌晨2点，起义军占领冬宫。
（注：以上时间均为俄历，俄历1917年10月25日为公元1917年11月7日。）

十月革命是布尔什维克精心组织和准备的，其目标就是推翻临时政府，掌握国家政权。十月革命的过程进展十分顺利，几乎没有遇到真正的抵抗。在起义全过程中一共死了6人，伤50人。对于这场具有伟大历史意义的革命来说，这是很小的代价，但这是以俄国在第一次世界大战中的巨大牺牲为前提的。

但是全俄的革命还远没有结束，真正的"铁与血"地点俄国内战开始了！

十月革命的历史意义

1.十月革命是人类历史上第一次胜利的社会主义革命，开辟了人类探索社会主义道路的新时代，使马克思列宁主义传遍了世界。
2.十月革命沉重打击了帝国主义的统治，推动了国际社会运动的发展进程。
3.十月革命改变了俄国历史的发展方向，对整个人类社会的发展都产生了巨大的影响，结束了资本主义独占天下的局面。
4.十月革命后，俄国开始进入一个崭新的时代，同时也标志着人类历史进入了社会主义新时期！

九年级中国传统习俗阅读课程活动设计
——春节

◇ 陈可宁

本项春节阅读活动以核心素养为导向，立足初三学生学情，旨在引导学生真实地感知历史，激发其对历史学习的兴趣和动力。通过春节阅读课程，学生能够有计划性、有目的性、有针对性地了解以春节为代表的中华优秀传统文化，针对不同时期春节习俗演变的情况提出相关历史问题。在老师的指导下，学生查阅相关文献资料，解决问题，进而形成新的历史认识。在此过程中，学生能够认识不同类型史料的价值，知道各类史料都是了解和认识历史的证据，并结合语文、政治、艺术等课程的学习，尝试运用史料说明历史问题。

一、活动准备

选取自己感兴趣的历史时期，选择一种或多种史料类型，查找该时期的春节习俗。以笔记的形式整理相关信息，形成资料卡，并选取其中的典型习俗案例。

1. 教师讲解不同历史时期节日习俗可供切入点

（1）可以根据不同历史时期的阶段特征和社会生活特点。

（2）可以关注同一时期节日习俗的横向对比，例如官方与民间的节庆活动的不同，又如不同地区的庆祝活动的差异性。

2. 教师讲解不同史料类型的特点和获取途径

（1）注意区分不同史料类型，尽量选择多种类型史料，实现史料互证。

（2）注意史料获取途径的可信度，尽量找到史料的原始出处，辨别史源的可信度。

（3）口述史料可以自己获取，但是要提前准备好采访问题，尽可能多地选择采访对象。

3. 教师引导学生选择典型习俗案例要点

（1）自己感兴趣。

（2）有探究的价值。一是某一时代的代表性习俗，凸显时代特点；二是史料价值充分，能够观照的历史问题较多。

（3）文物的相关资料比较充分，有足够的材料解决我们提出的问题。

二、问题提出：结合自己整理的历史信息，提出具体问题

教师引导学生由浅入深提出问题。

1. 提出的问题可以首先针对习俗本身

例如习俗的形成过程和表现、民众的参与度等。在此基础上教师继续追问：这些节日习俗为什么形成？习俗的形成过程具有怎样的特点？民众对习俗寄托了怎样的情感？由此，学生可以结合相关文献，探究节日习俗在这一时期呈现的特点。

2. 教师向学生提出不同的思考角度，提出相关的问题

（1）以课堂教学内容为起点，思考不同历史时期对节日习俗演变产生的影响，联系所学思考这些信息可以解释、印证、补充课上所学的哪些结论性知识。

例如"近代元旦与春节之争"，与辛亥革命对社会生活的影响有关，可以印证教材中关于近代社会生活中西并呈的结论。

（2）基于日常生活的见闻，补充教材之外的内容。

例如在"当代春节记忆"的问题中，学生可以从不同年代和地域的人们对于春节的共同记忆中，分析当代社会生活史中的节庆演变与节日价值。

（3）还可以做一定的史料内容延伸，补充其他学科的知识，寻找跨学科范畴的研究主题。

例如，古代民俗笔记《荆楚岁时记》作为我国现存最早的民俗笔记，既可以研究南朝时期的历史风貌，也可以从文言文阅读的角度，了解"岁时记"这一文学体例的相关知识，实现语文和历史的跨学科学习。

三、文献阅读：在老师的指导下阅读相关文献的相关段落，解决问题

1. 了解作者信息

主要关注学术背景：毕业院校、本科及研究生所学专业、为哪个机构或高校的学者、主要研究领域等。作者的学术背景对其所持有的观点具有深刻影响，从而能够判断他的论述是否值得采信，是否能够较为权威地解决我们的问题。

2. 阅读过程中注意分层，把握文字的逻辑性

圈画关键词，用不同颜色或不同标记区分标出史实和结论。

高一年级阅读课程
——关于"背口袋的人"这一群体出现的历史背景与影响

◇ 2026 届历史选考生：马霄睿
◇ 指导教师：刘童

一、问题提出及选题

在学习《中外历史纲要（下）》第 15 课《十月革命的胜利与苏联的社会主义实践》部分时，我知道了 20 世纪初，苏俄经历了前所未有的挑战与变革，其中最为艰难的阶段莫过于 1918 年至 1921 年的三年国内战争时期。这一时期，新生的苏维埃政权不仅要面对国内外反动势力的联合围剿，还深陷于严重的经济困境之中，其中粮食问题尤为显著。苏俄通过实行余粮收集制缓解了粮食问题，巩固了前线作战，推动了三年国内战争的胜利。然而，在一次周测中，我遇到了一道让我困惑的题目，如下：

苏俄国内战争期间，苏俄大批工人纷纷从城市逃往乡下，成为搞粮食投机的"背口袋的人"，居民的口粮大部分要靠"背口袋的人"来供应。从 1918 年末到 1919 年，"背口袋的人"对城市和工人居民点的粮食供应，在产粮省份占总量的 58%，在缺粮省份占总量的 65.2%。这说明（ ）

A. 苏俄粮食短缺得到了解决　　B. 经济政策不符合时局需要
C. 巩固了城乡之间工农联盟　　D. 推动了新的经济政策出台

从这道题的题干中我发现战时共产主义以及在粮食方面的余粮收集制催生出了"背口袋的人"这一粮食投机群体，恰在我的知识盲区之中。我原以为，余粮收集制通过收集农民手中剩余的粮食，保障了前线供给，缓解了城市饥荒现象，可是在这道题中，我却看到了一幅截然不同的画面：城市的粮食供应需要靠粮食投机商来保证，而余粮收集制在其中却没有起到主要作用。这不禁使我思考：余粮收集制是否真如字面意思那样，通过征收余粮运作？这一时期粮食投机者的产生有什么时代背景及其历史影响？

带着这些问题，我开始进行文献阅读与资料查找工作。

二、阅读历程及研究结果

在刘老师的建议和指导下，我确定了探究的几个问题，并开始了相关书籍和论文的阅读。首先要明确，三年国内战争时期出现了什么问题，以及为什么会出现这些问题，布尔什维克政权又是如何尝试解决粮食问题的。

通过阅读文献我发现，1918年至1921年，一方面，战争导致大量农村劳动力流失，农业生产遭受重创；另一方面，国际封锁和敌对势力的掠夺进一步加剧了粮食供应的紧张。在这三年时间里，粮食产量持续下降至1921年下降至最低点，仅有23.13亿普特（1普特=40俄磅≈16.38千克）。社会层面，饥饿和营养不良导致民众生活困苦，社会不满情绪上升；军事层面，前线粮食供应不足严重制约了红军的战斗力；经济层面，粮食危机引发了通货膨胀，破坏了市场稳定。

在这样的粮食压力下，布尔什维克党人决定实行战时共产主义以渡过难关。在粮食方面，1918年5月苏维埃政权实施了粮食专政政策，而后，1919年1月11日人民委员会通过了《关于在产粮省份中摊派应归国家支配的粮食和饲料》的法令，这一法令确立了我们现在所熟知的余粮收集制。余粮收集制通过摊派任务规定农民上交给国家的粮食量，这些粮食被用以供应红军前线作战以及缓解城市饥荒。

然而，在余粮收集制施行后，由于其强制性，以及摊派的任务具有一定的不合理等原因，虽然缓解了粮食问题，但同时也造成了其他问题。

粮食分配任务在各省之间的分配显著失衡。依据1920年至1921年度的预算统计，尽管全国范围内产粮大省平均承担的摊派任务约占其粮食总产出的17.1%，但实际上，这一比例在不同省份间差异悬殊，部分省份远超此平均值，而众多省份则远低于此，更有甚者，其承担比例竟低于某些非主要粮食生产区的水平。

布尔什维克政府的官方宣传强调，财富更为充裕的农户应承担更多的粮食征集责任。然而，深入分析表1数据后，我们却惊人地发现，在粮食主产区，恰恰是那些最为贫困的农户群体——仅耕种1—2俄亩土地的家庭背负了最为沉重的负担，他们

表 1 粮食摊派任务在农村地区的分配情况[1]

每名的耕地面积	每户的收入	粮食摊派、畜力役、税收合计	负担额占收入的百分比%
		以战前卢布计算	
非产粮省份			
1—2 俄亩	404.8	17.43	4.3
2—4 俄亩	526.5	32.30	6.1
4—6 俄亩	714.2	83.86	11.7
6—8 俄亩	683.2	44.11	6.5
超过 8 俄亩	647.3	93.69	14.5
产粮省份			
1—2 俄亩	312.1	76.47	24.5
2—4 俄亩	339.7	30.05	8.8
4—6 俄亩	418.8	55.62	13.3
6—8 俄亩	505.7	61.67	12.2
超过 8 俄亩	712.6	142.71	20.0

的粮食贡献率高达 24.5%，这一比例不仅远超全国平均水平，也超过了那些更为富裕农户的承担比例。

农民对粮食摊派任务不满从而出现了不愿种粮或尽可能少种粮、故意缩减耕地等不合作行动，甚至出现农民抗议甚至暴动，苏联农业急剧萎缩，这也一定程度上冲击了苏俄的国内形势。

余粮收集制，本质上是由国家垄断粮食市场，抹杀了苏俄国内客观存在的市场经济，然而自由市场有其生命力，不会由于垄断行为被完全抹杀。在这种背景下，粮食投机者产生了。苏俄大批工人纷纷从城市逃往乡下，成为搞粮食投机的"背口袋的人"，而居民的口粮大部分要靠"背口袋的人"来供应。余粮收集制的问题不仅造成了粮食减产，社会稳定被破坏，更由于工人开始从事粮食投机，这些现象甚至使得苏维埃工业发展受到严重影响。

---

[1] 赵旭黎. 错译的"余粮收集制"与国内学界对苏联史的误读 [J]. 历史教学（下半月刊），2013（12）：44—45.

"背口袋的人"群体的出现，不仅是苏俄粮食危机的一个缩影，更是苏维埃政权在应对经济困境时策略失误的反映。它揭示了战时共产主义政策在粮食分配上的不合理性和对市场经济规律的忽视。同时，这一群体也加速了苏俄社会结构的变迁，促进了城乡之间的流动与互动，为后来的新经济政策提供了实践基础。

为了应对这些粮食投机者，工人征粮队成立。通过各种手段追查走私商。这样，解决粮食问题实际上在苏俄土地上变成了一场"战争"。然而，这些措施虽在一定程度上遏制了投机行为，但并未从根本上解决粮食短缺问题。相反地，它进一步加剧了政府与民众之间的紧张关系，使得苏俄的国内形势更加复杂多变。

当三年国内战争结束，战时共产主义政策逐渐显露出其局限性，导致社会经济结构失衡，尤其是粮食危机和农民不满情绪日益加剧时，列宁敏锐地察觉到了国家政策已经偏离了原本设定的轨道，不可能通过战时共产主义过渡到社会主义社会。同时余粮收集制未能有效平衡国家需要与民众福祉之间的关系。他在《论粮食税》中指出粮食政策应从余粮收集制过渡到粮食税政策。

综上所述，余粮收集制这一制度并不像字面一样，收集农民手中剩余的粮食，而是直接粗暴地摊派到地方，就这个意义上，它更像是一种粮食摊派与征收制度，同时辅以暴力机关监督执行。通过阅读，我发现余粮收集制有其强制性，且摊派任务并没有详细严谨地考虑当时农村的经济与社会状况，导致反而引起了农民的不满，使得粮食歉收。而暴力机关的强制力又激发了民众反抗情绪，所以在余粮收集制实施时，也造成了一定的社会动荡。

余粮收集制的背后，是布尔什维克想要直接过渡到社会主义社会的期望，然而由于没有进行科学严谨的讨论与调研，这一计划注定是失败的。"背口袋的人"群体的出现，背后的本质是自由市场与国家垄断对抗的一个直接后果，也是当时社会环境的一个缩影。它不仅揭示了战时共产主义政策的局限性，也为后来的新经济政策提供了宝贵的经验教训。

高二年级阅读课程
——"唐太宗统治时期中华民族共同体的形成和发展"研究性学习回顾

◇ 2025 届历史选考生：边诺依
◇ 指导教师：张静

一、问题提出及选题

我曾随学校研学活动游历了世界四大古都之一的西安。作为十三朝古都，西安这座城市凝聚了西周的强盛、秦朝的霸气、汉代的雄风、大唐的盛世。在昭陵六骏雕像前，看到猛将丘行恭面颊上的泪珠时，我感到了历史的温度；在大雁塔玄奘取经行历图前，我深深体会到苦难者的路，才是收获最多的路；而了解到朝廷先踞后恭，导致玄奘先偷渡后荣归，取经事业差点功亏一篑才是实情时，我仿佛听到了历史的心跳。在大唐西市，我才恍然大悟：买东西的"东"和"西"原来指的是长安的东市和西市。

带着研学获取的感性认识的温度，我以极大的热情投入历史课堂学习中。唐朝在中国古代历史中是一个非常重要的王朝，《中外历史纲要（上）》以及选修教材中对唐朝进行了重点阐释。通过课堂学习我认识到，唐太宗是一位十分重要的统治者，经过唐太宗时期的统治，唐朝经济繁荣，人口众多，粮食丰收，物价低廉，风俗素朴，生活安宁，民族关系和谐融洽，文化格局兼容并包，带领唐朝走向了第一个鼎盛期，被称为"贞观之治"。在张老师的建议与指导下，我选定了"唐太宗与贞观之治"为探究主题，开始了历史研究性学习之旅。

二、阅读历程

我参观了国家典籍博物馆最近推出的"贞观——李世民的盛世长歌"展。展览从"沙场战神·少秦王""不世雄才·唐太宗""万民之王·天可汗""凡夫一面·李世民"等角度，展现了唐太宗李世民的雄才大略；以年代为顺序，描绘了唐太宗波澜壮阔的一生，并描述了他在政治、军事、经济、法律等多方面的成就。我看到了来自陕西昭陵博物馆的一级文物尉迟敬德墓志、微笑仕女图、贴金彩绘釉陶文官俑，宁夏固原博物馆的一级文物鎏金银壶，宁夏回族自治区宁夏博物馆的一级文物石刻胡旋舞墓门等珍贵的唐朝文物。此外，国家图书馆还选取了珍品馆藏北宋拓本《九成宫醴泉铭》、明洪武三年（1370）王氏勤有堂刻本《贞观政要》等配合展览，令我收获颇丰。

博物馆与图书馆都是历史知识的宝库。在参观完展览后，我在国家图书馆借阅了唐朝有关书籍，学习了有关知识，如《正说唐朝二百九十年》《隋唐五代史》等。我还在国家图书馆的官网观看了公开课《贞观政要与唐太宗的治国之道》，讲座详细介绍了"贞观之治"。我了解到，贞观之治之所以长期受到国人的追念，是因为贞观时期创造了一种政治文明，完成了对古典时期社会的和谐建设。

知网上的论文同样也是获取历史资料的一个重要途径。知网上有角度丰富、类型全面、内容权威的论文，其中蕴含了许多学者凝练的观点，可供我学习参考。通过中国知网，我以"唐太宗"和"民族"为关键词检索文章，了解了许多关于唐太宗时期民族政策的研究，包括民族政策的具体内容、原因及其影响。其中，李进宝的《唐贞观年间民族政策研究》对唐贞观年间的民族政策从贞观时期的边疆形势、贞观年间的羁縻府制、贞观年间的和亲政策、贞观年间的威服政策等方面做了研究。羁縻府州转向都护府的设置，是唐太宗固本战略的体现。唐太宗实施和亲政策的根本目的在于稳固政局，平衡民族间实力对比。范香立的《唐代和亲研究》则阐述了唐朝和亲的渊源、经过、特点及其作用。文中论述到唐朝结合自身背景和环境，在延续前代安边经验基础上，加强了唐中央政权与边疆民族的联系，加强了对边疆地区的控制，增强了统一多民族国家的向心力和凝聚力。赵泽斌、张利洁的《唐太宗时期的和亲政策刍议》探究了唐太宗时期的和亲政策。唐太宗时期与少数民族首领上层之间共有7次和亲，用于安抚、巩固边防、和平共处、瓦解少数民族政权、奖赏战功等，起到了加强民族间友好往来，促进民族融合，增强中华民族凝聚力等作用。

在老师的帮助下，我还查阅并参考了其他多篇论文，如焦兴青的《唐太宗的用人思想及功过》，马赫、刘堂灯的《试论唐太宗的人本思想》，陈寿灿的《从贞观之治看先秦儒家德治思想的具体实践与历史价值》，唐晴晴的《试论民族关系的处理与"贞观之治"的形成》。这些文章从不同的角度加深了我对贞观之治历史事件的了解。

三、研究历程

通过多种途径获取了多样的资料后，我的研究性学习进入选取、处理和使用资料阶段。首先，我通读了每一则我认为有价值的资料，并从中摘取了与主题相关的或能表明作者观点的句子。其次，我将所有摘取出的语句整理在文档中，整合意思相近的内容。最后，按照原因、指导思想、举措（政治、经济、文化、人才、民族）、经验教训四方面对资料进行分类归纳。在此过程中我发现唐太宗的治国理政内容庞杂，如何明确研究主题成为重中之重的任务。在搜集整理资料过程中，我注意到唐太宗时期，唐朝的地理版图十分辽阔，它东到大海，西达西域，北至大漠，南到临邑。唐太宗在位期间，民族分布情况复杂，黄河流域以北的地区先后兴起了东突厥、薛延陀和回纥等民族政权；西部地区先后有吐谷浑、党项等政权；西北地区主要是西突厥；西南地区分布有吐蕃；东北地区有室韦、契丹、靺鞨、奚等民族。面对复杂的边疆形式，唐太宗在政治、经济、文化等领域实行了一系列富有历史意义的民族政策，这激起了我探索民族问题的兴趣。结合张老师在授课中所讲的"中华民族共同体概论古代篇"，我将"唐太宗统治时期中华民族共同体的形成与发展"作为我拓展研究的视角。唐朝是民族交融的兴盛时期，是中华民族共同体形成的重要时期，唐太宗实行开明的民族政策，被尊为"天可汗"。他在政治上因俗而治，设立都护府、羁縻府州以及册封，将少数民族地区纳入政治体系内。现收藏于陕西历史博物馆的《客使图》描绘了唐朝的外交机构——鸿胪寺的官员接待外国宾客和少数民族使节的情形。里面的三位使节据推测来自东罗马、朝鲜和东北地区，真实地再现了一千多年前大唐的外交活动。他在社会治理上注重兼容性。比如，唐代完备的法律制度体系兼收并蓄、广采博取，成为中华多族群法律文化精华的集大成者、所有族群共同遵守的法律体系。他推动选官上胡汉一体，科举制向周边族群开放，加强对中原的文化认同，促进交往交流。他在族群理念上，倡导"六合一家"开明的族群观，不抑制通婚，重视少数民族地区发展中原文化教育。他在文化上兼容并包。唐代绘画作品《马球图》描绘了崇山峻岭之间一众骑士进行马球比赛的场面；《宫女图》所绘共有九位仕女，分别掌持方盘、食盒、烛台、团扇、高足杯、拂尘、包裹、如意，彼此顾盼呼应，仪态万方。这些艺术作品无不凸显了中原与少数民族的文化交融成果。这些民族政策均为唐朝民族关系的大交融、大发展提供了助推力，促进了民族认同，推动统一的民族国家的发展。自古以来，中华民族在交融中发展，中华民族共同体也在潜移默化中形成和发展。最后，我将资料整理成文。在老师的帮助下，我规范了自己的表达，并将文稿编辑成PPT，在课堂上展示，完成了探究任务。展示内容得到了老师和同学们的肯定和赞许，也成为课堂"中华民族共同体概论古代篇"专题学习的有力补充。在这一提取、整合信息的过程中，我大大提高了自己的阅读能力和历史认知水平。

  在历史研究性学习过程中，我以教材为基础，在结合教材的基础上大胆开拓探究，借助大家耳熟能详的唐太宗入手，向多方面引申拓展，从而达成系统、全面的认知，借以研究了唐朝前期的历史全貌。在此基础上，进行小专题深入探究，达到思考的深度，达到精微、准确的表达。通过此次研究性学习活动，我不仅巩固了关于唐朝的基础知识，更对教材有了深刻的理解，切身认识到了以史为鉴、以古鉴今，借鉴古人智慧，推动当今国家治理的现代化和民族大团结。